EL PODER DE LA INTEGRIDAD

MARTHA BECK

El poder de la
INTEGRIDAD

Una guía en cuatro pasos
para combatir el sufrimiento emocional
y dar una nueva dirección a tu vida

URANO
Argentina – Chile – Colombia – España
Estados Unidos – México – Perú – Uruguay

Título original: *The Way of Integrity –Finding the Path to Your True Self*
Editor original: The Open Field/A Penguin Life Book Viking,
an imprint of Penguin Publishing Group, a division of Penguin Random House LLC
Traducción: Antonio-Prometeo Moya

1.ª edición Octubre 2022

ISBN: 978-84-17694-81-4
E-ISBN: 978-84-19251-50-3
Depósito legal: 14.998-2022

Fotocomposición: Ediciones Urano, S.A.U.

Impreso por: Rotativas de Estella – Polígono Industrial San Miguel
Parcelas E7-E8 – 31132 Villatuerta (Navarra)

Impreso en España – *Printed in Spain*

A mi familia,
luz de mi camino.

Índice

TERCERA ETAPA
PURGATORIO

CUARTA ETAPA
PARAÍSO

Introducción

Aunque no viajes en avión con frecuencia, seguro que has tenido una experiencia como la siguiente. El avión está lleno. Los pasajeros han guardado los ordenadores portátiles. El personal de cabina ha ejecutado la típica demostración sobre los cinturones de seguridad, las luces de emergencia en el suelo de la cabina y las mascarillas de oxígeno que no se inflarán. Entonces, cuando esperas que el avión eche a correr por la pista, no sucede nada. La voz del capitán resuena en la cabina: «Señoras y señores pasajeros, tenemos un pequeño problema… probablemente se trata de un fallo técnico sin importancia, pero tenemos que llamar a los mecánicos para que hagan las comprobaciones pertinentes. Tendremos que esperar un rato».

Los pasajeros se deshacen en exclamaciones y el alma se te cae a los pies. ¿Cuánto tiempo vas a estar atrapado en este incómodo asiento, entre un hombre que apesta a colonia barata y un bebé llorón, antes de que el avión despegue por fin? Pero pasada la consternación inicial, todo el mundo suspira y se acomoda. Todos aprueban que la tripulación sea precavida. Estamos a punto de viajar a ocho mil metros de altura en una potente máquina. Nadie quiere que el avión despegue si la integridad de la estructura del aparato no está garantizada.

Este libro, como habrás supuesto por el título, trata sobre la integridad. Pero no en un sentido moralizante. Aunque la palabra *integridad* ha adquirido un ligero matiz formal y sentencioso en el lenguaje actual, en realidad procede del latín *integer*, que significa sencillamente «intacto». Integridad equivale a completitud. La integridad de un avión implica que los millones de partes que lo constituyen trabajan juntas, como si todo fuera sobre ruedas. Si falla la integridad, los motores del avión podrían dejar de funcionar, y la aeronave podría estrellarse. Aquí no hay juicios de valor. Solo física.

Lo mismo que ocurre en las alturas con la aerodinámica, ocurre en la tierra en nuestras vidas cotidianas. Cuando tu intención, tu fascinación y tu propósito forman un todo, vives como un sabueso que sigue un rastro, y haces de buena gana lo que consideras indicado en cada momento. El trabajo diario, ya sea que te dediques a escribir lenguajes de programación, a la jardinería o a construir casas, es tan absorbente que al final del día no tienes ganas de dejarlo. Y cuando lo dejas, disfrutas pasando el tiempo con tus seres queridos, y dormir es tan agradable que no puedes imaginar nada más placentero. Y cuando despiertas a la mañana siguiente, el día que te espera parece tan tentador que prácticamente saltas de la cama.

Si eres como muchas de las personas a las que he asesorado y orientado, estarás poniendo los ojos en blanco ahora mismo. Es como si llevaras unas gafas con cristales de color de rosa y estuvieras chupando antidepresivos como si fueran caramelos. Puede que nunca hayas sentido esa alegría constante de vivir que describo. Debes de creer que no es posible una vida tan plena.

Pero lo es.

Por desgracia, muchas personas pasan toda su vida sin siquiera saberlo, sin experimentar ese alegre sosiego que proporciona la integridad total. Algunas de estas personas están básicamente descentradas; sus vidas son una interminable serie de fracasos y sueños rotos. Seguro que conoces a algunas: el amigo del instituto que no deja de entrar y salir de la cárcel, la prima que se casa con un impresentable y luego con otro y luego con otro, la colega que parece echar a perder todos los proyectos que emprende. Estas personas son como aviones cuyos componentes principales, las alas y los motores, por ejemplo, están estropeados.

Es probable que tu vida discurra entre la felicidad completa y el desastre total. Experimentas una vaga sensación de tener un propósito que algún día acometerás. Aunque tu trabajo no sea perfecto, es bastante bueno. Y tus relaciones están bien. En términos generales. Pero hay ocasiones en que alguien (el cónyuge, los hijos, los padres, el jefe) provoca que tengas ganas de fingirte muerto y largarte a un hotel de las islas Caimán. Pero eso es *normal.* No te sientes mal, solo vagamente ansioso, incómodo y decepcionado. Y es totalmente normal que la mente tienda a pensar en planes que no funcionaron y que dudes que tus sueños vayan a hacerse realidad algún día.

Cuando conozco clientes que encajan en esta descripción y sugiero que sus vidas podrían mejorar, a menudo arguyen que lo están haciendo bien, muy bien. *Mira*, dicen: *la vida es una mierda y luego te mueres. El fracaso es más habitual que el éxito. No podemos abrir los brazos y echar a volar.* Creen que se limitan a aceptar la amarga verdad. Pero lo que yo oigo es el chirrido de tornillos flojos y partes sueltas, el sonido de un ser humano que nunca ha tenido perfectamente coordinados el cuerpo, la mente, el corazón y el alma.

Repito que esto no es un juicio moral. Que no te sientas siempre maravilloso no significa que seas imperfecto o mala persona; de hecho, apuesto a que has pasado toda tu vida tratando de ser bueno. Y no hay nada imperfecto en ti. Eres una criatura muy funcional y sofisticada. En lo más hondo, sabes lo que te hace feliz y cómo hacer que tu vida sea lo más perfecta posible. Ese conocimiento está codificado en tu misma naturaleza.

Pero tu naturaleza está siempre chocando con una fuerza que puede hacerla pedazos: la cultura.

Con «cultura» no me refiero a la ópera ni a la pintura surrealista. Me refiero a cualquier conjunto de reglas sociales que dan forma a la manera en que las personas piensan y obran. Todo grupo de humanos, desde las parejas hasta las familias, los círculos de costura y los ejércitos, tiene reglas culturales y expectativas que lo ayudan a cooperar. Algunas de estas reglas son explícitas, como el código de circulación o las normas de la indumentaria en el trabajo. Otras son implícitas, como el hecho de que, cuando vamos a comer a un restaurante, utilizamos los cubiertos y no comemos como los cerdos cuando hozan.

Los humanos creamos culturas complejas porque somos seres intensamente sociales, dependemos de la buena voluntad de los demás desde el momento en que nacemos. También tenemos una gran capacidad para absorber y reproducir el comportamiento de las personas que nos rodean. Desde la infancia, a menudo sin darnos cuenta, aprendemos cómo ganarnos la aprobación y la pertenencia a nuestro contexto cultural concreto. Nos comportamos con alegría, tranquilidad o valentía para agradar a nuestras familias. Si nuestras amistades dicen que algo les gusta, también nos gusta a nosotros casi de inmediato. Nos lanzamos de lleno a hacer los deberes escolares, a cuidar niños, intervenimos en rencillas familiares… cualquier cosa que creamos que nos va a asegurar un lugar en el mundo humano.

En esta carrera conformista, a menudo terminamos haciendo caso omiso de nuestros sentimientos auténticos (incluso los más intensos, como la nostalgia o la angustia) para encajar en nuestro medio cultural. En ese sentido estamos divididos contra nuestros intereses. Nuestra integridad brilla por su ausencia (no somos uno) sino que nos caracterizamos por la duplicidad (somos dos). O puede que intentemos encajar en varios grupos diferentes y vivamos en multiplicidad (somos varios). Abandonamos nuestra auténtica naturaleza y nos convertimos en peones de nuestra cultura: sonreímos educadamente, escuchamos con atención, vestimos incómodas prendas «perfectas». Ese es el motivo de que un soldado se lance a la batalla sin rechistar. Es el motivo de que comunidades enteras creyeran antiguamente que tenía sentido quemar unas cuantas brujas aquí y allá. Es aterrador comprobar hasta qué punto la gente llega a negar la naturaleza para obedecer a la cultura. Pero, en general, funciona muy bien si se trata de crear y mantener grupos humanos.

Sin embargo, hay una pega: la naturaleza no se rinde sin luchar.

Si alguna vez te has visto gritándole a alguien a quien quieres o te has sentado para terminar un proyecto de trabajo, pero has acabado pasando cinco horas comprando por internet artículos caseros para tatuarte, es probable que sea porque estás dividido por dentro. Estás intentando obrar de una forma que a tu yo más profundo no le parece bien. Cuando esto sucede es que nuestras vidas comienzan a irse a pique. Emocionalmente, nos sentimos malhumorados, tristes o entumecidos. En el plano físico, nuestro sistema inmuninario y nuestros músculos se debilitan; podríamos enfermar, y aunque no enfermemos, nos falta energía. Mentalmente nos descentramos y perdemos claridad. Eso es lo que sentimos cuando no somos un todo.

Todas estas reacciones internas afectan a la vida exterior. Como no nos podemos concentrar, el trabajo se resiente. La irritabilidad y la tristeza nos convierten en una mala compañía, debilitando nuestras relaciones. Todo lo que nos rodea se ve afectado negativamente al perder la integridad. Y como nuestra naturaleza auténtica intenta seriamente restaurar nuestra completitud, recurre a la única herramienta que llama nuestra atención: el sufrimiento.

A mí no me gusta sufrir. Me hace daño. Si sufres, no te juzgaré… pero quiero subrayar un detalle crucial: el sufrimiento no es el dolor, al menos en mi vocabulario. Una vez, estando en una clínica, vi un cartel que rezaba: «El dolor es inevitable. El sufrimiento es optativo». El dolor físico está causado por hechos. El sufrimiento psicológico depende de cómo afrontemos esos hechos. Puede crecer exponencialmente en situaciones en que el dolor está totalmente ausente. Incluso acurrucado en un cómodo sillón, el sufrimiento puede hacerte desear no haber nacido. Lo sé porque he pasado años y años experimentándolo. Es lo que me llevó a una búsqueda obsesiva, que duró decenios, para encontrar mi camino al bienestar.

No quiero presentarme como una especie de inconformista que revienta culturas. Más bien al contrario. Nací con la personalidad «busca aprobación» de un perrito faldero huérfano. Cada vez que mi naturaleza y mi cultura chocaban, olvidaba mi naturaleza rápidamente. ¡Funcionaba! ¡Recibía todo tipo de aprobaciones! En cambio, apenas era capaz de soportar cosas como, por ejemplo, estar viva. Hoy, al mirar atrás, doy gracias por ello. Me permitió empezar pronto la lucha contra el sufrimiento, poniendo todos los recursos a mi disposición.

Esta búsqueda informal me condujo a años de estudios formales. Estudié durante diez años, desde los diecisiete a los veintiocho, para obtener tres títulos de Ciencias Sociales en Harvard. Después, durante un tiempo, enseñé temas como desarrollo profesional y sociología. Pero en mi interior no cesaba de imaginar cómo yo y otras personas podíamos crearnos una vida realmente satisfactoria.

La enseñanza era una buena profesión para mí, francamente buena, aunque tenía aspectos que detestaba (lidiar con la política del claustro o escribir artículos periodísticos tan aburridos que era como pasar un rallador de queso por mi cerebro). Dar clases a los alumnos era mucho menos interesante para mí que hablar con ellos sobre su vida real. Finalmente, algunos empezaron a pagarme por hacer esto último. ¡Oh, sorpresa! Me convertí en *life coach* o *coach* de vida antes incluso de haber oído esta expresión.

Esto intensificó mi búsqueda de estrategias de «diseño vital» que funcionaran realmente. Seguí leyendo y también empecé a escribir: memorias, autoayuda, docenas y docenas de artículos. Llegué a ser columnista mensual de *O, The Oprah Magazine*. Aparecía a menudo en televisión, ofreciendo pequeños consejos para tener una vida más satisfactoria. Para poner a prueba mis métodos asesoraba y orientaba a personas muy diferentes: campesinos de Sudáfrica, neoyorquinos eruditos, heroinómanos recién salidos de la cárcel, multimillonarios, famosos, gente anónima que conocía al azar haciendo cola para obtener el permiso de conducir. Y todas estas experiencias, desde mis encuentros privados más íntimos hasta mis investigaciones formales más diligentes, se fueron fusionando gradualmente para revelar una única verdad:

La infelicidad se cura con la integridad. Punto.

De todas las estrategias y habilidades que he aprendido, las que realmente funcionan son aquellas que ayudan a la gente a ver dónde abandonaron su propio y más hondo sentido de la verdad para seguir otra serie de normas. Este alejamiento de la integridad es casi siempre inconsciente. Las personas que conozco que lo experimentaron no son malvadas; de hecho, casi todas son encantadoras. Se esfuerzan por cooperar con todas las normas de vida que han aprendido en sus respectivas culturas. Lo cual es una forma horrible de dirigir tu vida si quieres parecer bueno y te sientes mal.

Pero hay otro camino, un camino que te llevará a salir del sufrimiento y alcanzar niveles de alegría y determinación que nunca creíste posibles. Yo lo llamo camino de la integridad.

Este libro está pensado para guiarte y acompañarte a lo largo de ese camino. Estés donde estés y te sientas como te sientas ahora mismo, el camino hacia la integridad te llevará desde ese punto a una vida llena de sentido, encanto y fascinación. He ayudado a cientos de personas a conseguirlo. Yo misma he vivido todo ese proceso y, créeme, no fui un caso fácil. Pero después de tanta desgracia, el camino hacia la integridad me ha llevado, incluso a mí, a una vida que parece ridículamente satisfactoria. Y no porque yo sea nadie especial. Es porque conozco el camino.

La palabra *camino* puede designar un proceso o una ruta. En este libro designa ambas cosas. Si no sabes qué hacer a continuación, el camino hacia la integridad te dará las instrucciones, será como una receta. Si no sabes adónde ir a continuación, el camino hacia la integridad te enseñará el próximo paso, como en un mapa. Si sigues las instrucciones, terminarás siendo feliz. No porque este camino sea virtuoso, sino porque te alinea con la realidad, con la verdad. Tu vida funcionará por la misma razón por la que vuela un avión bien fabricado. No es una recompensa por tener buena conducta. Es simplemente física.

Así que, si estás listo para abandonar el sufrimiento, aceptar tu auténtica naturaleza y experimentar la alegría que sabes que puedes sentir, comencemos. Te preguntarás qué aspecto tiene realmente el camino hacia la integridad. Te lo diré. ¡Es como una búsqueda aventurera y fantástica de la épica medieval italiana!

Quédate conmigo. Te lo explicaré.

A lo largo de mi trayectoria de escritora y *coach*, he copiado repetidamente, con entusiasmo y sin disculparme, ideas que he leído en *La Divina Comedia*, el gran poema que escribió Dante Alighieri a principios del siglo XIV. Y no ha sido porque yo sea experta en Dante. Nunca he hecho ningún curso sobre Dante, no sé italiano y no conozco mucho la historia medieval. De joven leí *La Divina Comedia* por la única razón de que por entonces lo leía todo: estaba buscando métodos para sentirme mejor. Y los encontré.

La obra maestra de Dante es posiblemente la serie de instrucciones más eficaz que conozco para curar nuestras heridas psicológicas, para restaurar nuestra integridad y para aumentar al máximo nuestra capacidad de sentirnos bien. *La Divina Comedia* nos conduce a lo largo de todo el proceso, paso a paso. Es verdad que se trata de la historia de un hombre que tiene una aventura mística. Es verdad que ese hombre utiliza la imaginería propia de un europeo del siglo XIV. Pero las metáforas psicológicas de la epopeya de Dante siguen siendo válidas en la actualidad. Nos siguen mostrando el camino. Además, son entretenidas. No pienses que Dante es un aburrido señor que pontifica. Nada de eso. Solo es un escritor frente a un lector al que pide que lo acompañe para salir de la desgracia y dirigirse a la felicidad.

Así que durante el resto de este libro te acompañaré por un camino que conduce a la integridad y que he construido sobre el entramado que Dante ideó en *La Divina Comedia*. Puedes hacerlo lenta y tranquilamente o como un corredor olímpico: elige el ritmo que mejor te funcione. Pero decidas lo que decidas, atravesarás cuatro etapas. Para conocer la tierra que pisarás, ahí va un resumen de lo que puedes esperar.

Tu búsqueda de la integridad comenzará en «la selva oscura del extravío», un lugar donde nos sentimos perdidos, agotados, preocupados e inseguros. Esta es la metáfora de Dante para representar el descentramiento en el que vivimos la mayoría de personas. En cierto sentido (posiblemente en todos los sentidos), pensamos que nuestras vidas no son como deberían ser. No sabemos cómo hemos terminado tan lejos del camino, ni cómo encontrar la salida a la confusión. No te preocupes. La encontraremos.

La siguiente etapa es el famoso Infierno de Dante. Al atravesarlo, descubriremos qué partes de nosotros están sufriendo, qué partes están atrapadas en nuestro infierno interior, y las liberaremos. El cincel que usarás para romper tus cadenas es tu sentido de la verdad. Verás que el sufrimiento psicológico siempre es producto de divisiones internas entre lo que tu mente culturizada cree y lo que en el fondo sientes que es la verdad. El camino hacia la integridad te ayudará a reparar esas divisiones. Empezarás a experimentar más completitud que nunca. El alivio, muy probablemente, será tangible e inmediato.

Cuando tu vida interior empiece a curarse, estarás en el Purgatorio de Dante. Purgarse significa «limpiarse». (Me gusta hablar de «limpieza de la integridad», aunque con esto no me refiero a limpiar la integridad, sino a limpiar todo lo demás). En este punto de la búsqueda, cambiará tu conducta exterior para que encaje con tu recién descubierta verdad interior. Cuanto más avances, más fácil te resultará.

Finalmente, cuando tu vida exterior e interior se acerquen a la integridad completa, te encontrarás en el metafórico Paraíso. Ya no habrá que hacer ningún esfuerzo, solo disfrutar de una vida donde todo, tu psique, tu trabajo y tu vida amorosa, irá como la seda. Advertencia: en este punto puede que empieces a experimentar cosas exquisitas que nuestra cultura dice que no son posibles. Obviamente, nadie te habrá enseñado a moverte entre tanta maravilla. No te preocupes. Aprenderás rápido. Has nacido para eso.

Así que, a grandes rasgos, este será nuestro viaje. Mientras lo llevamos a cabo, no solo me referiré a las metáforas de Dante, sino que además hablaré de investigaciones recientes de la ciencia (psicología, sociología, neurología) que ayudarán a que el viaje sea más accesible y potente. Contaré anécdotas de clientes y amigos míos, personas cuyas experiencias pueden ilustrar y clarificar tu propio proceso. Para mostrar cómo te sientes en lo más hondo, también pondré algunos ejemplos de mi propia vida en la búsqueda de la integridad. Y de vez en cuando, te invitaré a hacer ejercicios de meditación para que el viaje sea lo más rápido y sencillo posible.

En *La Divina Comedia*, Dante baja a un inmenso pozo (el Infierno), y luego sube una montaña (el Purgatorio). Según sube a la cima, cada vez es más fuerte y le cuesta menos esfuerzo caminar. Luego, ante su sorpresa, se eleva por los aires. Está volando. Eso es lo que pasa cuando las partes descentradas de una vida humana se coordinan y se integran perfectamente. Dante utiliza el vuelo como metáfora de una vida sin límites, literalmente celestial.

Cada vez que viajo en avión, al margen de los problemas o retrasos que se produzcan, me fascina el momento en que el avión despega. Me sorprendo al pensar que la enorme máquina pueda elevarse en el aire y avanzar, segura y sólida, durante miles de kilómetros. Me siento igual cuando veo a las personas alcanzar la integridad y remontar el vuelo a su manera única, por haber encontrado un propósito, amor y éxito. Cada día me quedo pasmada al darme cuenta de que también funcionó en mi caso. Es como si se hubiera producido un milagro asombroso e imposible.

Pero no es ningún milagro. Es física.

Así que si estás preparado, o aunque solo sientas un poco de curiosidad, por favor abróchate el cinturón y asegura tu equipaje emocional bajo el asiento de delante. El camino hacia la integridad te llevará a cimas de bienestar con las que nunca habías soñado. La pista está despejada. Despeguemos.

PRIMERA ETAPA

LA SELVA OSCURA DEL EXTRAVÍO

1

Perdidos en la selva

Como muchas absorbentes historias de aventuras, *La Divina Comedia* empieza en plena acción. «En medio del camino de la vida», dice Dante, «me encontré en una selva oscura, pues había extraviado el camino recto». No menciona cómo había llegado a la selva, qué estaba haciendo allí al salirse del camino, ni lo lejos que había llegado. Sobre estos detalles no se nos dice nada. Lo único que Dante sabe con seguridad es que está solo, a la deriva y confuso.

Todos hemos tenido en algún momento la sensación de que estamos en el camino equivocado, de que no llevamos la vida que nos satisface. Unos años en un trabajo, una relación personal, una situación intensa y de repente nos damos cuenta de que todo parece... fuera de lugar. Como Dante, nos sentimos confusos, pues no sabemos qué es lo que va mal ni cómo hemos llegado a este punto. Pero hay un momento concreto en que hemos dejado a los niños en la escuela, o levantamos la mirada de la mesa del despacho y vemos que todos los demás se han ido a casa, o acabamos de tener otra espantosa pelea con la persona a la que creíamos que íbamos a amar eternamente... entonces miramos al vacío y pensamos: «¿Qué estoy haciendo? ¿Qué lugar es este? ¿Cómo he llegado a este extremo? ¡Se supone que no tenía que sentirme así!».

Así es como suelen sentirse las personas cuando vienen a mi consulta. He pasado por incontables primeras sesiones con clientes que están tan frustrados a causa de su insatisfacción que apenas son capaces de encontrar las palabras para describirla. Balbucean: «Ojalá supiera cuál es mi propósito»; o «La gente dice: "haz lo que deseas", pero no tengo ni idea de cuál es mi deseo»; o «Pensaba que trabajar duro y mantener a mi familia era lo indicado, pero me siento vacío». Algunas de estas personas están clínicamente deprimidas o físicamente enfermas. Pero casi todas, por decirlo con sencillez, están perdidas.

La razón más habitual por la que terminamos sintiéndonos así es que hemos hecho lo que «se supone que debemos hacer». Aprendemos de nuestra cultura cómo creemos que debe comportarse una buena persona, y nos portamos así. Luego esperamos la recompensa prometida: bienestar, salud, prosperidad, amor verdadero, autoestima sólida. Pero la ecuación no está equilibrada. Incluso después de hacer todo lo que podemos para estar bien, no nos sentimos bien. Confundidos, imaginamos que no estamos haciendo lo suficiente, o no lo estamos haciendo de manera adecuada. Pero cuanto más duro trabajamos para encontrar el camino del bienestar, peor nos sentimos.

He trabajado con muchas personas que se habían introducido tanto en la selva que ya no recordaban nada más. Cuando llegaban a mí, su desorientación era extrema. Por ejemplo Jim, el médico al que cada vez le repelía más la idea de tocar a la gente, hasta que finalmente tuvo que dejar de practicar la medicina. O Evelyn, directora de una revista que, aunque en su casa era un voraz ratón de biblioteca, fue perdiendo gradualmente las fuerzas para leer un simple párrafo en el trabajo. Fran, madre abnegada de cuatro criaturas, comenzó a olvidar los horarios de los juegos y actos escolares de sus hijos hasta el punto de que toda la familia vivía como una manada de caballos asustados, nerviosos e inquietos. Ninguna de estas personas estaba mentalmente enferma, solo se había perdido en un brumoso laberinto.

Reconozco este terreno resbaladizo. De hecho, lo conozco bien. He estado en la selva oscura del extravío tantas veces que podría montar allí un puesto de perritos calientes. Desde la infancia, la principal directriz de mi vida era *Haz lo que sea para ganarte el beneplácito de los demás*. Criada en una devota familia mormona, obedecía cada norma de mi religión y trabajaba en la escuela con ahínco. Luego fui a Harvard, que estaba tan lejos de la cultura de mi infancia que casi era como estar en Plutón. Conseguí que los demás supusieran que estaba de acuerdo con ellos y así pasé de ser una devota mormona en casa a ser una atea racional en la facultad.

Esta estrategia habría funcionado perfectamente (¡aprobación por doquier!) si no hubiera sido porque al cabo de un tiempo fui incapaz de moverme. Quiero decir físicamente. A la edad de dieciocho años sentía unos dolores insoportables en los tejidos blandos de todo el cuerpo. No podía concentrarme mentalmente. Empecé a comer como una lima. Me sentía fuera de control, deshecha y al borde del suicidio. Tuve que dejar los estudios durante un año, para concentrarme mejor en mi completo deterioro físico y emocional. Ah, el optimismo me salía por las orejas.

Al recordar aquella experiencia y las historias de muchos clientes, siento una enorme gratitud por toda nuestra confusión y desesperación. Esos sentimientos daban a entender que nuestros sistemas de orientación internos funcionaban a la perfección, que indicaban «¡CAMINO EQUIVOCADO!» con toda la claridad posible. Sin duda estábamos llenos de las mejores intenciones, pero habíamos extraviado el camino hacia la integridad. El resultado era el sufrimiento que emanaba de nuestros cuerpos y corazones, y que hacía que nuestra atención se fijara en el problema.

EL SÍNDROME DE LA SELVA OSCURA DEL EXTRAVÍO

Seguro que ha habido ocasiones en que también tú has extraviado tu auténtico camino. Al principio, el sufrimiento resultante puede haber sido tan leve que ni siquiera lo notaras. Pero nadie puede alejarse de la integridad en plan sonámbulo indefinidamente, porque las cosas empeoran cuanto más tiempo avanzamos en la mala dirección.

Finalmente, si no corregimos la trayectoria, empezamos a tener síntomas característicos. Puede que los hayas tenido en el pasado. Puede que los tengas ahora.

Yo llamo a estos síntomas «síndrome de la selva oscura del extravío». Repito: no es algo malo. Es la forma en que nuestro instinto nos motiva para que recuperemos la integridad. Es la verdad que viene a liberarnos. Lo que no significa que sea divertido. En el resto de este capítulo describiré los síntomas de este síndrome. Mientras lees, pregúntate si has experimentado alguno.

Síntoma número 1 de la selva oscura del extravío: Sentirse sin objetivos

La razón más común que me dan los clientes para contratarme como *coach* es que están desesperados por encontrar un propósito o finalidad en su vida. En realidad, muy pocos quieren morir, pero muchos me cuentan que no le ven mucho sentido a la vida. Repiten el lamento bíblico del Eclesiastés: «Miré todo cuanto se hace bajo el sol y vi que todo era vanidad y apacentarse de viento». En otras palabras, «La vida es *difícil*. Todos vamos a *morir*. ¿Qué más me da todo?». Sin un auténtico propósito, es difícil sentir que el trabajo cotidiano vale la pena.

En la cultura moderna occidental, casi todos creemos que podemos encontrar un propósito buscando algo. ¿Qué algo exactamente? Eso depende de cómo define el «valor» la gente que nos rodea.

Mi trabajo viene a ser como observar un desfile de las distintas cosas que las diferentes culturas nos enseñan a valorar. Un día asesoré y orienté a una mujer que creía que una vida con propósito suponía entablar pleitos con mucha gente y llevar varios kilos de joyas de diamantes a todas partes, incluso a tirar la basura. El cliente con quien hablé a continuación estaba igualmente convencido de que una vida con propósito significaba vivir en una cabaña sin electricidad y utilizar hojas de árbol como papel higiénico. Otras personas creen que tener un propósito es tener un despacho en una esquina del edificio. Otras quieren ser estrellas de cine, salvar los bosques tropicales o hacer videos virales con sus mascotas.

Cualquiera de estas ambiciones podría ser tu verdadero propósito. Si es así, sentirás un potente impulso interior para seguir ese camino en particular. Encontrarás cada paso del camino fascinante y pleno, y en consecuencia lo harás bien. Pero si te dedicas a hacerlo solo porque otras personas creen que «tiene sentido», prepárate para encontrarte inmerso en una densa niebla. Sufrirás fracasos desconcertantes. No querrás ir al ritmo de los demás. No serás capaz de reunir la energía necesaria para subir la cuesta del éxito; ni, para el caso, para lavarte la cabeza.

Quizá estés pensando: «Pues claro que me siento fatal... ¡nunca consigo lo que quiero!».

Si es así, desearía que pudieras reunirte con las personas que conozco que han alcanzado los triunfos idealizados por nuestra sociedad solo para darse cuenta, como me dijo una mujer, de que «Allí no hay nada. Creía que había un puesto en el mundo que me haría sentirme bien, pero llegué a ese puesto y no encontré nada que me hiciera feliz. Todo parecía un sinsentido».

«Gané una medalla de oro olímpica», me contó un cliente. «Y al bajar del podio, solo se me ocurría pensar "¿Qué diablos hago ahora?" Fue horrible, absolutamente terrorífico. Era como la muerte... la peor sensación que he tenido nunca». Un escritor muy trabajador dijo: «Después de intentarlo toda la vida, finalmente conseguí que uno de mis libros fuera número uno de la lista de libros más vendidos del *New York Times*. Me hizo realmente feliz... durante unos diez minutos».

La sensación de una existencia sin propósito o carente de sentido no desaparece con la conquista de las metas definidas culturalmente. Permanece como una fuerza que acosa con su aguijón, como un mosquito que no deja de zumbar alrededor de nuestra cabeza hasta que empezamos a perseguir objetivos que realmente nos llenan... en otras palabras, a seguir el camino hacia la integridad. Y si el zumbido y el aguijón de la existencia sin sentido no es suficiente para despertarnos del sonambulismo, nuestro subconsciente subirá el listón. Convocará a la megafauna, las bestias salvajes de la mente que llamamos estados de ánimo.

Síntoma número 2 de la selva oscura del extravío: Desdicha emocional

Como si no bastara con estar perdido, unos animales carnívoros atacan a Dante en la selva oscura del extravío. El primero es una onza hambrienta cuyo apetito nunca está satisfecho. Después llega un león tan terrorífico que Dante dice: «Parecía que el aire le tuviera miedo». Luego ve una loba, cuya visión lo pone tan triste que «llora con todo su pensamiento y queda descorazonado». Desamparo, pánico, depresión. Bienvenidos sean algunos estados emocionales que te pueden sobrevenir mientras vagas por la selva oscura del extravío.

Cuando perdí mi integridad, los monstruos de las emociones aparecieron casi de inmediato. A un paso de mi verdad, me sentí atrapada, nerviosa y taciturna. Si no se corrige la trayectoria, esos sentimientos se convierten rápidamente en dependencia, terror y desesperación. ¡Gracias a Dios! Sin esos feroces ataques, es posible que aún estuviera siguiendo los ideales contradictorios que me empujaron a aquella soberana confusión de los dieciocho años.

Siempre que pierdas la integridad, sentirás tu dosis de malas sensaciones, una dosis personal y única, según tu personalidad. Puede que tiendas, como yo, a la ansiedad y la depresión. O puede que sientas una hostilidad constante, que te da ganas de liarte a puñetazos con tus compañeros de trabajo, con la familia o con el cartero. Puede que tengas ataques de pánico, sobre todo en ocasiones especiales (citas a ciegas, audiencias para conseguir la libertad condicional), cuando más quieres parecer relajado y confiado.

Sean cuales sean tus repetidas o persistentes emociones negativas, trata de pensar en ellas como si fueran las bestias salvajes de Dante, cuyo trabajo es hacerte la vida insoportable cuando te desvías del camino auténtico. Si la sensación no desaparece aunque estés tomando la medicación y reuniéndote regularmente con el terapeuta, puedes estar seguro de que has perdido la integridad. Cuanto antes lo reconozcas, mejor, porque permanecer en la selva oscura del extravío puede causar finalmente un daño físico real.

Síntoma número 3 de la selva oscura del extravío: Deterioro físico

Creo que la enfermedad me tuvo maniatada desde los dieciocho años hasta los treinta porque mi cuerpo trataba de ayudarme a encontrar la salida de la selva oscura. Cuando por fin lo conseguí, los síntomas se esfumaron. Fue lo único que funcionó.

Obviamente, la mala salud puede afectar a las personas que viven en total integridad. Los cuerpos enferman por múltiples razones. Pero por lo que yo he visto, es raro que alguien dividido por dentro no desarrolle algún problema de salud. Cuando alguien viene a consultarme, a menudo es porque sufre toda clase de malestar físico, desde dolores de cabeza a enfermedades terminales. La gente casi nunca ve la conexión entre su condición física y la falta de integridad. A la mayoría le parecería, por usar una expresión científica, una auténtica chifladura.

Y hablando de ciencia, ciertas investigaciones serias demuestran que hay conexión entre vivir en armonía con nuestra verdad y gozar de buena salud. Hay todo un campo de la medicina, la psiconeuroinmunología, que estudia la repercusión del estrés psicológico, incluida la tensión que causa mentir o guardar secretos, en la salud. Hay estudios que han vinculado el engaño y guardar secretos con la taquicardia, la hipertensión, el aumento de las hormonas del estrés, la hipercolesterolemia y la hiperglucemia, y con la reducción de las respuestas inmunitarias. Cuanto más significativa sea nuestra conducta engañosa, peor es su efecto en la salud.

Por ejemplo, en un estudio sobre varones homosexuales con sida, los investigadores descubrieron que, cuanto más cerrados eran sobre su condición sexual, más rápido avanzaba la enfermedad. Había una relación de exposición-respuesta entre el nivel de ocultamiento y la condición inmune; en otras palabras, a más ocultamiento, más elevado el índice de enfermedad y muerte. «No preguntes, no hables» parece beneficioso, pero vivir normalmente y en secreto de espaldas a nuestra identidad real puede acelerar la muerte en un sentido muy literal.

Repito: hay toda clase de dolencias físicas que afectan a personas que viven en completa integridad. Todo el mundo muere, y hay grandes dolores físicos que no tienen nada que ver con mantener secretos, contar mentiras o salirse del camino verdadero. Aun así, cada vez que tomamos una decisión o adoptamos actitudes que no encajan con nuestra integridad, nos volvemos más vulnerables a los problemas físicos, sean espasmos musculares o una neumonía. Si estás inexplicablemente enfermo, débil, o eres propenso a los accidentes, puede que tu cuerpo te esté intentando decir que estás perdido en la selva oscura.

Mi propia enfermedad se resistió a todas las intervenciones médicas. Pero cuando empecé a buscar mi verdad y a recuperar mi integridad, todos mis síntomas, supuestamente «incurables», comenzaron a desaparecer. He visto a muchos clientes pasar por algo parecido. Cuando alcances la integridad, hay una gran probabilidad de que también te ocurra lo mismo.

Síntoma número 4 de la selva oscura del extravío: Fracasos amorosos constantes

Es simple lógica: si no recorres tu auténtico camino, no encontrarás a la gente que realmente te conviene. Terminarás en sitios que no te gustan, aprendiendo cosas que no te llenan, adoptando valores y costumbres que te sentarán mal. Las personas que conocerás en ese camino o bien aman realmente esas cosas o están fingiendo tanto como tú. En cualquier caso, tu conexión con ellas será artificial. Estarás presentando una personalidad falsa para conocer a otras personas (potencialmente falsas), y creando únicamente relaciones falsas. Nunca olvidaré a un famoso guapo y rico que, tras asistir a otra elegante fiesta, me confesó: «Estoy cansado de mi propia hipocresía».

Si te sientes constantemente desconectado y solo, es casi seguro que (inocentemente) estés falto de integridad. Esto se duplica si te sientes atrapado con personas a las que no soportas. Cuando los humanos se encuentran en la selva oscura del extravío, todos ellos sonámbulos, las relaciones que crean tienden a ser huecas o tóxicas, o ambas cosas a la vez. Estas «amistades», estas «aventuras amorosas» e incluso estos lazos familiares están plagados de malentendidos, sentimientos heridos y explotación recíproca. A largo plazo, tienden a derrumbarse sobre sus débiles cimientos, dejando solo tras de sí sentimientos heridos.

Si te sientes constantemente vacío o traicionado en el terreno de la familia, de las amistades o del amor, las relaciones que estás formando están basadas probablemente en el extravío de la selva oscura. Sencillamente, no podemos hacer un mapa del camino a la felicidad si nos relacionamos con personas que están tan perdidas como nosotros. El camino hacia el amor verdadero, a cualquier cosa verdadera, es el camino hacia la integridad. Nadie puede encontrar el tuyo por ti, y mucho menos dártelo. Pero siempre puedes, sean cuales fueren tus circunstancias, encontrarlo y seguirlo por tu cuenta.

Síntoma número 5 de la selva oscura del extravío: Fracasos laborales constantes

Tu auténtico yo está muy interesado por el trabajo de tu vida real; pero es posible que le importe un comino cualquier otra cosa. Cuando sigues una profesión que te aleja de tu verdadera personalidad, tu talento y entusiasmo pueden abandonarte como un meritorio aburrido. Cada tarea parecerá tan desagradable como la comida en mal estado, y te dejará igual de débil. Probablemente hayas cometido una serie de errores y hayas hecho descansos desafortunados en el trabajo (en realidad serán descansos *afortunados*, porque tu verdadera personalidad trata de impedir que te extravíes aún más en la selva oscura, aunque de momento no lo veas así).

He orientado a docenas de personas que se han dedicado a la ingeniería porque les encantaba inventar cosas, o a la vida académica porque les encantaba el saber, o al periodismo porque les gustaba escribir, y luego las ascendían a puestos directivos o administrativos... lo cual detestaban. En ese punto, tras haber abandonado su integridad para hacer cosas que no querían hacer, fracasaban estrepitosamente.

Por ejemplo, un brillante escritor al que llamaré Edgar ascendió en las filas de la industria publicitaria hasta ser jefe de redacción de una importante revista. Y entonces empezó a beber, mucho y en público. Una mañana que visité a Edgar en su despacho, me quedé de piedra al verlo beber de un envase de vino de un *pack* que había instalado estratégicamente delante de él en el escritorio. Al cabo de un año ya no trabajaba allí.

A otra clienta, Chloe, le encantaba su trabajo de guardia forestal. Entró en política pensando que podía ayudar a proteger el medio ambiente. Tras ser elegida miembro del ayuntamiento de su ciudad, Chloe adquirió la malsana tendencia a dormitar en las reuniones de la junta. En *todas* las reuniones de la junta. Aunque descansaba lo suficiente, su nuevo trabajo se convirtió en un cenagal de vergüenza y confusión. La gente murmuró. Chloe no volvió a presentarse para las elecciones municipales.

Nuestra cultura define el «éxito» como el ascenso administrativo, así que estas personas no entendían por qué se habían hundido y quemado después de haber rendido de un modo óptimo. Pero desde mi punto de vista, estos fracasos «inexplicables» eran muy lógicos: a Edgar le gustaba la literatura, no dirigir una revista. A Chloe le gustaba estar sola en el bosque, no sentarse en despachos con más gente. Ambos se escindieron por dentro por aspirar a hacer cosas que, a otro nivel, sabían que detestaban.

Hay infinitas maneras de ganarse la vida. A cierto nivel (un nivel profundo, instintivo) sabes cuáles te vendrán como anillo al dedo.

Inmediatamente te das cuenta de si un trabajo requiere que dejes a un lado tus verdaderos deseos. La percepción de tu verdadero interés laboral puede que esté enterrada debajo de varias capas de falsas creencias culturales. Pero sigue ahí, como una flor que se esfuerza por crecer entre el lodo tóxico. Si continuas resistiéndote a tus impulsos más sinceros, te darás cuenta poco a poco de que lo que estás haciendo para ganarte la vida te está convirtiendo en un muerto viviente.

Síntoma número 6 de la selva oscura del extravío: Malas costumbres que no puedes dejar

Ya estamos viendo que la selva oscura del extravío, como suele decirse, es un asco. Así que no es de extrañar que cuando estamos en ella busquemos a menudo algo que alivie el dolor. Soy una gran entusiasta de vivir mejor gracias a la química, y te animaré sin dudarlo a utilizar medicamentos útiles bajo la supervisión del médico. Pero muchos pobladores de la oscura selva a menudo vamos un paso, o miles de pasos, por delante de las soluciones psicofarmacéuticas. Constantemente deseamos mejorar nuestro estado de ánimo, como sea. Con cualquier cosa. Un poco más de cerveza, un poco más de nicotina, un poco más de cocaína, un poco más de todo.

El aturdimiento químico resultante puede hacer que nos extraviemos muchísimo. He tratado a personas que vagaban como autómatas insensibles por la selva oscura del extravío, incluido un hombre que engullía diariamente más de doscientas pastillas de OxyContin (clorhidrato de oxicodona). Me dijo que era «casi suficiente».

Cuando nos sentimos fundamentalmente perdidos, afligidos por la falta de propósito, con estados de ánimo pesimistas y empleos malos, cualquier cosa que estimule los centros cerebrales del placer puede inducirnos a la adicción. Entre los más comunes, además del dinámico dúo de las drogas y el alcohol, están las apuestas, la sexualidad, las relaciones tempestuosas, ir de compras, comer compulsivamente y navegar día y noche por internet sin detenerse a dormir, a comer y ni siquiera a orinar. Yo misma he pasado horas resolviendo problemas urgentes que solo eran píxeles de luz coloreada en mi teléfono móvil. (Aunque en mi defensa diré que estos caramelos no despertaban pasiones por sí mismos).*

Si te sientes incapaz de frenar una actividad, si estás gastando en ella el dinero del alquiler de la casa, si te escondes de los demás y sientes que una temible obsesión te consume lentamente, tu primer paso hacia la integridad (un gran paso) sería reconocer que eres un adicto. A partir de ahí, ya puedes comenzar a recuperar la integridad, si no con los métodos de este libro, con algún tipo de rehabilitación. Pase lo que pase, si no sales de la selva oscura del extravío, te resultará casi imposible deshacerte de tus malos hábitos. Al final es posible que acaben contigo.

Los problemas que he enumerado no son los únicos síntomas de haber perdido la integridad, pero por lo que he observado, son los más comunes. Revelan lugares en los que negamos nuestros problemas, en los que no estamos en armonía con nuestras auténticas percepciones, nuestros deseos y nuestro saber instintivo. A continuación te propongo un pequeño examen para saber si estás muy extraviado en la selva oscura o solo un poco.

EJERCICIO
Comprobación de la intensidad del síndrome de la selva oscura del extravío

Responde las preguntas siguientes con toda la sinceridad posible. Si ves que dices mentiras para parecer más importante y que controlas tu vida, toma nota. Significa que: 1) te falta completitud (integridad) y 2) estás sin ánimos para reconocerlo, incluso en un

---

* Se refiere al juego *Candy Crush* («pasión por los caramelos») y sus derivaciones *(N. del T.)*.

cuestionario que nadie más va a ver. Respira hondo y cuenta la verdad.

Al hacer esta valoración, por favor ten en cuenta que las palabras «VERDAD» y «MENTIRA» no siempre aparecen en la misma columna. Traza un círculo alrededor de la respuesta que corresponda.

Traza un círculo alrededor de «VERDAD» o «MENTIRA» para que esté claro qué respondes en cada caso.	Columna 1	Columna 2
1. En general, la gente me parece buena y adorable.	VERDAD	MENTIRA
2. A veces siento que mis actividades cotidianas carecen de sentido.	MENTIRA	VERDAD
3. Adoro la compañía de mis amigos y seres queridos.	VERDAD	MENTIRA
4. Mi trabajo (incluidas las faenas domésticas) me parece una carga.	MENTIRA	VERDAD
5. Me siento con un propósito y realizado incluso los días más normales.	VERDAD	MENTIRA
6. Me cuesta mantener relaciones amorosas largas.	MENTIRA	VERDAD
7. Tengo infecciones frecuentes (resfriados, gripe, etc.) aunque la gente que me rodea no esté enferma.	MENTIRA	VERDAD
8. Siento una satisfacción de fondo que me sostiene en todo momento.	VERDAD	MENTIRA
9. Me gano la vida con algo que me gusta.	VERDAD	MENTIRA
10. Creo que nadie se fija en mí ni me comprende.	MENTIRA	VERDAD
11. Creo que mi presencia mejora el mundo en grandes asuntos o en pequeños detalles.	VERDAD	MENTIRA
12. La ira y la desconfianza suelen minar mis relaciones.	MENTIRA	VERDAD

13. Para sentirme bien no necesito sustancias que me alteren el ánimo ni actividades excitantes.	VERDAD	MENTIRA
14. Parece que otras personas saben cosechar éxitos, pero yo no estoy a su altura.	MENTIRA	VERDAD
15. Tengo «amigos» cuya compañía no me gusta en realidad.	MENTIRA	VERDAD
16. Duermo profunda y apaciblemente casi todas las noches.	VERDAD	MENTIRA
17. Casi siempre cuento con que mis seres queridos me comprendan.	VERDAD	MENTIRA
18. Aunque a veces ocurren cosas espantosas, básicamente siempre me siento seguro.	VERDAD	MENTIRA
19. Tengo malestares, dolores y fatiga que limitan mis actividades.	MENTIRA	VERDAD
20. A menudo me fastidia lo que ocurre a mi alrededor.	MENTIRA	VERDAD
21. Me encanta mi trabajo y siempre lo hago con ganas.	VERDAD	MENTIRA
22. A menudo estoy tan preocupado que no duermo bien.	MENTIRA	VERDAD
23. Mi vida rebosa amor y compañía.	VERDAD	MENTIRA
24. No creo que mi trabajo sirva para nada importante en el mundo.	MENTIRA	VERDAD
25. Casi siempre estoy sano, aunque la gente que me rodea enferme.	VERDAD	MENTIRA
26. Suelo albergar sentimientos subyacentes de tristeza o desesperación.	MENTIRA	VERDAD
27. Creo que las personas son básicamente buenas.	VERDAD	MENTIRA
28. Me enfado incluso cuando estoy solo.	MENTIRA	VERDAD

Puntuación:

Cuenta las palabras destacadas de la columna 1 (la de la izquierda).

Escribe aquí la cantidad: _____

Si el número es:

22-28

Vives con un nivel de integridad insólitamente alto. Puede que hayas pasado cierto tiempo en la selva oscura del extravío en algún momento de tu vida, pero conoces la salida. Este libro puede ser un bonito recordatorio.

15-21

Tu vida es mucho más feliz que la de la mayoría, pero puede que haya un par de zonas en las que estés separado de tu auténtica personalidad. El camino hacia la integridad lo solucionará.

8-14

Definitivamente, estás en la selva oscura del extravío. Por favor, recuerda que no es culpa tuya. No obstante, solo la recuperación de la integridad impedirá que esas zonas preocupantes empeoren.

0-7

Puede que sentirte perdido y confuso te resulte «normal» porque llevas mucho tiempo vagando por la selva oscura del extravío. Este libro puede ayudarte a conseguir más paz y alegría de la que has sentido en mucho tiempo... quizás en toda tu vida. Si no avanzas hacia la integridad pronto, las cosas, por decirlo claramente, empeorarán.

QUÉ HACER CUANDO NOS DAMOS CUENTA DE QUE NOS AQUEJA EL SÍNTOMA DE LA SELVA OSCURA DEL EXTRAVÍO

Si tu puntuación alcanzada es más baja de lo que te gustaría, no te asustes. No eres mala persona ni has hecho nada malo. Solo estás perdido. Por definición, eso significa que no sabes adónde ir ni qué hacer a continuación. Por suerte, puedo dirigir tu paso siguiente, un paso seguro y el único que puede ponerte directamente en el camino hacia la integridad. Nunca me ha fallado, ni a ninguno de mis clientes. Y es muy sencillo: solo tienes que decir la verdad sobre lo perdido que te sientes.

Yo tropecé en este paso cuando tenía dieciocho años, mientras estaba dolorida y deprimida, atrapada sin saberlo entre dos culturas incompatibles. Con el paso de los meses y mientras rastreaba lentamente mi infelicidad hasta su origen, llegué a una conclusión fundamental que parecía no tener nada que ver con la enfermedad física, ni siquiera con la depresión: no tenía ni idea de qué era la verdad. Esa constatación, aunque modesta y discreta, resultó extrañamente curativa. Años después, cuando ya era *coach*, orienté a cientos de personas que se sentían sin propósito, angustiadas, enfadadas, desesperadas, enfermas, solas o con adicciones para que confesaran sin temor la verdad de «estamos totalmente perdidas», como si abrazaran a un progenitor cariñoso.

Esto no tiene ningún sentido para el amor propio, que siempre nos incita a sentirnos virtuosos y a empuñar el timón. Pero la auténtica personalidad se relaja cuando dejamos de andar sonámbulos y aceptamos sinceramente nuestra situación, aunque, como Dante, despertemos en un lugar terrorífico. Nuestra personalidad entera responde con las verdades más sencillas que podemos confesar: «No me gusta este lugar». «No sé cómo he llegado aquí». «Tengo miedo».

EJERCICIO
Encontrar integridad en la selva oscura

A continuación, este sencillo ejercicio dirigirá tus pasos directamente hacia el camino de la integridad, por muy perdido que te sientas. Más abajo encontrarás una lista de afirmaciones sencillas. Tu misión consiste en leerlas en voz alta. Susúrralas en privado, repíteselas a una amistad, grítaselas al próximo vendedor que te llame por teléfono para interrumpir tu concentración. Y por un momento, mientras lees cada frase, acepta provisionalmente que es verdad.

Y ahora viene la parte importante: al leer cada frase, fíjate en lo que te sucede por dentro. Puede que se te resienta el orgullo, puede que el crítico que llevas dentro se encrespe como un gato asustado. Pero ¿se te ha relajado el cuerpo un poco, a pesar de la aparente negatividad de la afirmación? ¿Respiras hondo? ¿Sientes que se libra una batalla en tus entrañas, tu corazón, tu cabeza? Toma nota. No te preocupes por lo que venga después. ¿Preparados? ¿Listos? ¡Ya!

Mi vida no es perfecta.
No me gusta cómo van las cosas.
No me siento bien.
Estoy triste.
Estoy enfadado.
Estoy asustado.
No estoy en paz.
No encuentro gente con la que estar a gusto.
No estoy seguro de adónde ir.
No sé qué hacer.
Necesito ayuda.

Si sientes que se ha serenado algo en tu cuerpo y en tus emociones al leer una o más frases, no lo pases por alto. Esa ligera relajación es la respuesta instintiva al hecho de oír (y algo más importante, al hecho de decir) la verdad. Si lo has experimentado, siéntete orgulloso de ti mismo. Las cosas no son perfectas, pero has despertado al hecho de que no son perfectas, y en eso consiste *todo*. Estás reconectando partes de ti que se habían soltado. Bien hecho. Has dado el primer paso por el camino hacia la integridad.

2

Desesperados por el éxito

Mi amiga Sonja se presentó un día con un consejo útil para los hombres que quieren mejorar su rendimiento en el dormitorio. «Tengo un consejo», dijo. «Si lo que estás haciendo no funciona, *no pongas más empeño en hacerlo*».

Esto es aplicable a todas las áreas de la vida, pero la mayoría, al parecer, no nos damos cuenta. Culturalmente damos por sentado que hacer las cosas con más ganas nos sacará de la confusión y nos permitirá acceder a la felicidad. Con un poco más de energía y con las botas bien atadas, deberíamos ser capaces de saltar desde el sufrimiento hasta la vida fabulosa. Casi todos mis clientes, una vez que han admitido que sus vidas no funcionan, tratan de solucionar el problema haciendo lo que siempre han hecho, pero con más ahínco. Intentan trabajar mejor, tener mejor aspecto, amar mejor, comer mejor, en términos generales, *¡ser mejores, caramba!*

Esto es como despertar al volante del coche, nos damos cuenta de que nos hemos salido de la carretera y reaccionamos pisando a fondo el acelerador. Así convertimos una situación precaria en otra realmente peligrosa. Cuando nos damos cuenta de que nos hemos salido del camino, lo mejor que podemos hacer es reducir la velocidad, incluso detenernos en seco. Así estaremos en condiciones de evaluar la situación para encontrar una salida segura, un proceso que has comenzado al responder el cuestionario y hacer el ejercicio del capítulo anterior. Si encuentras zonas turbias en tu vida, quizá hayas llegado a la conclusión de que tienes que intentarlo más, ser mejor. Pero es casi seguro que eso no servirá para nada.

Escucha: el problema no es la intensidad con que trabajes, sino que estás trabajando en algo que no te va. Tus metas y motivaciones no están en armonía con tu verdad profunda. No proceden de tus inclinaciones naturales. Proceden de las dos fuerzas que nos desvían a todos del camino de la autenticidad: el trauma y la socialización. Cuando digo «trauma» no me refiero a tragedias horribles como que estalle una guerra o se maltrate a los niños. Me refiero a toda experiencia dolorosa que represente un ataque por sorpresa y que nos deje en una situación de vulnerabilidad. Ser humillados por nuestros padres o compañeros de clase puede ser traumático. Y también un revés económico, una discusión fuerte, la pérdida de una mascota. A menudo nuestra respuesta a tales sucesos es cambiar de conducta o eludir la repetición de la experiencia. Por ejemplo, si nos dejan plantados en el amor o nos desilusiona el trabajo, puede que juremos no volver a amar o no fiarnos nunca más de nuestras aspiraciones.

La forma de encajar el trauma está modelada por la socialización. Al no saber qué hacer, hacemos lo que sabemos. Apretamos los dientes o sufrimos berrinches emocionales para llamar la atención de nuestros seres queridos, o nos aislamos para amargarnos pensando en el disgusto. Repetimos lo mismo una y otra vez, aunque no nos haga sentir mejor. Cuando nos damos cuenta de que no funciona, lo intentamos con más fuerza.

EL PROBLEMA DEL «ÉXITO»

Dante escribió una vívida metáfora sobre esto en *La Divina Comedia*. Poco después de darse cuenta de que se ha extraviado en la selva oscura, el poeta ve una montaña que se eleva de la oscuridad, bañada por la luz del sol. Es tan hermosa y radiante que la llama *dilettoso monte*, en nuestro idioma «monte deleitoso». Parece el sitio perfecto para salir de la selva oscura, así que aunque Dante está agotado, se pone a escalarlo… pero inútilmente. Es entonces cuando llegan los temibles animales, ¿te acuerdas? Asustan, deprimen y persiguen a nuestro héroe hasta el interior del bosque.

Yo veo el Monte Deleitoso como el símbolo de todas las formas de ser «mejor» que hemos aprendido en nuestro contexto cultural. Para mucha gente, esto implica dinero, dinero a espuertas. Este sustrato dorado y básico puede estar coronado por capas de increíble belleza física, brillantez intelectual, perfección artística, romances de cuento de hadas o todo a la vez. «¡Eso! ¡Eso! ¡Eso!», pensamos. «¡Conseguir el Premio Nobel! ¡Ganar todos los Óscar! ¡Vender suficientes tonterías para que el abuelo tenga siempre dentadura postiza! ¡Eso lo mejorará todo!».

El problema de todos nuestros Montes Deleitosos es que siguen formando parte de la selva oscura del extravío que nos hace desgraciados. Tratar de escalar la montaña de «lo mejor» casi siempre supone una gran cantidad de esfuerzo agotador cuando ya estamos muertos de cansancio.

Y luego, por supuesto, están esos temibles estados emocionales, la ansiedad, la depresión y la cólera que nos sobrevienen cuando parece que estamos progresando. Aplastan nuestros esfuerzos, debilitan nuestra resolución y nos devuelven a lo más profundo de la selva oscura.

Yo escalé varias veces las laderas de mi propio Monte Deleitoso. Y aunque alcanzara algunas cotas que me había propuesto, solo me sentía mejor durante unos días. Como ya he dicho, he orientado a personas que parecían vivir cerca de la cima del Monte Deleitoso, pero ninguna expresaba una satisfacción duradera después. Como somos tan ignorantes que creemos que «éxito» equivale a felicidad, merece la pena insistir en el asunto.

Recuerdo una llamada telefónica que recibí a media noche, de un empresario al que llamaré Keith, cuya compañía empezaba a cotizar en bolsa. Keith había ganado más de doscientos millones de dólares el día anterior. Me llamó desde una fiesta de celebración, borracho como una cuba, de whisky escocés de cincuenta años y pastillas de una bolsa-regalo para colocarse. Una banda famosa tocaba rock and roll al fondo, a un volumen tan alto que apenas oía a Keith.

—¿SABES UNA COSA? —gritó al teléfono—. ¡NO ES SUFICIENTE! PENSÉ QUE BASTARÍA. ¡PERO NO! ¿CUÁNDO VA A SER SUFICIENTE, JODER?

Era una pregunta retórica. Aunque intenté responder, Keith no habría oído nada por culpa de la banda de rock de la sala y de los mensajes culturales de su cabeza. Habíamos hablado muchas veces sobre que se sentía más feliz haciendo cosas sencillas, como pasear. Pero Keith creía realmente que, si paseaba menos y se centraba en hacerse aún más rico, al final se sentiría muy bien. Espero que con el tiempo le funcione. Tengo mis dudas.

LO QUE NOS ENSEÑAN A DESEAR

El quid del asunto en lo que atañe a la subida al Monte Deleitoso está en lo que los psicólogos llaman «teoría de la comparación social». Significa que tendemos a medir nuestro bienestar, no por cómo nos sentimos, sino por cómo es nuestra vida en relación con la de los demás. Un extravío casi universal en la selva oscura es creer que la felicidad llegará cuando estemos por encima de los demás según un modelo social definido. Y como ese modelo está estructurado por la cultura y no por la naturaleza, la gente puede escalar el Monte Deleitoso haciendo las cosas más raras.

Por ejemplo, entre las mujeres de la China tradicional, escalar la ladera social exigía tener unos pies minúsculos. Generaciones de jóvenes y adultas han llevado los pies vendados y comprimidos, los deformaban para hacerlos *mejores*. En la Inglaterra victoriana, las mujeres vestían telas teñidas con arsénico que causaban úlceras en la piel y que podían arder fácilmente… ¡un pequeño precio a pagar por tener *mejor* aspecto que las rivales en la moda! En la sociedad actual, la gente prácticamente se mata para ser mejor decorando el pastel más complicado, o para criar el más clásico de los caniches clásicos, o para meter una pelota diminuta en un agujero diminuto.

Tú no cazas animales salvajes para que inviertan su energía en actividades tan aleatorias. Algunas criaturas compiten por la comida, el territorio y la pareja. A muchas les gusta jugar y parecen disfrutar con sus simulacros de victoria. Pero no se tiran de los pelos ni de las plumas si no consiguen más toneladas de alpiste o de conejos muertos que el gorrión o el coyote de enfrente. El Monte Deleitoso está construido con la característica exclusivamente humana de atribuir valor de «conquista» a cosas absurdas. Todo esto tiene que ver con la cultura, no con la naturaleza.

Tu verdadera personalidad, por el contrario, es pura naturaleza. A ella le importa un bledo quién viste mejor, ni siquiera si alguien se viste o no. Las medallas olímpicas y los premios Pulitzer solo le interesan porque tienen brillo. A tu verdadera naturaleza le gustan las cosas por su capacidad de aportar un placer genuino, aquí y ahora. Le encanta retozar, los amigos, el contacto de la piel, la luz del sol, el agua, reír, el olor de los árboles, la deliciosa quietud del sueño profundo. He aquí un pequeño ejercicio que puede ayudarte a notar la diferencia entre un impulso que procede de la cultura y otro que procede de la naturaleza.

EJERCICIO
¿Cultura o naturaleza?

Primero recuerda la última vez que viste un anuncio que te atrajo realmente. Pudo ser un anuncio comercial de la televisión, o de los de los medios sociales, o un cartel en la fachada de una tienda. Cuando llamó tu atención, seguro que sentiste un fuerte deseo de poseer lo que se anunciaba. De repente, quisiste con todas tus fuerzas el último modelo de teléfono móvil, o ese elegante coche nuevo, o una cazadora más moderna que cualquiera de las que tienes. Anota qué objeto deseaste.

Algo que se anunciaba me hizo desear:

_____

_____

Por un momento, piensa en poseer ese objeto. Fíjate en cómo se siente tu cuerpo mientras lo piensas. Quizá estés ansioso de poseer ese objeto. Quizá te sientas animado por la esperanza, o amargado porque estás convencido de que nunca podrás tener algo tan estupendo. Describe lo mejor que puedas la sensación que te embarga por permitirte desear ese objeto. ¿Qué sientes, física y emocionalmente, al pensar que lo tienes?

Cuando imagino que tengo el objeto que el anuncio me ha hecho desear, experimento las siguientes sensaciones:

Sensaciones físicas:

_____

_____

Sensaciones emocionales:

_____

_____

Ahora, quítatelo de la cabeza con una sacudida. Literalmente. (Sacudir la cabeza, las manos o todo el cuerpo, igual que un animal cuando sale del agua, puede ayudar a despejar la mente y las emociones). Olvida la imagen del anuncio. Fíjate en si te resulta difícil, si sientes el impulso de ir a buscar el nuevo objeto, o al menos el impulso de mirar imágenes de él. Cuando consigas desprenderte de este deseo lo suficiente para sentirte centrado en el momento presente, responde la siguiente pregunta:

Cuando estás solo y en silencio, por ejemplo, cuando estás despierto por la noche, ¿qué anhelas más? No digo solo querer, sino anhelar. Escribe lo primero que te venga a la mente.

Lo que anhelo cuando estoy tranquilo:

_____

_____

Deja que el anhelo de ese objeto se intensifique. Imagina vivamente que lo tienes. ¿Cómo afecta esta imagen a tu cuerpo y a tus emociones? Descríbelo.

Cuando imagino que consigo el objeto que anhelo cuando estoy tranquilo, experimento las siguientes sensaciones:

Sensaciones físicas:

_____

_____

Sensaciones emocionales:

_____

_____

¿Notas alguna diferencia? La experiencia exacta será propia de cada cual, pero cuando el impulso procede de un anuncio las personas suelen tener sensaciones muy diferentes de cuando dejan que sus deseos surjan espontáneamente de su interior.

Este punto es importante: dependiendo de si estás muy alejado o poco alejado de tu auténtica personalidad, verás que tus deseos y tus anhelos se dirigen a objetos diferentes.

Cuando no estamos distraídos por la cultura, vamos directamente a satisfacer nuestros anhelos innatos. Cuando deseamos objetos que nos han enseñado a desear, perdemos la pista de nuestras motivaciones internas y podemos pasarnos toda la vida persiguiendo recompensas que nunca harán que nos sintamos realmente satisfechos.

He utilizado este ejercicio con muchísimos clientes. Sus deseos son tan diferentes como su condicionamiento social. Quieren diferentes clases de ropa, casas, experiencias y relaciones. Pero todos anhelan unas pocas cosas, y esas cosas son notablemente parecidas, incluso cuando se trata de personas de diferentes culturas. Incluyen paz, libertad, amor, comodidad y sentido del arraigo.

Esto es lo que he notado: si te pasas la vida persiguiendo metas definidas culturalmente (escalar el Monte Deleitoso), puede que consigas lo que quieres, pero probablemente no conseguirás lo que anhelas. Si decides olvidar el Monte Deleitoso, puede que no consigas lo que quieres en ese camino destacado socialmente. Pero no te preocupes, porque todo tu mundo se llenará (con una medida apretada, colmada y rebosante, como dice el Evangelio de Lucas) de todas las cosas que anhelas. Y ahora veamos cómo olvidar el Monte Deleitoso: poner fin a su atracción.

LA ATRACCIÓN CULTURAL

El Monte Deleitoso surge en la selva tenebrosa solo cuando un grupo de personas tiene valores comunes. Por ejemplo, en Estados Unidos en la actualidad, vendarle los pies a tu hija para comprimirlos hasta que sean «capullos de lirio» (como se decía en China) de diez centímetros no te llevará a lo más alto de la pirámide social; más bien te llevará a lo más alto de la lista de los más buscados por la agencia gubernamental de protección a la infancia. Ni tus *likes* en Facebook aumentarán vertiginosamente si te pones ropa inflamable teñida con arsénico. Tu grupo cultural tiene que haberse puesto de acuerdo en la deseabilidad de las metas de su Monte Deleitoso, ya que en la realidad de la naturaleza (incluida la realidad de tu propia naturaleza) no significan nada.

Los humanos estamos tan condicionados por los valores culturales que cuando empezamos a escalar la ladera del Monte Deleitoso podemos estar totalmente ciegos a nuestros deseos reales. No podemos perder nuestra verdadera naturaleza, ya que está en nuestro ADN, pero podemos alejarnos de ella para ser mejores en diversos juegos culturales. Mi amiga Rayya, que pasó años drogándose en la calle, lo llama *running a hustle*, expresión norteamericana que tiene un abanico de significados, como «coaccionar», «buscarse la vida», «buscar un chollo», «explotar la avidez (o el morbo) del otro», «estar al acecho», etc. Ella lo hizo durante años para conseguir drogas o dinero para comprarlas. Mucho tiempo después de desintoxicarse, me dijo: «Todavía puedo entrar en una habitación y percibir el morbo de cualquiera. Porque casi todo el mundo está acechando siempre a alguien para conseguir algo».

Según mis diccionarios, la palabra *hustle* tiene varios significados interesantes en el inglés moderno. Aquí anoto unos cuantos. No son mis propias palabras, son citas copiadas de diccionarios de la lengua inglesa:

Definiciones de hustle:

1. Tener valor, seguridad, convicción y determinación para buscar y encontrar las oportunidades que quieres en la vida.
2. Obligar (a alguien) a moverse de prisa en una dirección concreta.
3. Coaccionar u obligar a alguien a que haga o elija algo.
4. Ejercer la prostitución.
5. Obtener algo con actos ilícitos; estafar; engañar.

En esta sola palabra puede verse un retrato de la cultura norteamericana moderna. Nuestra definición social de «éxito» está relacionada por entero con *hustle*. Hemos de superar a los demás, y eso comporta: 1) tener seguridad y determinación, 2) ir muy de prisa, 3) obligar a otros a que hagan lo que queremos, 4) vendernos y 5) estafar y engañar. Así es, queridos míos, como se escala el Monte Deleitoso.

Esta forma de vivir la vida es increíblemente efectiva para acumular *cosas*: tierras, oro, comida, casa. Funciona tan bien que cierta gente que creía en ello se las arregló para colonizar todo el maldito planeta. En el proceso, ellos (nosotros) transmitieron el valor de *hustling* (coaccionar) a casi todos aquellos a los que no conseguimos matar sin más. Así que es casi seguro que habrás recibido parte de tu aprendizaje social, o todo él, de esta tradición cultural. Probablemente das por sentado a un nivel profundo e irracional que para llegar a un lugar más feliz en la vida no queda otra alternativa que aceptar lo que implica *hustle*: coacción o imposición cultural.

Todo aquello que hagas únicamente para influir en otros, lejos de expresar tu naturaleza, es *coacción*. Ser educado para conseguir la aprobación de otros es *imposición cultural*. Coquetear con los demás para que se sientan especiales es *coacción*. Sentarse solemnemente en la iglesia, chorreando virtud conscientemente, es *imposición cultural*. Hacer un poco el tonto para no representar una amenaza para otros es *coacción*. Utilizar palabras inusuales para impresionar es *imposición cultural*. Vestir de determinada forma para parecer más profesional, o más sexi, o más moderno, o rico, o más alto, o inconformista, o recatado… es *imposición cultural, coacción y coacción*.

De todos modos, adoptar estas poses no significa que seas mala persona. Significa que te has adaptado bien a las normas de comportamiento social. Pero también significa que te has alejado de tu verdadera naturaleza. En millones de pequeños aspectos y otros más grandes ignoras lo que tu naturaleza anhela y cultivas las poses de la coacción o la imposición cultural para conseguir las cosas que te han enseñado a desear. He aquí un pequeño ejercicio para ayudarte a entenderlo.

EJERCICIO
Palpar la diferencia

Piensa en tres o cuatro cosas que hayas hecho la semana pasada. Podrían ser cosas muy sencillas, como cepillarte los dientes, o cosas enormes, como atracar un banco, o cosas de tamaño mediano, como preparar el desayuno o limpiarle las plumas a un loro. Elige una que te haya parecido placentera.

Ahora recuerda vívida y cuidadosamente cómo te sentías al llevar a cabo esa actividad. ¿Estabas animado y contento al pensar que ibas a hacerla? Al iniciarla, ¿la disfrutaste de verdad? Al terminar, ¿te sentiste contento por todo el proceso? Coméntalo:

_____

_____

_____

A continuación recuerda cualquier otra actividad que hicieras la semana pasada y que no te gustó. ¿Cómo te sentiste, física y emocionalmente, poco antes de realizar la cosa en cuestión? ¿Cómo te sentiste mientras la hacías? ¿Deprimido, cansado, confuso, enfadado, distraído? Coméntalo:

_____

_____

_____

Recuerda alternativamente las dos sensaciones y compáralas. Aunque la diferencia sea mínima, procura describirla con precisión. Es la diferencia que hay entre hacer algo nacido de la integridad y hacer algo para ceder a la coacción o a la imposición cultural.

LO QUE NOS ENSEÑAN A IGNORAR

A propósito de las dos actividades que acabas de describir, fíjate en que solo hay una razón para que llevaras a cabo la desagradable: a cierto nivel, *pensabas que tenías que hacerla.* Quizá la hiciste por miedo, temiendo lo que podría pasar si no la hacías. Quizá intentabas complacer a alguien. Quizá tengas un juego completo de normas culturales enterradas tan profundamente en el cerebro que nunca se te ha ocurrido pensar que podría ser posible no realizar esa actividad que no te gusta.

No digo que todas las convenciones sociales sean malas. No creo que vivir de manera íntegra signifique que debamos abandonar las normas culturales para correr por ahí desnudos, robar comida y copular con los desconocidos que nos atraen. Solo quiero que distingas con absoluta claridad la diferencia entre la conducta de tu personalidad verdadera y la falsa, entre lo que te produce alegría y lo que haces por coacción o por imposición cultural.

Este es el segundo paso en el camino hacia la integridad, el preludio para alinear tus pensamientos y actos con tu verdad. *No te exige nada, solo que reconozcas cuándo estás haciendo algo porque lo ordena la cultura y cuándo una acción es producto de tu verdadera naturaleza.* Esto no tiene vuelta de hoja.

NO EXISTEN LAS VERDADES ABSOLUTAS

He aquí lo que hice tras mi estrepitoso colapso a los dieciocho años. Al descubrir que el meollo de mi confusión radicaba en que no sabía lo que era verdadero, me dispuse a responder a la pregunta *¿Qué es verdadero?*, como un tigre hambriento que busca una presa. Tendida en la cama, leí grandes obras de la filosofía occidental, empezando por los presocráticos y siguiendo, en orden cronológico, con un sinnúmero de libros increíblemente aburridos. Muchos solo consiguieron deprimirme más, porque los filósofos en cuestión solían dedicar algunas líneas para afirmar que las mujeres eran descerebradas, babeantes, pecadoras, cavernícolas y reses parideras (me limito a parafrasear sus ideas).

Al cabo de varios meses llegué por fin a la obra maestra indescriptiblemente aburrida de Immanuel Kant, la *Crítica de la razón pura*. Me aburrió soberanamente, pero cambió mi vida para siempre. Kant creía que nuestra mente crea todas nuestras experiencias, incluidos el espacio y el tiempo. Puede que ahí fuera haya una realidad, pero nosotros solo la percibimos a través del filtro de nuestras percepciones subjetivas, lo que significa que *nadie puede saber nunca qué es absolutamente verdadero*. El razonamiento de Kant me venía como anillo al dedo y también me resultaba paradójico: es absolutamente verdadero que nada es absolutamente verdadero, sin excluir esta afirmación.

Para mí fue como escapar de una cueva húmeda y oscura. Significaba que podía tener en cuenta todas las creencias culturales. Puede que los mormones tengan razón cuando hablan de la naturaleza del universo o puede que estén equivocados. Puede que los buenos chicos de Harvard, cuando dan su particular versión de la realidad, estén en lo cierto o estén equivocados. ¿Quién puede estar seguro? Tú no, desde luego. ¡Uf! ¡Qué alivio! Como todo el mundo podía inventar lo que quisiera, yo podía llevarme bien con todos sin creer absolutamente a nadie.

Resultó una bonita estrategia para escalar el Monte Deleitoso. Me casé con otro mormón que también había estudiado en Harvard. Juntos nos dedicamos a conseguir tantas licenciaturas como pudimos, mientras seguíamos apareciendo como ejemplares seguidores de la Iglesia de los Santos de los Últimos Días. Tuve mi primer hijo y me concentré en los cursos de doctorado, como mujer de los tiempos de los exploradores que paría criaturas mientras araba los campos. Estaba dándole el pego a todo el mundo, incluso a mí misma.

Pero aún tenía síntomas de la selva oscura del extravío. Me sentía vacía y ansiosa, adicta al trabajo intensivo. Mi agotado cuerpo seguía lastrado por el insomnio, los dolores y las enfermedades. Había encontrado parte de mi verdadera naturaleza, que realmente disfrutaba aprendiendo y realmente amaba a su familia. Pero la gran mayoría de mis actos eran respuestas a presiones culturales. Estaba a medio camino del Monte Deleitoso y subía de prisa, no hacía nada que me hiciera auténticamente feliz.

EJERCICIO
Detectar tus coacciones

Si te has dado cuenta de que algunas de las cosas que haces cada día son producto de imposiciones culturales y no son obra de tu auténtica naturaleza, entonces estás construyendo tu propia versión del Monte Deleitoso. ¿Estás listo para ser totalmente sincero al respecto? Entonces hazte las siguientes preguntas, deteniéndote en cada una de ellas hasta que puedas obtener la respuesta real. (Repito, lo único que tienes que hacer es permitir el reconocimiento interno de la situación real. Fíjate en las diferencias entre cosas que te gusta hacer de verdad y cosas que haces por otras razones).

- ¿Sales alguna vez con personas que no te gustan realmente? ¿Quiénes son?

  _____

  _____

  _____

- ¿Te obligas sistemáticamente a hacer cosas (muchas o pocas) que realmente no quieres hacer? Haz una lista.

  _____

  _____

  _____

• ¿Hay cosas que haces únicamente por miedo a que no hacerlas pueda enfadar a alguien, o disminuir tu valor a los ojos de alguien? ¿Qué cosas son?

_____

_____

_____

• ¿Hay ocasiones en tu vida cotidiana en que te empeñas sistemáticamente en fingir que eres más feliz o estás más interesado de lo que realmente estás? ¿En qué áreas (relaciones, actividades laborales, lugares) tiendes a hacerlo?

_____

_____

_____

• ¿Alguna vez dices cosas que sabes que no son verdad, o cosas que realmente no crees? ¿Cuáles son?

_____

_____

_____

Lee todas las descripciones que has hecho y verás un puñado de situaciones en las que estás dejando que tu integridad choque con las coacciones culturales. No has hecho nada malo y en este punto no hace falta que hagas nada. Solo fíjate en cuánto tiempo de tu vida gastas adoptando poses.

A menudo mis clientes se sienten un poco sin asideros, incluso les ofende este ejercicio. Las cosas desagradables que se ven obligados a hacer, las zonas en las que mienten sobre sus sentimientos, las veces que obedecen por vergüenza o amenazas de castigo son los mismísimos aspectos de su conducta que creían que eran los más virtuosos. Si eres una madre hogareña que nunca ha disfrutado realmente con los niños, un bombero que anhela el silencio o el trabajo intelectual, un soldado que detesta la rutina, puede que estés orgulloso por haberte obligado a ir contra tu naturaleza para hacer lo que a tu cultura le parece lo correcto. Y aquí me tienes diciéndote que este esfuerzo admirable va contra la integridad.

Pero ¿qué diantres?

Respira. No estoy diciendo que tu esfuerzo por cumplir con las normas culturales esté mal. Todo lo contrario. Estás haciendo un trabajo hercúleo para vivir de acuerdo con los criterios que realmente crees que son justos y buenos. Te admiro mucho. Se necesita mucha disciplina para ir en contra de tu naturaleza. Si te riñera por ese esfuerzo, te estaría administrando otra dosis de socialización punitiva. No te condeno en absoluto. Pero quiero que te fijes en una cosa:

Cada vez que actúas contra tu verdadera naturaleza para servir a tu cultura, la odias a muerte.

Recuerda: nadie te dice que hayas de hacer cambios. Por ahora. Te animo a que sigas con tus rutinas exactamente como hasta ahora. Continúa «buscándote la vida». Búscatela como quieras. El único cambio que has de hacer en este punto de tu andadura hacia la integridad es admitir (solo para ti mismo) que algunos de tus actos no tienen más función que impresionar o solo sirven para quedar bien con otras personas. Estos actos no son espontáneos y no están en armonía con tu verdad. Pero en este punto no necesitas una revolución. Lo que necesitas es un guía. Lo cual, como por voluntad del destino, es lo siguiente que encontrarás en tu camino hacia la integridad.

3

Encontrar al guía

Mientras Dante sube por la ladera del Monte Deleitoso, ve una figura humana que camina por la selva oscura. llamada voces, porque está desesperado por recibir ayuda, pero también inquieto por la posibilidad de que esa persona no esté… ¿cuál es la palabra? Ah, sí: viva. Y cómo no, resulta que es un fantasma. Pero se trata del mejor fantasma posible: Publio Virgilio Marón, mejor conocido como Virgilio a secas, el más grande poeta latino. Sí, el tipo lleva varios siglos muerto, pero el lado bueno de la cuestión es que es el poeta favorito de Dante.

Después de presentarse, Virgilio pregunta a Dante por qué no está subiendo el Monte Deleitoso con los demás. Cuando Dante le habla de la onza sedienta de sangre que lo perseguía, Virgilio parece comprender toda la situación. Dice que Dante tendrá que tomar un camino diferente para salir de la selva oscura del extravío. Luego se nombra a sí mismo compañero y guía, y arguye que ha sido enviado para ayudar a Dante en su viaje.

CÓMO HA APARECIDO EL GUÍA

Todo esto es fantasía para ti, ¿verdad? En su peor hora, cuando está en medio de ninguna parte, Dante tropieza precisamente con su escritor favorito que parece haber resucitado, que sabe exactamente dónde tiene que ir Dante, y precisamente tiene tiempo libre y ganas de servirle como escolta personal. Ojalá el mundo real funcionara así, ¿eh?

Bueno, pues el caso es que sí funciona de este modo.

He visto esta especie de pequeño milagro ocurrir una y otra vez, en mi propia vida y en las vidas de mis clientes. Precisamente cuando se necesita a un guía para progresar y avanzar, aparece alguien o algo que nos ayuda.

De hecho, Dante Alighieri «conoció» a Virgilio leyendo su poesía. La lectura es el medio por el que yo conocí a muchos guías de mi vida, y los clientes a menudo me dicen que precisamente cuando más confusos se encontraban, el libro perfecto «pareció saltar de la estantería» para llamar su atención. A veces conocemos a nuestros guías porque alguien se da cuenta de que necesitamos ayuda y nos lleva a terapia, a rehabilitación, a yoga o a cualquier otro espacio que nos permite encontrar a guías sabios. O quizás escuchamos un fragmento de un pódcast o una charla por internet y nos quedamos fascinados por el orador.

Joseph Campbell, el famoso profesor de Mitología Comparada, se dio cuenta de que en leyendas de todo el mundo hay algún tipo de mentor que aparece poco después de que el héroe haya escuchado la llamada de la aventura. Embarcarse en el camino hacia la integridad es una situación parecida. Solemos encontrar a guías cuando nos hemos dado cuenta de que estamos extraviados en la selva oscura, cuando hemos fracasado al intentar salir de ella subiendo al Monte Deleitoso, y mientras seguimos acosados por los animales salvajes de las emociones que nos hacen daño.

En este punto son muy escasas las posibilidades de encontrar el camino para volver a la completitud nosotros solos. Después de todo, nos hemos desviado del camino por culpa de ideas y comportamientos que hemos aprendido desde que nacimos. Casi todos nuestros errores están al acecho en nuestros puntos psicológicos ciegos. Sin ayuda externa, puede que nunca los veamos, por mucho que lo intentemos. Pero alguien con una perspectiva diferente puede ver lo que a nosotros se nos escapa y ayudarnos a mirar en la buena dirección. Así que estamos preparados para conocer a un tipo muy específico de guía: un *psicopompos*, palabra griega, habitual en historia del arte y de las religiones, que significa «guía del alma».

Antes de seguir avanzando tengo que subrayar algo absolutamente crucial: ningún guía externo puede ser nunca la respuesta a todos tus problemas. El papel de los guías del alma es crucial, pero limitado. Ofrecen las herramientas necesarias para ayudarnos a encontrar la sabiduría en el centro de nuestra propia conciencia. Al final (alerta, *spoiler*), Virgilio no podrá guiar a Dante durante todo el camino al paraíso. Nadie puede darnos la integridad pura: conocer nuestra verdad es algo que podemos y debemos aprender por nosotros mismos. El papel del guía del alma es sencillamente ponernos en contacto con nuestra habilidad innata para percibir qué es verdad.

Pero cuando vagamos por la selva oscura, sabiendo que estamos perdidos y sin pistas sobre cómo encontrarnos a nosotros mismos, el guía es esencial. Así que presta atención a cualquiera que pueda ofrecer ayuda u orientación. Puede que no tenga el aspecto que esperas.

CÓMO RECONOCER A UN GUÍA DEL ALMA

Los guías del alma no siempre coinciden con lo que esperamos. Algunos son profesores, como el personaje de Robin Williams en *El Club de los Poetas Muertos*, cuyos extravagantes métodos abren el corazón y el alma de sus alumnos, además de sus mentes. Pero como he dicho, la orientación puede llegar por medio de un libro, una canción, un animal. Incluso puede aparecer como una época de experiencia intensa, una fase en que las circunstancias te permiten adquirir mucha comprensión a toda prisa.

Puede que hayas tenido ya estas extrañas fases educativas en tu vida. Todos las hemos visto dramatizadas en películas: la vida de un fanático es salvada por las personas que más desprecia; una persona obsesionada por el dinero pierde sus ahorros en una estafa piramidal la misma semana que su casa arde hasta los cimientos; un médico narcisista contrae la misma enfermedad que está tratando y se ve obligado a soportar el punto de vista de sus pacientes. Cuando nos ocurren estas cosas, es posible que nos sintamos aleccionados por una sutil pero potente energía que escapa a nuestro control. Cualquier fuerza que ayude a producir tales situaciones es claramente una orientación para el alma.

Sin embargo, casi todos los guías aparecen como individuos humanos. Y normalmente son algo raros. Cuando conozcas al tuyo probablemente no será como estar con una niñera cariñosa ni con un sabio profesor con gafas. Cuando vemos por primera vez a un auténtico guía del alma, suele parecernos un sujeto anómalo, quisquilloso, incomprensible o sencillamente un bicho raro. Voy a darte algunas normas generales para identificarlo. Pero antes permíteme decir qué *no* es un guía de almas, para que no te dejes embaucar por un *psicopompos* de pega.

Hay muchas personas deseosas de decirte qué deberías hacer, cómo deberías pensar y cómo deberías ser: sabihondos de la tele, personajes con autoridad, parientes pontificadores, amigos que acaban de descubrir una religión o desconocidos que te gritan desde internet. Cuando conozcas a alguien así, ten mucho cuidado. Todo aquel que intente obligarte a escuchar su consejo es poco probable que sea un guía del alma competente.

Otras personas prometen llevarte a la cima del Monte Deleitoso, te prometen hacerte guapo, rico y famoso a cambio de obediencia incondicional y/o grandes sumas de dinero. Repito, es raro que sean buenos guías del alma. Si tu corazón *anhela* seguir a este tipo de persona, adelante. Pero cuidado con las ansias que puedas experimentar cuando estés sometido a sus consejos. Un auténtico guía del alma llamará tu atención porque te sentirás arrastrado interiormente, no aturdido por una publicidad potente (si necesitas *feedback*, puedes repetir el ejercicio del capítulo 2).

En la actualidad, la expresión «guía del alma» es utilizada por personas con inclinaciones espirituales para describir a las personas que no soportan. «Es mi mejor guía», dirán de la colega que se ríe como si rebuznara o del hijastro que les roba las tarjetas de crédito para pagar en los prostíbulos. «Es el Buda de mi andadura». El peligro de esto es que puede conducir a la gente a mantener relaciones que son realmente enfermizas. Los auténticos guías del alma pueden dejarnos perplejos o inquietarnos, pero suelen ser fascinantes, no repulsivos ni insoportables.

Una vez explicado todo esto, a continuación expongo lo que quiero decir cuando hablo de «guía del alma».

Los guías del alma llaman nuestra atención

Cuando conocemos a un auténtico guía, a menudo hay algo inquietante en el encuentro. Parte de nuestra atención queda inexplicablemente fija en la persona o cosa que ha aparecido para enseñarnos. Yo lo llamo «efecto R2-D2», por el pequeño robot de la primera película de *La Guerra de las Galaxias*. Desde el punto de vista de su amigo C-3PO, todo es normal hasta el momento en que R2-D2 conoce a la princesa Leia. Entonces se va pitando y abandona a su compañero. Sin que lo sepa C-3PO, la princesa Leia le ha encargado una misión. Ese objetivo se superpone a todo lo demás.

A veces parece que la mente se nos va volando de un modo igual de inesperado. Puede que nos encontremos pensando en una persona que hemos conocido de pasada en una cena, o en un viejo amigo que no hemos visto durante años, o en un extraño cuyo nombre aparece en conversaciones con tres personas diferentes. No sabemos por qué estos individuos atraen tanto nuestra atención, pero no podemos dejar de pensar en ellos. Puede que incluso tengamos la desconcertante sensación de que se han instalado en nuestra mente y no quieren irse. Puede que nos encontremos discutiendo con ellos, o explicándoles nuestro comportamiento, sin dejar de preguntarnos todo el tiempo por qué nos preocupa tanto lo que ellos piensen.

Los guías del alma llegan con algo de magia

En la saga heroica de Joseph Campbell, el encuentro del héroe con el mentor se produce por mediación del destino, la magia o la voluntad divina. Cuando encontramos a un guía del alma, a menudo se produce una serie de coincidencias o un toque de gracia que propicia el encuentro. Esta gota de magia confirma el efecto R2-D2, pues insinúa que está en nuestro destino cruzarnos en la trayectoria de un guía en particular.

Por ejemplo, mi cliente Michelle recibió un libro de autoayuda como regalo de un amigo, encontró otro ejemplar abandonado en un banco vacío de un parque y tropezó con el autor en una firma de libros, todo en la misma semana. Ese libro, me contó, era exactamente lo que necesitaba.

Otra clienta, Erin, conoció a un compatriota americano en una cafetería durante unas vacaciones en París. Más tarde me contó: «No fui a Francia para conocer a otros americanos, pero por alguna razón no podía dejar de hablar con él». El nuevo conocido de Erin resultó ser un psicólogo especializado en el tratamiento de traumas que vivía en Cleveland, como Erin, y a diez minutos en coche de su casa. Erin había sufrido un intento de violación en la universidad. Al regresar a Cleveland, tuvo unas cuantas sesiones con su nuevo amigo, que alivió el sufrimiento que le había producido aquella experiencia.

Y otro cliente más, Michael, estaba sirviendo mesas en un restaurante cuando, por alguna razón, se sintió impulsado a intercambiar una de sus mesas con otro camarero. El siguiente grupo que se sentó en su nueva mesa incluía a un viejo amigo del padre de Michael. Iniciaron una conversación, el caballero en cuestión ofreció un trabajo a Michael y además le enseñó a realizarlo hasta que aprendió lo bastante para salir adelante por su cuenta.

Estas historias podrían inducirte a pensar que no necesitas a un guía, que el guía perfecto del alma aparecerá en tu casa y te ofrecerá la salvación mientras estás en paños menores comiendo copos de cereales directamente de la caja. Podría ocurrir (cosas más raras he visto), pero no es probable. Como suele decirse, el maestro aparece cuando el alumno está preparado. Estamos preparados cuando nos damos cuenta de que estamos perdidos y que buscamos el camino hacia la integridad. Al final aparecerá el guía, a menudo por la puerta más sorprendente. El toque mágico, si se produce, es como la guinda del pastel.

Los guías del alma ofrecen amor sincero

Cuando oímos la expresión «guía del alma», casi todos imaginamos una presencia tranquilizadora, reconfortante, alguien que nos cante una nana para dormir y vigila nuestro sueño. Pero el auténtico trabajo de un guía del alma es *despertarnos* cuando andamos sonámbulos por la selva oscura del extravío. Esto podría implicar que el guía nos crispa los nervios, nos zarandea y pone en entredicho nuestras creencias más profundas. En las tradiciones asiáticas, los guías espirituales suelen arrojar agua fría al rostro de sus alumnos o golpearlos con varas de bambú.

Podrían pasar años hasta darnos cuenta (a menudo *a posteriori*) de que esta conducta denota en el fondo mucho amor. Puede que muchas personas pensemos que la clase de afecto que las arañas sienten por las moscas también es amor. Las arañas aman de veras a las moscas (les encanta su sabor, cómo crujen). Expresan ese amor atrapando todas las moscas que pueden y manteniéndolas cerca, sorbiéndoles la vida poco a poco. He tenido muchos clientes cuyos progenitores, amigos o amantes los trataban así. Yo lo llamo «amor de araña», aunque por supuesto no se trata en absoluto de amor; es una relación depredador-presa. Y los guías del alma nunca la cultivan. El amor real no quiere que nadie esté inmovilizado o atado, y desde luego tampoco en la selva oscura del extravío. Quiere siempre siempre, que seamos libres.

Por eso los verdaderos guías no nos ayudan a sentirnos cómodos con nuestras fantasías. Lejos de ello, sacuden nuestra jaula, nos ponen nerviosos, nos confiscan los sedantes. Cuando alguien que te atrae altera tu forma de pensar, puede que te enfurruñes y te sientas como si nadie te quisiera, como un niño cuyos padres se niegan a darle caramelos para cenar. Pero presta atención. Siempre que te libere, eso que te parece rigor, incluso crueldad, puede que en realidad sea el amor más puro que recibas en tu vida.

Los guías del alma no comparten nuestros valores culturales

¿Cómo? ¿No comparten nuestros valores? ¿No se supone que tenemos que pasarnos la vida buscando a guías que sí los compartan?

No cuando estamos en la selva oscura del extravío.

Recuerda que los sistemas de valores culturales desempeñan un papel fundamental para apartarnos de los caminos de la verdad y hacernos subir las distintas versiones del Monte Deleitoso. Cuando nos dejamos guiar por los valores culturales, nos agotamos persiguiendo cosas que nunca nos harán realmente felices. Para subsanar estos errores, los guías del alma deben estar libres del engaño cultural concreto que nos ha seducido.

Por ello, los auténticos guías del alma son seres «contraculturales» por definición. Algunos son meramente impredecibles, mientras que otros podrían vivir totalmente fuera de la cultura, autónomos y salvajes, como san Juan Bautista antes de encontrarse con Jesús (o el mismo Jesús, que se negaba a apedrear a los pecadores). Los guías del alma a menudo dicen y hacen cosas que ni se dicen ni se hacen en nuestro círculo social, en ningún círculo social. Sus modales, reacciones y consejos podrían ser diferentes de todo aquello a que estamos acostumbrados.

Los guías del alma que van a contracorriente son venerados en muchas tradiciones

La tribu lakota tiene bufones sagrados que contrarían deliberadamente las convenciones sociales cabalgando de espaldas en los caballos, yendo medio desnudos en invierno y diciendo barbaridades en el peor momento posible. En la Europa medieval, a los bufones de la corte se les permitía ofender a cualquiera, incluso al rey. Los guías que desobedecen las convenciones y nos aguijonean con humor, impiden que nos perdamos en nuestro papel social y nos tomemos demasiado en serio.

Por supuesto, no todo aquel que es raro, grosero o antisocial es un auténtico guía del alma. Los guías son contraculturales de un modo muy especial: nos libran bruscamente de suposiciones y nos obligan a contemplar nuevas perspectivas. En cambio, las simples payasadas, aunque podrían atraernos por su extravagancia, no tienen por qué ser convincentes ni nos expanderán la mente.

Yo me fijé en la diferencia entre confusión cultural y orientación del alma a raíz de mi crisis adolescente y del año que pasé estudiando filosofía. Como aún sentía curiosidad por el saber tradicional, leí muchos libros que tenían fama de ser guías espirituales. Me dijeron que leer las escrituras mormonas era la forma más clara de asegurarme una vida feliz. Aunque seguí sus indicaciones, esos libros en particular no consiguieron que me sintiera liberada en el fondo. Luego comencé a estudiar chino y a leer cosas que no tenían sentido para mi mentalidad norteamericana. He aquí un ejemplo de mi libro favorito, el *Tao te King*, escrito alrededor del año 2500 a. C.: «Todos los ríos llegan al mar porque está a un nivel inferior que ellos. La humildad le da su poder».

Esta es una forma de pensar muy poco occidental. A primera vista se diría que es algo ajeno a nosotros, un poco raro. Pero fíjate en si te incita a pensar. Fíjate en si llama a las puertas de tu mente pidiendo entrar. Así es como nos afecta la auténtica orientación espiritual. Puede que sea extraño, pero no es estrambótico. Es *poderoso*, como un limpiador concentrado. Pone en duda lo que siempre hemos creído, pero la duda nos parece extrañamente seductora.

Los guías del alma no le prestan importancia a nuestras coacciones o imposiciones culturales

Como no se guían por las pautas culturales, a los auténticos guías del alma les traen sin cuidado nuestras estratagemas. No nos agobian con elogios cuando somos amables, ni se nos quedan mirando con ojos desorbitados cuando nos hacemos los duros y los listillos, ni nos acarician cuando nos hacemos las víctimas, ni nos adulan por nuestra riqueza y nuestra condición social. Si le haces un obsequio lujoso a un guía del alma, puede que te dé las gracias y luego se lo regale a un desconocido que pasa por su lado (como me ocurrió a mí una vez). Ni los halagos ni la manipulación ni las pataletas cambiarán un ápice la actitud de los guías del alma.

Puede que esto sea tan frustrante para nuestro amor propio en la misma medida en que es necesario para la liberación. Tuve una clienta llamada Olivia, pianista e intérprete de música clásica, cuyo profesor de música la sacaba de quicio, ignoraba su impresionante habilidad y le daba consejos que ella encontraba inoportunos.

«Nunca aprueba nada de lo que hago», me dijo. «Nunca me felicita, se limita a escuchar lo que toco y a decir cosas como: "Ahora toque como si no tuviera usted pasado". ¿Qué demonios significa eso? ¿Debería sentarme al piano y permanecer inmóvil y fingir que en realidad no estaba presente?».

A pesar de su frustración, Olivia se sentía locamente fascinada por el profesor y siguió trabajando con él. Un día la bombardeó con un paquete de instrucciones tan complicadas que, cuando empezó a tocar, las olvidó por completo.

«No es que me hubiera quedado en blanco», me dijo Olivia. «Es que me daba la impresión de que me dejaba ir». En aquel momento dejó de sentirse separada de la música.

«Deje de intentar impresionarlo», dijo. «Me convertí en el sonido que mis dedos arrancaban al piano. Fue tan hermoso que se me llenaron los ojos de lágrimas, y cuando miré al profesor, también él estaba llorando. No había nada que decir. Fue sencillamente... perfecto».

Los guías del alma nos ayudan a pensar lo impensable

Los guías del alma no solo se niegan a transigir con nuestras coacciones e imposiciones culturales, sino que en realidad *hablan sobre ellas*. En lugar de elogiar nuestra ropa de diseño o nuestro inteligente discurso, a lo mejor nos dicen que tratamos de impresionarlos. Cuando ocultamos nuestra desesperación existencial bajo una capa de indiferencia, puede que arrinconen la risa educada y nos pregunten por qué fingimos ser felices cuando parecemos tan tristes.

¡Sí, lo sé! ¡Es horrible!

Esto viola lo que la psiquiatra Alice Miller considera la regla principal de todas las culturas: NO MENCIONES NUNCA LAS REGLAS. En otras palabras, nunca digas en voz alta que hay un código tácito que todos los presentes han aprendido a obedecer. Aunque sabes que todos ven que el emperador no lleva ropa, no digas que todos fingen que está desnudo porque tienen miedo. Nunca digas: «Mamá toma demasiado láudano», y más importante aún, nunca expreses en voz alta la tácita regla familiar de no mencionar la opiomanía de mamá. Miente cuando se espera que mientas, sin mencionar nunca que todos saben que estás mintiendo. Los guías del alma se saltan a la torera esta regla y hablan abierta y sinceramente de lo que está pasando, como los salvajes.

Los guías del alma saben cuándo irse

«Cuando te encuentres con el Buda en el camino, mátalo». Esta frase, atribuida al maestro zen Linji, no significa que tengas que perseguir a los monjes con una sierra mecánica. Significa que cuando hayas reconocido a un auténtico guía del alma, podrías sentir la tentación de engancharte a las enseñanzas de esa persona como una cría de perezoso, el pequeño mamífero de las selvas tropicales que hace honor a su nombre. El problema es que la realidad es demasiado vasta e intrincada como para que una sola persona la represente totalmente. O un puñado de ideas, o incluso todas las personas e ideas juntas.

La idea de «matar al Buda» significa aprender todo lo que puedas de los maestros concretos hasta que empieces a trascenderlos. Luego podrás utilizar tanto las verdades que has aprendido como las falsedades que has descubierto.

Todo guía auténtico te dirá esto y te remitirá repetida e insistentemente a tu propio criterio para que sea el juez final de tus creencias. Uno de mis sabios indios favoritos, Nisargadatta Maharaj, lo expresó así: «El maestro exterior es simplemente una rueda de molino. Solo tu guía interior te acompañará hasta la meta, porque ese guía es la meta».

ENCONTRAR LA ORIENTACIÓN INTERIOR

Ahora que te he dado unas cuantas pistas para reconocer a un guía del alma, quiero referirme más al guía interior, el que será tu meta. Este guía único ha estado contigo desde antes de que nacieras, y estará a tu disposición hasta el momento en que exhales el último aliento (y quién sabe, quizá incluso después). Recuerda que cuando Dante escribió *La Divina Comedia* creó el fantasma de Virgilio en su imaginación. El auténtico guía de Dante era la proyección de un maestro inventado por él: una parte de sí mismo. Ningún guía exterior que encuentres será tan auténtico como el que llevas en tu alma, y ninguno será tan constante.

Tu guía interior tiene muchos nombres, pero ninguno transmite la esencia de esta sabiduría central. Cuando las tradiciones espirituales quieren describirlo, generan una gran confusión semántica. Y es porque tratan de describir algo indescriptible. Las tradiciones espirituales han acuñado todo un diccionario de términos y expresiones para denominar al guía interior, la sabiduría de nuestro centro, la esencia de lo que realmente, intrínsecamente, somos.

En este libro me refiero al guía interior fundamentalmente como tu integridad. Pero también utilizo las expresiones «yo auténtico», «auténtica naturaleza» y «yo esencial». En otro libro lo llamé *metayó*, que significa «más allá del yo», por contraposición a tu «yo material» (tu cuerpo y tu cerebro). Otros autores prefieren etiquetas como no-yo, conciencia absoluta, naturaleza búdica, conciencia cristiana, mente iluminada, conciencia de Dios, el no-ser, el yo soy, lo absoluto, el universo, la conciencia fundamental y muchas más.

La esencia real de tu guía interior está más allá de las etiquetas. No puedes experimentarla pensando en ella, solo *siéndola*.

Ahora, como suele suceder, tras decirte que tu guía interior es indescriptible, voy a intentar describirlo. Cuando pensamos, oímos o entendemos algo que es profundamente cierto para nosotros, nuestro guía interior se nos manifiesta como un eco delicioso y lúcido. Cuando asimos la verdad, cualquier verdad, desde la solución exacta de un problema matemático hasta la capacidad de amar, todas nuestras formas de conocimiento se conciertan. Reconocemos esta armonía como nuestro estado ideal. Sentimos calma, claridad, tranquilidad, apertura. Esa sensación es el guía interior que dice sí.

El camino hacia la integridad consiste sencillamente en escuchar esta voz, tener esa sensación no solo de vez en cuando, sino a menudo, incluso continuamente. Los individuos capaces de hacerlo son venerados como maestros espirituales. Si te desesperas por llegar a ese estado de iluminación, recuerda que ya lo tuviste una vez. Durante un tiempo fuiste niño, y los niños que no tienen edad para tener creencias sistemáticas armonizan sencillamente con lo que realmente perciben. Por eso los guías espirituales a menudo señalan a los niños como modelos para tener una vida iluminada.

Pero incluso de adultos, perdidos en la selva oscura del extravío, nos sentimos uno con nuestro verdadero ser cada vez que limpiamos una telaraña o una falsa creencia y percibimos algo real. En esos momentos, cuando el guía interior hace notar su presencia, a veces decimos que estamos oyendo «la voz de la verdad».

Puede que la última vez que despertaste de un sueño tardaras unos segundos en orientarte. Pero pronto descubriste que lo que parecía una realidad momentos antes era solo una alucinación. ¿Cómo llegaste a esta conclusión? ¿Cómo decidiste qué experiencia era real y cuál una ilusión? Cotejándolo con el guía interior que acabo de describir.

No se trata de un proceso complicado: cuando comparamos las dos experiencias, advertimos inmediatamente que la vida de la vigilia está más llena de verdad que un sueño. Esto lo hacemos con todos los sistemas que construyen significados: el cuerpo, la mente, el corazón y el alma. Voy a dedicar un tiempo a descomponer todo esto para ti, utilizando esta división en cuatro partes (cuerpo/mente/corazón/alma). Hago hincapié en esto porque *escuchar a tu guía interior es la habilidad más importante que necesitamos para recorrer el camino hacia la integridad*. Cuando conocemos a guías del alma exteriores, sabemos que confiamos en ellos solo porque sentimos por dentro la voz de la verdad. Y aunque no haya ningún guía exterior disponible, el guía interior siempre está ahí.

Así que otra característica del guía interior, la más importante, es que puedes sentirlo en todos los aspectos de tu ser (cuerpo/mente/corazón/alma) al mismo tiempo.

La reacción del **cuerpo** cuando reconocemos la verdad es la *relajación*, una relajación material e involuntaria de la tensión muscular. Cuando nos rendimos a la verdad, incluso a una verdad difícil, nuestro cuerpo se afloja y empezamos a respirar más profundamente. Puede que esto te haya ocurrido al leer las frases del final del capítulo 1, como «No sé qué hacer» o «Necesito ayuda».

Cuando nuestra **mente** reconoce la verdad, sentimos que esa bombilla de los dibujos animados se enciende en nuestra cabeza, y tenemos la impresión de haber resuelto un enigma. «¡Ajá!», pensamos, o «¡Lo tengo!» o «¡Pues claro!». Todas las piezas del rompecabezas encajan. Las matemáticas funcionan. Todo tiene un *sentido lógico*.

Para nuestro **corazón**, la voz de la verdad es como una flor que se abre. En la integridad total, estamos abiertos por completo a toda emoción: amor arrollador, pena profunda, angustia horrible, miedo intenso. Puede que esta emoción sea dolorosa, pero no causa ese sufrimiento intenso y feo que sentimos en la selva del extravío.

El dolor emocional de una verdad contundente se alivia porque el **alma** responde armonizando con la realidad. Más allá de la mera emoción, tenemos una sensación de libertad, de estar abiertos a todo y esto abarca los aspectos de nuestra experiencia. Conectamos con una tranquilidad inalterable que nos rodea y nos llena. Hay lugar para el dolor. Hay lugar para la alegría. Y el lugar donde se producen todas las sensaciones está hecho de absoluto bienestar. Es (somos) una nada (del latín *res nata*, «cosa nacida») fértil y perfecta en la que todo, incluso el dolor, tiene un sitio útil.

Puede que todo este lenguaje místico suene extraño, pero de hecho tu guía interior es la parte de ti que parece más estable y corriente. Como nuestra cultura secular niega lo espiritual, algunas personas creen que «la voz de la verdad» ha de ser algo inusual, como sentir fuegos artificiales por dentro. De hecho, es todo lo contrario. Nuestro sentido de la verdad, nuestro guía interior definitivo, nos es tan familiar como el sol y la luna. Lo usamos constantemente en la percepción ordinaria. Como acabo de decir, es lo que nos permite distinguir nuestros sueños de la realidad cada mañana.

Prácticas como el ayuno, tomar drogas psicodélicas o pasar años en silencio pueden ayudarnos a acceder a la dimensión espiritual de nuestro ser. Pero también estamos respondiendo a experiencias espirituales cada vez que reconocemos cualquier verdad, incluso la más corriente. La confirmación espiritual está presente cuando recordamos un número de teléfono, reímos un chiste o nos perdonamos una equivocación. Nos llena de alegría por las cosas más mundanas, como cuando el pequeño Yoda, que sigue a Luke Skywalker mientras Luke busca al maestro Jedi, supone que debe ser grande e imponente.

Los guías exteriores que conozcas estarán ahí solo para ayudarte a conectar con ese sentido de la verdad, esa máquina cuerpo/mente/corazón/alma que es tu guía interior definitivo. Por ejemplo, espero que este libro sea un guía útil en tu viaje hacia la integridad. Pero si no sientes la voz de la verdad al leer algo escrito aquí, no me hagas caso. No me escuches, escúchate a ti mismo. Haz lo mismo cuando la persona que te «enseña» sea tu cura o tu pastor, tu profesor de kárate, tu alcalde o tu cónyuge. Todos los auténticos guías exteriores del alma se inclinarán ante el guía que llevas dentro.

MI GUÍA DEL ALMA MÁS INESPERADO

Como ya he dicho, cuando tenía dieciocho años, el guía del alma que me encontró en la selva oscura del extravío fue Immanuel Kant, autor de la *Crítica de la Razón Pura*. Leer la prosa de Kant fue como comer piezas de una máquina. Pero cuando argumenta por qué la razón pura no puede conocer una verdad absoluta, sentí que mi ser (cuerpo/mente/corazón/alma) formaba un todo armónico. Experimenté un gran alivio con la lógica de los argumentos de Kant, con la libertad que me ofrecían.

Mientras terminaba la licenciatura me apoyé en la concepción del mundo de Kant, luego me casé, volví a Harvard para cursar un máster y un doctorado. Tuve una niña mientras cursaba el doctorado. Luego volví a quedarme embarazada. Yo no lo sabía, pero me estaba metiendo en una de esas situaciones en las que todo el mundo adopta el papel de guía del alma. Mi mundo estaba a punto de ponerse patas arriba.

En primer lugar, desde el momento en que concebí a mi hijo Adam, me convertí (lo diré sin titubear) en vidente. Podía ver lo que les estaba ocurriendo a mis seres queridos que estaban lejos. Sabía que iban a ocurrir cosas antes de que sucedieran. Me sentí físicamente salvada por personas que no estaban presentes (alguien a quien nadie vio me sacó de un edificio en llamas y unas manos invisibles detuvieron lo que podría haberme causado una seria hemorragia). Después, cuando estaba embarazada de casi seis meses, supe que Adam tenía síndrome de Down.

El clásico movimiento de un guía del alma.

Este ser aún no nacido, perturbador, culturalmente inaceptable y feroz me sacó de golpe de mi confortable concepción del mundo. Tenía que repensar mis opiniones sobre el valor del intelecto y abrir mi mente a la posibilidad de una realidad más profunda o separarme de un hachazo de mi propia experiencia, destruyendo totalmente mi integridad. Era el momento de matar al Buda. Renuncié a la razón pura de Kant, bajé la ladera del Monte Deleitoso intelectual y acepté que mi siguiente guía del alma fuera una criatura aún no nacida que nunca leería filosofía.

Todos mis médicos me dijeron que era estúpido y cruel llevar a término el embarazo. Yo no disentía de aquella política que me permitía elegir. Para mí seguía teniendo más sentido que la creencia mormona de que sería arrojada a las «tinieblas exteriores» si abortaba.

Pero ¿sabéis qué? Los médicos de Harvard y las autoridades mormonas sonaban extrañamente parecidos. Estaban muy seguros, convencidos de la absoluta verdad de sus valores basados en la cultura. Nada de lo que decían encontraba eco en mi guía interior, en mi sentido de la verdad. Al contrario, hacía que me sintiera tensa, confusa, obnubilada e incapaz de conseguir la menor paz interior.

Por supuesto, todos los argumentos que oí tenían sentido dentro del sistema de valores culturales de cuantos opinaban. Pero las cosas que me estaban pasando (mi desgracia física, mis extrañas experiencias parapsicológicas, el cromosoma extra de mi niño, mi amor maternal por él) no procedían de la cultura. Procedían de la naturaleza. Y la naturaleza parecía dispuesta a llevarme más allá de las creencias y conductas aprobadas por mi sociedad.

Sufrí mucho durante los meses siguientes. Pero de tarde en tarde, cuando estaba demasiado cansada para luchar, mi cuerpo, mi mente, mi corazón y mi alma armonizaban de forma natural: era la integridad. Era como entrar en el ojo de un huracán. Justo en el centro de todo aquel dolor atroz, magullada por los agitados escombros de mis destrozados planes de vida, sentía momentos de una paz total, silenciosa y exquisita. «Todo está bien», decía aquella sensación sin palabras. «Vas a estar bien».

No tenía palabras para describir a este guía. Definitivamente, no era el Dios barbudo de mi infancia, ni el fiel escalpelo mental de la razón pura. Pero en los momentos en que la oí, la voz de la verdad resonó tan intensamente dentro de mí que sentí que todos mis prejuicios desaparecían.

EJERCICIO
Conocer al guía interior

Puede que nunca hayas experimentado una pura y satisfactoria integridad. ¿Quieres experimentarla? O a lo mejor recuerdas ahora una experiencia en que te sentiste breve pero totalmente en armonía con tu propia verdad. ¿Quieres repetirla? Si es así, un paso gigantesco que puedes dar ahora mismo es reconocer no solo que te sientes un poco perdido, sino que realmente te gustaría tener a un guía del alma. Nuestra sociedad no te anima a admitirlo, pero si es verdad para ti, tu corazón no dejará de anhelar que llegue ese mentor. Permítete este sentimiento y mantén los ojos abiertos: tu guía del alma puede llegar en cualquier momento de cualquier parte. Y si quieres tener algo que hacer mientras esperas, he aquí una forma de acceder a tu guía interior ahora mismo.

Para hacer este ejercicio necesitarás disponer de cinco a diez minutos en un lugar tranquilo donde no te interrumpan. También necesitarás algo para escribir. Puedes utilizar tu propio papel para este ejercicio, o rellenar los espacios en blanco del libro.

1. En el capítulo anterior describiste algunas cosas que te obligas a hacer, aunque realmente no te gusten. Ahora elige una de esas cosas (o piensa en otra) y escríbela aquí:

   _____

   _____

   _____

2. Con esta actividad en mente, di para ti: «Quiero realmente hacer la cosa en cuestión». Por ejemplo, si la actividad es «sacar la basura», repite mentalmente varias veces: «Quiero realmente sacar la basura».

3. Mientras repites «Quiero realmente (sacar la basura)», fíjate en tus sensaciones físicas. Recorre tu cuerpo, fijándote en las sensaciones de tus músculos, articulaciones, estómago, intestinos, piel y todo lo demás. Apunta lo que notes:

   _____

   _____

   _____

4. Ahora presta atención a tus emociones. Al repetir «Quiero realmente (sacar la basura)», ¿qué reacciones emocionales has experimentado? ¿Ansiedad? ¿Felicidad? ¿Apatía? Escríbelo:

   _____

   _____

   _____

5. Responde sí o no a la siguiente pregunta: al repetir mentalmente «Quiero realmente (sacar la basura)», ¿te sientes libre? Traza un círculo alrededor de la respuesta:

SÍ   NO

6. Ahora olvida el pensamiento «Quiero realmente (sacar la basura)». En su lugar, repite mentalmente esta frase: «Realmente quiero vivir en paz». No tienes que creerlo, solo repetirlo mentalmente varias veces.

7. Al repetir «Realmente quiero vivir en paz», fíjate de nuevo en tus sensaciones físicas. Recorre tu cuerpo con atención y escribe lo que estás sintiendo físicamente:

_____

_____

_____

8. Sin dejar de repetir «Realmente quiero vivir en paz», fíjate en qué emociones sientes. Escríbelas:

_____

_____

_____

9. Finalmente responde sí o no a la siguiente pregunta: al repetir mentalmente «Realmente quiero vivir en paz», ¿te sientes libre? Traza un círculo alrededor de la respuesta:

SÍ   NO

La enseñanza de este ejercicio es simple. La voz de tu guía interior no es la que te dice que el objetivo de tu vida es cumplir una serie de obligaciones. Es la sensación que tienes cuando afirmas que quieres vivir en paz.

He probado este ejercicio con cientos de personas, buscando la combinación de palabras que nos conecta mejor con nuestra integridad. Tras probar varias afirmaciones, descubrí que «Realmente quiero vivir en paz» hacía saltar la chispa de la verdad con más fuerza y seguridad que ninguna otra frase. Funciona prácticamente con todas las personas a las que he preguntado, entre las que se incluyen no solo fervientes bienhechores, sino también drogadictos, narcisistas extremos y una pareja de asesinos encarcelados. Estas personas no vivían en paz. Pero cuando afirmaban que querían vivir en paz, todos sentían una relajación física y emocional, una sensación de libertad, que era el guía interior que decía: «Verdad».

Puede que hayas notado que no te he pedido que anotes qué pensó tu mente cuando dijiste «Realmente quiero (sacar la basura)» y «Realmente quiero vivir en paz». Si haces por obligación algo que no te gusta, es porque tu mente cree que debes hacerlo. Pregúntale qué es verdad y te recitará de carrerilla cualquier cosa que te hayan enseñado a creer. Dile a tu mente que las únicas cosas seguras en el mundo son la muerte y los impuestos y estará de acuerdo. Sugiere que quieres vivir en paz y tu mente enarcará una ceja y sonreirá con desprecio.

Seguro que en este momento estarás pensando: «¡Pero es que quiero sacar la basura! ¡Ningún otro miembro de mi familia lo hace! ¡Si todos dejamos de sacar la basura, el mundo se iría al infierno en un abrir y cerrar de ojos! ¿Y quién vive en completa paz? Es ridículo».

¿De veras? ¿Y cómo te sientes pensando eso?

Los primeros neurocientíficos que estudiaron la toma de decisiones, se sorprendieron al descubrir que las personas con lesiones en las áreas lógicas y de funciones de cálculo del cerebro no tenían problemas para tomar buenas decisiones. En cambio, las personas con lesiones en las partes del cerebro que regulan las emociones eran incapaces de tomar una decisión de la clase que fuera. Sopesaban las opciones una y otra vez, titubeaban y comparaban, pero nunca daban un paso al frente. Podían pasarse el día razonando, pero no eran capaces de reconocer una buena decisión aunque les mordiera ambas piernas.

Resulta que las zonas del cerebro más profundas y delicadas, y evolutivamente más antiguas, son mucho más capaces de tomar decisiones que el neocórtex calculador. Por eso, para «escuchar» a nuestro guía interior, tenemos que sintonizar con las emociones físicas y emocionales. Por mucho que nuestra mente insista en repetir algo como «Realmente quiero sacar la basura», el cuerpo y las emociones dirán que nones. Provocarán que nuestros músculos se agarroten, que rechinemos los dientes, que se nos revuelva el estómago y que nos duela la cabeza. No es que haya nada malo en sacar la basura. No hace falta que dejes de hacerlo. Pero sacar la basura no es el objetivo de tu vida.

En cambio, puede que no recuerdes haberte sentido nunca completamente en paz. Puede que te hayan enseñado que eso es imposible. Pero tu guía interior te confirmará que ese estado (y lo que necesites para experimentarlo) *sí* es el objetivo de tu vida.

Si has hecho los ejercicios de este capítulo y los anteriores, es porque ya has aceptado la llamada a la aventura que todo héroe escucha al comienzo de una gran búsqueda. Espero que este libro sea un guía exterior que te oriente con los próximos pasos. Recuerda lo que he dicho sobre aceptar mi consejo solo si encuentra eco en toda tu personalidad. Y sobre todo, por favor, aprende a confiar en tu guía interior, en la oleada de relajación y libertad que recorre todo tu cuerpo. Con independencia de cómo percibas la verdad en ti, nunca te abandonará. Y así, con tu guía al lado, o más bien en tu interior, es hora de avanzar.

4

La única salida

Cuando conocemos a un guía (repito: este libro solo será válido si hace sonar tus campanillas interiores), estamos listos por fin para salir de la selva oscura del extravío. Por desgracia, ese proceso puede no ser tan alegre y fácil como nos gustaría. Como dicen en los círculos terapéuticos, «La única salida es pasar por ello». ¿Pasar por qué? Bueno, Dante lo llama Infierno.

Tras reunirse con Virgilio, el poeta espera salir directamente de la selva oscura para acceder a un lugar más agradable y tranquilo. Pero en lugar de eso, su guía lo lleva hasta una puerta condenada. Condenada literalmente. Encima de la puerta hay una inscripción, como esos rótulos de los parques de atracciones que dicen: «¡Tienes que tener esta altura para montar!», solo que más retorcida:

Por mí se va a la ciudad doliente,
por mí se va al eterno dolor,
por mí se va con la perdida gente.
[...]
Perded cuantos entráis toda esperanza.

«Chico», dice Dante, «esto le quita los ánimos a cualquiera». (Es una paráfrasis, no una cita literal). Pero Virgilio, extrañamente alegre, le palmea la mano tan cariñosamente que Dante accede a cruzar la puerta tras él. Y entonces Dante nos dice: «Me introdujo en las secretas cosas».

Para avanzar por el camino hacia la integridad, tienes que pasar entre las secretas cosas… es decir, las cosas que te has guardado solo para ti. En el capítulo 1 admitiste que estabas perdido; ahora es el momento de que sepas por qué. En otras palabras, es el momento de salir de zonas concretas en que niegas la existencia de problemas y que son la causa de que vivas lejos de la integridad.

Este paso no es complicado. Consiste sencillamente en aceptar que ciertas partes de tu vida son como son, aunque desearas que no fueran así. Significa mirar cara a cara las verdades que te has estado ocultando a ti mismo, aunque (paradójicamente) sabes que están ahí. A la larga, dejar de negarte a ti mismo es lo más productivo, edificante y tranquilizador que podemos hacer. Pero para la mayoría de personas es algo terrorífico. Vivimos con la esperanza tácita y desesperada de no tener que enfrentarnos nunca a las cosas secretas. Esa es una de las esperanzas que hemos de abandonar para seguir adelante.

Tras enterarme del síndrome de Down de mi hijo yo era una auténtica factoría de esperanza. Albergaba esperanzas con tanta vehemencia que en varias ocasiones seguro que rompí algo. Aunque estaba agradecida por tener la opción de interrumpir el embarazo, y aunque nunca quise considerar esa opción, la realidad de mi situación me aterrorizaba. Así que me dediqué a albergar esperanzas. Tenía la esperanza de que el diagnóstico estuviera equivocado. De que hubiera habido un error en mi ficha médica. De que un milagro borrara el cromosoma de más de todas las células del hijo aún no nacido. A veces, ya entrada la noche (aunque sabía que no tenía sentido), formulaba la esperanza de que el niño tomara la decisión por sí mismo y muriera espontáneamente. A veces tenía la esperanza de morirme yo.

En el corazón de toda esta esperanza rondaba la superesperanza de que no tuviera que perder nada. Ni mi estilo de vida, ni mis objetivos, mi imagen, mi trabajo, mi lugar en la sociedad. Tenía veinticinco años: era suficientemente adulta para imaginar las pérdidas que tenía por delante, pero no tanto como para darme cuenta de que la esperanza es un guía duro e inestable y de que abandonarla conlleva muchos beneficios. Este es el siguiente paso en tu viaje hacia la integridad.

ABANDONAR LA NEGACIÓN

En nuestra cultura, «abandonar toda esperanza» suena horrible, casi sacrílego. Estamos entre la gente que alberga más esperanzas de la historia. ¡Destino evidente! ¡Progreso continuo! ¡Nunca abandones tus sueños! ¡SÍ, SE PUEDE! En general, es algo bueno. Las grandes esperanzas pueden traer grandes conquistas. Pero cuando nuestra esperanza se centra en algo que no despierta la voz de la verdad que llevamos dentro, nos despegamos de la realidad. Tenemos la esperanza de que las cosas no sean como realmente son. En ese punto, hemos comenzado la guerra fría con la realidad que los psicólogos llaman «negación».

No es una imperfección o un defecto. La negación es un mecanismo de defensa que nos impide morir del susto porque bloquea nuestra percepción de cosas que tenemos miedo de afrontar. Podemos activarla no del todo deliberadamente, como yo hice tras el diagnóstico de Adam. Pero normalmente la negación es involuntaria. Podemos experimentar algo, a la luz del día, y sinceramente no ser conscientes de que existe.

He visto muchas cosas parecidas en mi trabajo. ¿Recuerdas al adicto a la oxicodona con el que trabajé, el que tomaba doscientas pastillas al día? Se enfurecía con quien le sugería que necesitaba rehabilitación. No dejaba de repetir que «él no era un adicto, solo estaba pasando una mala racha». Y realmente lo creía, incluso cuando corría a reabastecerse de pastillas.

En otra ocasión, una clienta que llamaré Julia me pidió que estuviera presente mientras confesaba a su devota y religiosa madre, Constance, que tenía una aventura.

«Bien», dijo Constance en tono conciliador cuando Julia terminó de hablar, «al menos nunca has sido infiel a tu marido. Nunca cruzarías ese límite».

Cuando Julia entre lágrimas aclaró que sí, que naturalmente que había cruzado total y entusiásticamente ese límite en varias ocasiones, su madre repitió: «No, tú nunca harías eso». A pesar de que le contó esta verdad varias veces, Constance se negó a aceptarla.

Otra pareja, dos hombres encantadores que desde hacía más de veinte años vivían juntos y compartían su vida sexual, me contó que necesitaban a un *coach* porque tenían miedo de que la gente creyera que eran homosexuales.

«Ah... vaya... ¿es que no lo sois?», pregunté.

«Caramba, eres buena», respondió uno de los dos. «¡Lo has adivinado! ¡Ja, ja! Pero nadie más lo sabe».

«Mi hermano me lo preguntó una vez», dijo el otro hombre, «pero le repliqué con un puñetazo en el estómago, así que estoy casi seguro de que no sospecha nada».

Podría contar historias parecidas el día entero, historias sobre personas inteligentes y bienintencionadas, confundidas por la negación. Su capacidad para ocultarse a sí mismos las cosas no era prueba de una deficiencia del carácter ni de estupidez, sino de la complejidad propia de la mente humana. Sin quererlo, podemos borrar todo lo que no queremos saber de la pizarra de nuestra conciencia.

O casi.

Si no fuera por la puerta condenada.

ACERCARSE A LA PUERTA DEL INFIERNO

Oculta en la penumbra de toda negación hay una puerta mental con el rótulo de «Dejad cuantos entráis toda esperanza». Para encontrar esa puerta, solo tenemos que reconocer las cosas que no queremos reconocer. Tememos llegar a esa puerta y mucho más cruzarla, porque aunque no la miremos directamente, sentimos que es un portal que da entrada a experiencias que preferiríamos no tener.

Al traspasar esa puerta, tendremos que declarar ante otras personas: «Soy alcohólico», aunque (escalofrío) no probemos ya ni una gota. Al traspasar esa puerta sabremos con certeza que odiamos nuestro trabajo y que nada nos impide dejarlo. Al traspasar esa puerta puede que tengamos discusiones con nuestros seres queridos. Al traspasar esa puerta, lo que hemos llamado «amor» puede resultar ser una relación araña-mosca.

Vagando por la selva oscura del extravío, podemos (aunque con inquietud) fingir con éxito que no hay puerta que «traspasar». Pero cuando conocemos a nuestros guías del alma, exteriores o interiores, ellos nos arrastran hacia la puerta como una reata de mulas. La señalan, hacen hincapié en ella, nos recuerdan con insistencia cosas en las que no queremos pensar por ningún motivo.

La mayoría de las mentes tienen zonas sensibles, como heridas inflamadas que no soportan ni el roce más leve. Yo las llamo Zonas Innombrables. Todo tema relacionado con estas zonas despierta la alarma. Por ejemplo, podemos evitar conversaciones sobre el cáncer, el alzhéimer y otras dolencias horribles porque no queremos reconocer que nos pueden afectar en lo personal. O puede que nos dé tanto miedo la pobreza que evitemos todas las conversaciones sobre impuestos, sueldos, ahorros y dinero en general. Algunos no podemos mirar fotos de pelícanos cubiertos de aceite ni de un bosque tropical talado porque no soportamos pensar en la alta probabilidad de que los humanos hayamos destruido irreparablemente nuestro planeta.

Así pues, ¿cuáles son tus zonas sensibles, tus Zonas Innombrables? Lo que menos quieres saber, lo que más te inquieta, te incomoda, te irrita o te causa ansiedad suele señalar el emplazamiento de una puerta del infierno. Acercarse a esa puerta es el paso siguiente hacia la integridad. Ojalá pudiera decir otra cosa, pero no puedo. Lo que sí puedo hacer es decirte lo que Virgilio le dijo a Dante: tienes que buscar una manera de vencer la cobardía. Sé valiente, amigo mío. No tienes por qué imaginar toda tu vida ahora mismo. Da un paso hacia la puerta reconociendo algunas cosas *en las que no quieres pensar.*

EJERCICIO
Mis Zonas Innombrables

Paso uno

Termina la frase: He aquí algunos temas, personas, experiencias pasadas o acontecimientos mundiales en los que no quiero pensar (enumera tantos como te vengan a la mente):

_____

_____

_____

_____

_____

_____

_____

Cada tema problemático que acabas de enumerar aloja una puerta que da al infierno. Durante el resto del capítulo trabajaremos con uno. Como la mayoría de personas tenemos muchas zonas sensibles, muchas puertas, puede que haya que repetir este proceso varias veces para resolver cada aspecto y alcanzar la integridad total. De momento, vamos a trabajar con una sola zona. Así aprenderás la técnica que podrás utilizar con otros temas, para organizar al final toda tu vida de manera armoniosa.

Paso dos

Elige una Zona Innombrable con la que sea posible trabajar por ahora. Algunas Zonas Innombrables son realmente devastadoras: la muerte inminente de un ser querido, una traición abrumadora, el recuerdo de una agresión física. La negación que hayas ejercido sobre estos temas no desaparecerá fácilmente, porque es un mecanismo necesario para sobrellevarlos. En este momento no aconsejaría que trabajaras con algo tan drástico.

Por mi veteranía en la práctica a nivel personal de la autoayuda, doy por sentado que trabajas con este libro a solas, sin un *coach* ni un amigo presente durante el proceso. Si es así, aún es más importante elegir una Zona Innombrable que sea incómoda pero no terrorífica. Si arrastras un trauma que crees que puede hacerte quedar hecho polvo, te ruego que busques un terapeuta profesional como guía del alma para que te ayude a cruzar la puerta.

Ahora mismo me gustaría que eligieras una puerta menor, algo que te ponga nervioso, pero no resulte devastador. Por ejemplo, es posible que hayas oído hablar en las noticias de algún lejano desastre natural. Quizá tu gato haya perdido parte de su energía y no te hayas enfrentado al hecho de que probablemente morirá mucho antes de lo que querrías. Puede que ningún ser querido esté en peligro, pero no dejas de preocuparte por la posibilidad de que se produzca un accidente fortuito en el parque de atracciones. Explora tu mente en busca de este tipo de problemas. Escríbelo aquí:

Mi Tema Innombrable que es preocupante pero no devastador:

_____

_____

_____

_____

Solo hay una forma de salir de la incomodidad que sientes en relación con este tema: deja de eludir los pensamientos y sentimientos que te produce. Admite las verdades que hacen que ese tema sea incómodo de afrontar. Esas verdades son puertas del infierno. Si cruzarlas parece un mal consejo, recuerda que una puerta del infierno es el único camino para salir de la selva oscura del extravío. No obstante, acercarse a verdades desagradables dando zancadas suele ser difícil. Con la negación nublando el paisaje, la mejor forma de encontrar nuestras puertas del infierno es a tientas.

Paso tres

Después de leer los últimos párrafos, puede que te hayas dado cuenta de repente de que necesitas ordenar alfabéticamente los productos de limpieza, o aprender a tocar el banjo, o visitar Noruega. Estas distracciones y subterfugios son parte de la negación. Si quieres seguir en la selva oscura del extravío, juega limpio contigo mismo: ve a conocer los fiordos y ya nos veremos más tarde. Pero si te interesa alcanzar la paz interior, piensa en el Tema Innombrable que acabas de describir y da otro paso.

Paso cuatro

Completa las frases siguientes con lo primero que se te ocurra. Intenta no pensar demasiado y escribe cualquier cosa que te venga a la cabeza. Recuerda que todo esto es en relación con el tema que señalaste antes.

A propósito de este tema, lo que más temo saber es...

_____

_____

A propósito de este tema, lo que finjo no advertir es...

_____

_____

A propósito de este tema, lo que no quiero que sepan los demás es...

_____

_____

Si otras personas se enterasen de este tema, me da miedo que...

_____

_____

Muy bien, de momento es suficiente. Detente. Respira. Ve a tomar un trago. De agua.

Y de paso date una palmada en la espalda para felicitarte. Acabas de hacer algo muy difícil, tanto que mucha gente no lo consigue nunca. Has dado un gran paso hacia la libertad, porque _la razón por la que has estado extraviado en la selva oscura es precisamente evitar los pensamientos y sentimientos que ya no evitas._ Pensar en ellos voluntariamente, formular estas preguntas difíciles, te lanza de cabeza contra la puerta de tu infierno personal. Esto siempre da algo de miedo, así que, por favor, no seas impaciente. Pero sigue leyendo. La parte que sigue no será tan mala como quizás esperes.

QUÉ HACER CUANDO LLEGAS A UNA PUERTA DEL INFIERNO

El mero hecho de echar un pequeño vistazo a un secreto que nos hemos estado ocultando (como has hecho terminando las frases de antes) marea a mucha gente, si es que no sufre un ataque de pánico. Al acercarnos a las puertas del infierno, nuestra mente genera fantasías catastróficas. Visualizamos toda clase de consecuencias horribles. Nos asusta lo que dirán los demás si nuestros peores temores se hacen realidad. Puede que estemos desesperados por controlar cualquier posible resultado, por prepararnos para cualquier contingencia, por prevenir cualquier calamidad. Pero bajo ese esfuerzo por controlar el universo sentimos una temible y profunda verdad: no tenemos que controlar el universo.

Yo llegué a este punto, el de abandonar toda esperanza, tras el diagnóstico de Adam. Buscar el consejo de varios expertos no me tranquilizó, solo me acercaba más a la puerta condenada. Por mucho que aprendiera, el balance final era que no podía controlar el futuro de mi hijo. Ni podía controlar el mío. De hecho, me di cuenta totalmente horrorizada de que *no podía controlar nada*. Mi hijo podía nacer genéticamente «normal» y a pesar de todo podía llevárselo un lobo o aplastarlo un meteorito. No podía saber lo que le ocurriría, ni a él ni a mí ni a nadie, solo que andando el tiempo moriríamos todos.

Esto era un miedo constante para mí, una auténtica puerta del infierno. Pero mis circunstancias no me permitían evitarla. Al cabo de un tiempo dejé mi frenética investigación sobre el síndrome de Down y todas sus complicaciones, una investigación con la que yo misma eludía mis sentimientos disfrazándolos de posibilidad de control. En ese momento, entré en un estado constante de miedo absoluto e insoportable. Me sentía como si estuviera dando vueltas en un vacío infinito y frío en el que lo único real era el sufrimiento.

Sea cual sea la puerta del infierno que has descrito en el último ejercicio, puede que necesites repetir el consejo que Virgilio le da a

Dante cuando se acercan a la puerta de aquella selva oscura de hace siglos: aquí tiene que acabar toda cobardía. No es posible dar los pasos siguientes sin tener valor. Pero me alegra poder decirte que después de derribar varias puertas de mi infierno, y de pasar mucho miedo y desdicha, encontré un camino mejor, el camino hacia la integridad. Y es sorprendentemente amable.

CÓMO VENCER LA COBARDÍA

Un día que estaba aterrorizada y con náuseas a la sombra de la puerta del infierno que se llamaba «No controlas nada», contactó conmigo un guía del alma. Ese guía, que me procuró la primera dosis de tranquilidad desde el diagnóstico de Adam, fue una serpiente cantora.

Por aquel entonces, mi concepto de la «crianza de los hijos» (utilizo la expresión de un modo general) incluía ver muchísimas películas de Disney con Kat, mi hija de dos años. Aquel día había puesto *El libro de la selva* y luego me había recostado en el sofá, en teoría para preparar un trabajo de fin de trimestre, aunque en realidad me estaba sermoneando por mi habitual e intolerable mezcla de esperanza y miedo.

Mientras estaba allí tendida, ocurrió algo extraño. Una canción de la película de Disney me llamó la atención y no se me iba de la cabeza. Había olvidado todas las canciones anteriores, pero por alguna razón no podía olvidar aquella; me llenaba la mente incluso mientras intentaba concentrarme en otra cosa. La cantaba Kaa, una serpiente pitón que trataba de hipnotizar al pequeño Mowgli para comérselo. La letra es la siguiente:

Confía en mí, solo en mi
cierra los ojos y confía en mí
puedes dormir tranquilo y seguro
sabiendo que estoy cerca

confía en mí, solo en mí
cierra los ojos y confía en mí.

Estas palabras parecían tener fuerza suficiente para meterse en mi cabeza y vaciarla de todo lo demás. En cuanto me llenaron la mente, sentí lo que describí como mi guía interior, la voz de la verdad. Mi cuerpo se relajó. Mi mente interrumpió sus terroríficas fantasías. Mi miedo y mi tristeza quedaron suspendidos en un espacio despejado que parecía productivo y cálido, no desolado.

Era una sensación totalmente nueva para mí. Quería asirme desesperadamente a ella, aunque esperaba que se derritiera como un copo de nieve en la boca. Cuando la canción terminó, busqué el mando a distancia, rebobiné y volví a oírla, acostada en el sofá. Lo hice varias veces. A Kat no le importó. Digamos lo que digamos sobre los «terribles dos años», los niños de esa edad tienen una asombrosa tolerancia a la repetición de las canciones.

Es irónico, aunque muy apropiado, que mi primera experiencia adulta de la de prestar atención únicamente al momento presente (*mindfulness*) fuera producto de una canción en la que una serpiente quería comerse a Mowgli. Si hubiera creído entonces en un dios, habría sido de los que te cantan para que te duermas y así poder matarte. Me sentía ridícula repitiendo una y otra vez una cancioncilla infantil, pero la calma que me inducía era como una droga milagrosa. Me concentré en la letra hasta que no pensé en nada más. Mientras sonaba la canción, quizá por vigésima vez, caí en un sueño profundo y reparador.

Así fue como descubrí la forma más eficaz que conozco de vencer la cobardía cuando nos acercamos a una puerta del infierno. Debemos alejar la mente de situaciones que solo existen en nuestras esperanzas y miedos, y prestar atención únicamente al momento presente. Luego haremos algo tan sencillo que sonará casi a tontería: confiaremos en que en ese momento todo estará bien, tal como está. No tenemos que confiar en que estaremos bien al cabo de diez minutos o de diez segundos, sino solo en ese diminuto instante que llamamos AHORA.

Si repetimos esto varias veces, descubrimos algo notable: si deponemos toda resistencia a lo que nos está pasando *en este preciso momento*, siempre seremos capaces de afrontarlo. Y aunque no lo afrontemos, permitirnos el no afrontarlo nos ayudará a pasar ese momento, una y otra y otra vez. Prestar atención al momento presente es el refugio que la integridad nos ofrece cuando la negación llega a su temible final. Puedes intentarlo mientras lees este párrafo. Fíjate en que ahora mismo estás básicamente bien. Puedes confiar en que la gravedad te mantendrá en el sitio en que te encuentras. Puedes confiar en el aire que respiras. Puedes confiar en que todo el universo es como es. Ya te estás enfrentando al ahora, y ese ahora es a lo único a lo que tendrás que enfrentarte en la vida.

En los años que siguieron a mi experiencia con *El libro de la selva* estuvo de moda el dominio de la presencia, el *mindfulness*, se puso de moda. Se publicaban libros, se enseñaba en diversos entornos. Mis clientes, muchos de ellos entusiastas lectores de libros como *El poder del ahora*, de Eckhart Tolle, se beneficiaron mucho con ello. Y más tarde yo descubriría que el niño «discapacitado» que tanto temía era un genio en ese aspecto.

Por ejemplo, cuando Adam tenía veinte años trabajaba recogiendo mesas en una residencia de ancianos de Phoenix. Un día estuve tan ocupada por culpa de una gingivitis que se me olvidó recogerlo en el trabajo. Cuando me di cuenta del olvido, fui a la residencia conduciendo como una loca, llegué noventa minutos tarde y encontré a Adam profundamente dormido en una mecedora, en la sombreada entrada del edificio.

«¡Adam!», exclamé, despertándolo con una sacudida. «¡Siento llegar tarde! ¿Por qué no me has llamado?».

Adam se frotó los ojos, suspiró pacíficamente y dijo: «No estaba preocupado. Solo estaba cansado». No había perdido ni un solo segundo del día preguntándose si llegaría la ayuda, y cuándo, pese a ser un joven trágicamente discapacitado y olvidado por su chiflada madre. Solo era un chico cansado en un asiento cómodo y en un día soleado, situado en un lugar idílico para dar una cabezada.

Veinte años antes, gracias a Kaa, la serpiente pitón, di mi primer y titubeante paso hacia el dominio de la presencia de Adam. Al escuchar las palabras «Confía en mí» una y otra vez, olvidé que era una pobre víctima enfrentada a la pérdida de todo lo que más quería. Solo fui una persona en un sofá cómodo, que veía una película con mi adorable hija. No estaba preocupada. Solo estaba cansada. Y entonces me dormí y ya no hubo literalmente ningún sufrimiento.

EJERCICIO
La meditación de permitir y desistir

Cuando más indefensos y mudos nos sentimos, dice el poeta Rumi, «llega una camilla del perdón para confortarnos». Sea cual sea la puerta del infierno a la que te enfrentas, puedes dejarte caer en la camilla del perdón, el momento presente. Puedes manejar el universo entero siendo como es en este preciso momento. Mira, lo acabas de manejar. Vaya, lo has hecho otra vez. Y otra. ¡Eres impresionante! Para mejorar esta habilidad, realiza el siguiente ejercicio

1. Vuelve a leer los temas que según tú eran innombrables en el paso 2 del ejercicio anterior. Si piensas en algo incómodo, no lo borres de tu cabeza. Por ahora.

2. Si te sientes tenso, irritable, deprimido, sigue sintiéndote así. Por ahora.

3. Instálate en un sillón cómodo o acuéstate. Procura estar abrigado. Tápate con una manta si es necesario. Ponte cómodo. Por ahora.

4. Mientras estás sentado o acostado, fíjate en los movimientos de tu respiración. Lo primero que hiciste al llegar a este mundo fue introducir aire en tus pulmones. Lo último que hagas será expulsarlo. Observa cómo tu respiración te mantiene vivo, sin ningún esfuerzo por tu parte. Por ahora.

5. Mientras inspiras, repite mentalmente: *permito que todo el universo sea como es en este momento*. Después de todo, no puedes cambiarlo en este momento, así que deja de intentarlo. Por ahora.

6. Mientras espiras, repite mentalmente: *desisto de resistirme a que el universo sea como es en este momento*. Por ahora.

7. Sigue repitiéndote mentalmente: *permito* cada vez que inspiro y *desisto* cada vez que espiro. No tienes que desistir ni permitir en ningún otro momento, salvo en el presente. Y en este preciso momento olvídate de todo el asunto. Acepta cada espiración como una muerte de este fugaz instante y cada inspiración como el nacimiento de otro. Relájate al ritmo de soltar y abrirte. Por ahora.

8. Vuelve a pensar en el tema incómodo que describiste en el paso dos del ejercicio de los innombrables. Permite que todo lo relativo a esa situación sea como es, por ahora. Desiste de toda resistencia a que sea como es, por ahora.

Si prolongas este ejercicio un rato, permitiendo y desistiendo de todo lo que tienes dentro y de todo lo que te rodea *en este preciso momento y lugar*, caerás en la cuenta de que parte de ti está bien. Ni siquiera tienes miedo de la puerta condenada, el tema aterrador que has estado evitando al negarlo. Esta parte despreocupada de ti, que nunca ha negado la realidad y nunca se ha escindido para atacarla, es integridad pura. Es tu guía interior, que ha puesto una mano consoladora sobre la tuya para decirte que todo va bien.

Yo desperté de aquella legendaria siesta, inducida por la pitón, y volví a albergar esperanzas. Albergué esperanzas durante las semanas finales del embarazo y durante las horas que duró el parto. Pero cuando un equipo de especialistas trajo a este mundo a Adam y lo envolvió en una manta de hospital, vi una parte de su diminuto pie derecho y vi que el dedo gordo estaba un poco más separado de los demás de lo que era lógico esperar.

Perded cuantos entráis toda esperanza.

Mi negación del problema se vino abajo. No había habido equivocaciones. Mi niño tenía el síndrome de Down. Pero extrañamente vi que no me representaba problema alguno. En ese momento no podía hacer mucho al respecto; solo dejar que mi cuerpo terminara de expulsar la placenta, que Dios sabe que no hice deliberadamente. Una vez más olvidé la esperanza y volví al momento presente. Y esto era lo que ocurría en ese momento: una joven madre tendida en una sala de partos. Un hermoso niño respirando por primera vez y agitando los bracitos como cualquier otro recién nacido. Un pelotón de personas dedicadas a mantenernos sanos y salvos.

Podía arreglármelas con ello.

De hecho, mientras miraba a todas aquellas personas interesadas por mí y por Adam, la situación me pareció maravillosa. Sorprendente, de hecho. Esta realidad era más nutricia que cualquiera de mis desesperadas esperanzas. El trayecto hasta esa puerta concreta del infierno había sido horrible, pero al cruzar la puerta, un paso más allá de la esperanza, todo estaba bien. Ya ni siquiera necesité esperanza, porque no estaba preocupada. Solo estaba cansada.

SEGUNDA ETAPA

INFIERNO

5
En el infierno

Al pasar por la puerta condenada, Dante deja la selva oscura del extravío y llega a un lugar mucho más sobrecogedor: el infierno. El infierno es un inmenso pozo en forma de embudo, dividido en terrazas circulares. Cada círculo es algo más pequeño que el anterior y mucho peor que el que tiene encima. Dante también ve muertos: el infierno está atestado de pecadores muertos que soportan distintas clases de castigos, a cual más espantoso. ¡Y el ruido! Dante apenas es capaz de soportar la algarabía de «suspiros, lamentos, llantos, palabras de dolor» que aturden sus tiernos tímpanos mortales.

Hay tantas formas de interpretar este paisaje infernal como lectores. Algunas personas imbuidas de una acendrada fe religiosa pueden creer que todo hay que tomárselo al pie de la letra. Otras podrían interpretar *La Divina Comedia* como una obra de teología medieval, o como un manifiesto político, o sencillamente como ficción, ya que la mayor parte de las imágenes del poema no tenían nada que ver con la doctrina católica oficial (sencillamente, Dante se las inventó). Pero en este libro estamos utilizando la obra magna del poeta como una metáfora de nuestro viaje personal desde la desarticulación hasta la integridad. Desde este punto de vista, todos tenemos un infierno personal, un infierno interior.

Yo no creo que haya un lugar geográfico donde le ocurran cosas horribles a los muertos. Pero sí creo en el infierno. He estado allí. Tal como yo lo veo, el infierno es sufrimiento, sobre todo el sufrimiento que parece inexorable. Puede que recuerdes que al principio diferencié entre *dolor* y *sufrimiento*. El dolor procede de hechos, mientras que el sufrimiento procede de la forma en que afrontamos esos hechos, lo que hacemos al respecto y, sobre todo, lo que pensamos de ellos. Como escribió Epicteto en el siglo II a. C.: «Lo que inquieta a las personas no es lo que les ocurre, sino lo que *piensan* sobre lo que ocurre».

Por ejemplo, si accidentalmente me propinas un golpe en la cabeza a guisa de saludo y te ha salido mal, puede que me duela. Quizá intente atenuar el dolor aplicándome hielo sobre el chichón. Pero el dolor no me causará un sufrimiento inexorable… a menos que recele de tus intenciones. Depende de mí que pase años recordando ese golpe, pensando «¡Querías hacerme daño!» o «¡Me vengaré!» o «No puedes fiarte de nadie en este asqueroso mundo!». Podría estar enfadado durante el resto de mi vida.

Estoy exagerando para explicarlo mejor, pero he tenido docenas de clientes que vivían en el infierno (es decir, en un sufrimiento constante) debido a pensamientos tan absurdos.

Por ejemplo, Helen, una millonaria de sesenta años, pasó toda su vida adulta dando vueltas al hecho de que su abuelo, que murió cuando Helen tenía cinco años, dejó todo su dinero a la beneficencia y no a los padres de Helen, que ya eran ricos de por sí. El pensamiento «Ese hombre nos estafó» y el resentimiento que generaba, persiguió a Helen toda su vida.

Otro cliente, Louis, se quedó hecho polvo cuando su hermano menor se casó con una mujer mucho más guapa que la suya. «Es humillante», resoplaba Louis. «Solo lo ha hecho para que yo parezca un fracasado». Su competición mental con su hermano casi destrozó el matrimonio de Louis. Y también estaba Rhoda, cuya mejor amiga tuvo un hijo y dejó de quedar con ella para comer. Rhoda se desesperaba, recordando cada momento de rechazo y soledad que había experimentado en su vida, pensando una y otra vez: «Han vuelto a marginarme».

Si ahora mismo estás en un lugar relativamente cómodo, sin nadie que te ataque físicamente, la mayor parte del sufrimiento que sientes procede de tus pensamientos. (Esto es cierto aunque sufras dolores físicos. Durante mis años de dolor crónico, sufría mucho más por pensar: «¡No soy capaz de soportarlo!» «¡Esto va a durar siempre!» que por el dolor físico real).

Si para ti tiene sentido que el sufrimiento proceda de tu mente, estás listo para otro concepto, el punto crucial que puede liberarte del infierno. Aquí está: tus pensamientos, incluso los pensamientos en los que crees sin ninguna duda, puede que no siempre sean ciertos.

LAS MENTIRAS QUE CREEMOS

¿Recuerdas a Keith, el cliente que me llamó desde una fiesta a la que asistía para contarme que los doscientos millones de dólares que acababa de embolsarse NO ERAN SUFICIENTES, JODER? Bien, esa no fue la única noche mala de Keith. Siempre se sentía inquieto e insatisfecho, desesperado por encontrar la paz interior... y pensaba que sabía cómo conseguirla. Keith vivía y respiraba con un único pensamiento: «Más dinero me hará feliz».

Las pruebas reales no apoyaban esa idea. Los recuerdos más felices de Keith eran de un viaje mochilero de cuando era adolescente y no tenía dinero ni posesiones. En los últimos años, a pesar de tener más dinero que algunos países pequeños, no volvió a sentir aquella alegría despreocupada.

—En aquella época —le dije— usted era feliz sin apenas dinero, y ahora es infeliz con cientos de millones de dólares. ¿Está seguro de que más dinero lo va a hacer feliz?

Siempre que ponía sobre la mesa este razonamiento, Keith reaccionaba como uno de los androides de la serie televisiva *Westworld*. Los androides son programados para creer que son vaqueros que viven en el Salvaje Oeste. Si los robots ven alguna prueba de que su visión del mundo puede no ser cierta, por ejemplo, una fotografía de una ciudad moderna, su programación los bloquea y entonces consideran que la prueba en cuestión «no tiene sentido para mí».

Siempre que señalaba a Keith que había sido más feliz sin dinero que con él, me miraba entornando los ojos y decía: «¿De qué habla? Lo que dice no tiene sentido». Y luego cambiaba de tema. Para él no tenía ningún sentido.

Recibí una respuesta parecida de Helen cuando le pregunté por primera vez si aquel pensamiento obsesivo de «Ese hombre nos estafó» podía no ser verdad. No creo que Louis me escuchara siquiera cuando dije: «¿Está seguro de que su hermano se ha casado solo para fastidiarlo a usted? ¿Podría haber otra razón?». Y cuando sugerí a Rhoda que su amiga no la había «marginado» deliberadamente, se puso nerviosa y contestó: «¡Ahora usted también lo está haciendo! ¡Es como todos los demás!».

Estos casos son extremos, pero todas las personas a las que he tratado tenían un infierno interior lleno de pensamientos que los atormentaban. De hecho, muchos tenían los mismos pensamientos... los favoritos de nuestra cultura. Puede que compartas algunos. Por ejemplo, está el clásico de Keith, «No tengo suficiente dinero». Otros éxitos populares incluyen «No soy lo bastante bueno», «Nadie me quiere», «No merezco ser feliz», «No se puede tener lo que se quiere», «Detesto mi trabajo», etc., etc., etc.

Si reconoces alguno de tus pensamientos en el párrafo anterior, debes de estar pensando: «¡Pero si es verdad! ¡Todo el mundo lo sabe!». Esto es lo que yo digo al respecto: si crees que un pensamiento es verdad *y además te hace feliz*, estupendo. Este capítulo no es para poner en duda todas tus creencias, solo las que causan sufrimiento. Lo que nos lleva a otra idea crucial. En este caso va contra la lógica, pero ten paciencia conmigo. El peor sufrimiento psicológico lo causan pensamientos en los que *creemos sinceramente y al mismo tiempo sabemos que no son ciertos*.

Puede que suene ridículo. ¿Cómo puede nadie creer algo cuando sabe que no es verdad? ¡Va contra la lógica! Pues sí. Pero lo hacemos. Lo hacemos porque nos han enseñado a hacerlo.

Cuando hablo en público, a menudo me detengo a media charla y pregunto a los presentes: «¿Está todo el mundo cómodo?». Asienten con un gesto de la cabeza, sonríen, murmuran que sí. «¿De verdad?», insisto. «¿Están seguros de que están cómodos?». Vuelven a asentir. Presiono: «¿Están totalmente cómodos?». En este punto, el público comienza a enfadarse. Sí, remachan, están *totalmente seguros* de que están *totalmente cómodos*.

Entonces pregunto: «Si estuvieran solos ahora mismo en sus casas, ¿cuántos estarían sentados en la misma postura que ahora?».

Prácticamente nadie levanta la mano.

«¿Por qué no?».

Hay una larga pausa hasta que algunos miembros del público comienzan a darse cuenta de por qué estarían haciendo algo diferente en sus casas: la postura que adoptan al estar sentados en este momento no es muy cómoda.

Ahora bien, el problema no es la incomodidad en sí (los humanos son tan resistentes como un luchador de lucha libre). El problema es que estas personas *se sienten incómodas y al mismo tiempo aseguran que están totalmente cómodas*.

Lo que realmente quieren decir es algo así: «Como desde la infancia nos han enseñado a estar sentados en sillas durante ratos largos, nuestra actual incomodidad es fácil de sobrellevar». Sus cerebros ponen automáticamente este filtro de la experiencia, así que pueden mirarme directamente a los ojos y mentir reiteradamente sin darse cuenta. Su cultura dice que están cómodos. Su naturaleza sabe que no lo están.

Creer cosas que en el fondo sabemos que no son ciertas es la forma más común como perdemos nuestra integridad. Entonces aparece el sufrimiento, no como castigo, sino como una señal de que nos estamos partiendo por dentro. El fin del sufrimiento es ayudarnos a localizar nuestras divisiones internas, recuperar nuestra realidad y curar esas grietas interiores.

Muchos de mis clientes, tras empaparse un poco de psicología popular, creen que los pensamientos «positivos», como «Me gusta mi trabajo», nos hacen felices, mientras que los pensamientos negativos, como «Detesto mi trabajo», nos hacen infelices. Pero una afirmación optimista puede ser como un asesinato del alma si sabes que no es cierta, mientras que un pensamiento supuestamente «negativo» puede liberarte para experimentar la alegría.

Por ejemplo, he tenido clientes prisioneros de relaciones horribles y que soportaban malos tratos, infidelidades y diversos tipos de crueldad, mientras insistían valientemente en que «Puedo hacer que esto funcione». Pero a pesar del «pensamiento positivo», sus corazones sangraban y su sufrimiento era terrible. He visto a estas mismas personas rehacerse, a menudo de forma espectacular, cuando se permitían pensar cosas «negativas» como «Este matrimonio no ha funcionado nunca», o «Creo que mi pareja me oculta cosas», o «Esta relación me agota, necesito espacio».

Puede que hayas experimentado alguna modalidad de este alivio paradójico. Quizá finalmente te hayas relajado al admitir que algo (hacer *footing*, intimar con los compañeros de trabajo, ser miembro de un club) te sienta mal, aunque antes hubieras pensado que era bueno para ti. O que alguien a quien admiras se equivoca aunque antes pensaras que siempre estaba en lo cierto. Sé de personas que han pasado del tormento a la paz diciendo en voz alta cosas «negativas», como «Mi madre detesta a los hombres», o «Padezco dislexia», o «En la casa donde crecí no había amor».

Así que no es la positividad o negatividad de un pensamiento lo que nos hace sentirnos contentos o tristes, atrapados o libres. La variable que funciona es si las cosas en que creemos coinciden con lo que en el fondo sentimos que es verdad. Estar desgarrados por dentro es el infierno. Recuperar la integridad es la forma de salir de él.

He de recordarte que estar alejado de la integridad no es señal de que seas malo, solo de que has interiorizado falsos supuestos, normalmente esforzándote por ser bueno. Las personas más buenas y bienintencionadas a menudo viven en el peor de los infiernos, habitados por los demonios más aterradores. Por ejemplo, cuando el tímido y amable escritor británico C.S. Lewis comenzó a observar su propia mente, escribió: «Allí encontré algo que me horrorizó; un parque zoológico de lujuria, un manicomio de ambiciones, un criadero de miedos, un harén de odios arraigados. Mi nombre era legión». No había sido arrojado al infierno porque fuera una mala persona; inadvertidamente había creado mucho sufrimiento reprimido.

CÓMO LIBERARNOS DEL INFIERNO

El proceso que nos libera de nuestro infierno interior es muy simple, aunque no necesariamente sencillo. Dante lo esboza en *La Divina Comedia*. Horrorizado por los suplicios de las almas condenadas, el poeta a menudo quiere desistir o dar media vuelta. Pero su guía del alma no le deja. Mientras dura la travesía del infierno, Virgilio insta a Dante a que haga tres cosas: observar a los demonios, hacer preguntas sobre ellos y seguir adelante.

Estos son los pasos que necesitamos dar para acabar con nuestro sufrimiento psicológico. En primer lugar, debemos convertirnos en observadores de nuestro sufrimiento, en vez de ahogarnos en él como nadadores en medio de una tormenta. En segundo lugar, debemos poner en duda cada creencia que nos ata a la desgracia, hasta que descubramos dónde difiere de nuestro sentido de la verdad. En ese punto, las cadenas infernales se rompen y el paso tres, seguir adelante, es casi automático.

En el capítulo anterior te pedí que pusieras nombre a una puerta del infierno, a un tema que te preocupara aunque no te agobiara realmente. Apúntalo (ese tema u otro parecido) a continuación. Trabajaremos con él mientras recorremos el proceso de liberar la mente del sufrimiento, pensamiento a pensamiento.

Mi Tema Innombrable que es preocupante
pero no devastador

En el capítulo 4 te pedí que te enfrentaras a ese tema, arrinconando todo pensamiento sobre el pasado y sobre el futuro para concentrarte en el momento presente. Ahora quiero que hagas lo contrario. Pensando en el tema que acabas de describir, deja que tu mente genere su habitual galería de imágenes aterradoras. Recuerda los temores que te amargan el día y te mantienen despierto por la noche. Puede que sea espantoso... pero estás habituado. No te pediría que hicieras algo tan angustioso si no sospechara que ya lo has hecho en incontables ocasiones.

Puede que encuentres grupos de pensamientos dolorosos alrededor del tema que has escogido. Por ejemplo, si has elegido la soledad y dejas que tu mente caiga en el habitual soliloquio sobre este asunto, puede que tu mente empiece a recitar: «Nadie me quiere. Nadie me querrá. No soy una persona digna de amor. Moriré sin compañía».

O puede que tu angustia no utilice palabras, solo gritos al azar, gritos que flotan en un pánico generalizado, la cólera o la desesperación. No alejes esos sentimientos (de todas formas están ahí todo el tiempo, debajo de todo lo que has hecho para ocultarlos). Por el contrario, presta atención al griterío hasta que comiences a distinguir los temores o lamentos concretos que resuenan bajo la desgracia.

Por ejemplo, si sientes vagos temores sobre tus relaciones con los demás que se presentan como una silenciosa masa de miedo, dejarte caer en ese miedo tal vez despierte imágenes visuales de personas que te gritan o te abandonan de repente. Poco a poco, las imágenes cristalizarán en un pensamiento como «¡Todo el mundo está enfadado conmigo!». Pensar esto disparará el habitual grupo de pensamientos relacionados: «Tengo graves problemas. Los demás me odian. Quieren hacerme daño. ¡Tengo que defenderme!»

Si «oyes» de inmediato afirmaciones concretas sobre el tema problemático, descríbelas más abajo. Si solo sientes emociones fuertes, deja que den vueltas hasta que empiecen a contarte los pensamientos atemorizadores (siempre habrá al menos uno). Si sientes dolor físico, examina tus pensamientos relacionados con ese dolor. Sean cuales sean tus «pensamientos infernales», anótalos más abajo. Intenta describir al menos tres.

Lista de pensamientos infernales relacionados con mi tópico preocupante

_____

_____

_____

Sé muy comprensivo contigo mismo en este punto, sobre todo si estás viviendo una situación difícil. Muchas personas que me consultan durante períodos traumáticos o problemáticos tienen pensamientos infernales especialmente horribles, y convincentes. El solo hecho de expresarlos en voz alta puede ser atroz.

Yo misma he pasado por esta situación varias veces. Mis pensamientos infernales nunca fueron peores que el día en que nació mi hijo. El médico lo extrajo, lo limpió, comprobó que estaba sano (al margen de su «problema») y lo puso en mis brazos. Al igual que mi primer hijo, Adam era un milagro en miniatura: la misma disposición de extremidades y rasgos, la misma vulnerabilidad total, las mismas uñas diminutas. Pero parecía más blando de lo que yo creía que sería un bebé. Sus ojos tenían una forma extraña. Sus orejas eran más pequeñas de lo normal.

Mi pequeña puerta del infierno.

Cuando por fin superé la negación del problema y crucé esa puerta, el coro infernal gritaba dentro de mí: «Siempre será una carga», «Nunca hará bien nada», «Dará asco a la gente». «Yo daré asco a la gente». Besé y acuné a mi recién nacido. Lo quería con todo mi corazón. Y mi nombre era legión.

Así que entiendo que en este momento solo tengas oídos para tus pensamientos infernales. Tranquilo. Sé amable. Tápate con una cálida manta, prepárate un tazón de sopa de pollo, no te agobies. Pero cuando tu anhelo por liberarte del sufrimiento sea más fuerte que tu miedo a seguir adelante, continúa por el camino hacia la integridad dando los siguientes pasos:

EJERCICIO
Disolver los pensamientos infernales

Paso uno: Observa a los demonios que te atormentan

Repasa la lista de pensamientos infernales que acabas de hacer. Ahora imagina que cada pensamiento recibe gritos de un fragmento de ti mismo, que es como un demonio atrapado en el infierno. Esta criatura se parece a ti, pero toda su conciencia repite el pensamiento aterrador. Quizá esté gimiendo: «Nadie me respeta, nadie me respeta, nadie me respeta...».

Otro demonio, a su lado, murmura sin cesar: «Soy idiota, soy idiota, soy idiota...». Un tercero chilla: «Todo el mundo me acosa, todo el mundo me acosa, todo el mundo me acosa...». Hay un demonio distinto para cada pensamiento que te hace daño o te asusta.

Ahora imagínate encarándote con el demonio que te grita un pensamiento sobre el tema preocupante. Contén el impulso de echar a correr, bloquea el ruido con comida o medicamentos, llama a tu mejor amistad para que te consuele o peléate con tu pareja. Escucha el consejo que Virgilio da a Dante cuando el poeta se enfrenta a los horrores del infierno: «Aquí tiene que acabar toda cobardía». No esquives el pensamiento que te aterroriza. No lo alejes. Obsérvalo.

Ahora, mientras estás pendiente de tu demonio interior, mira alrededor. ¿Dónde estás ahora: en una habitación, en el metro, en un parque? ¿Qué colores ves? ¿Cuál es la temperatura ambiental? ¿Qué hueles y oyes? Fíjate en la ropa que llevas, qué sensación sobre tu piel te producen las prendas. ¿Hay otros seres vivientes alrededor: personas, animales, plantas? ¿Qué hacen? Haz una breve descripción.

Descripción de dónde estoy ahora:

_____

_____

_____

_____

Puede que este ejercicio no te cambie la vida, pero a lo mejor sí. De hecho, puede reestructurarte el cerebro, hacerte menos vulnerable al sufrimiento y más dispuesto a la alegría de un modo permanente (volveré sobre esto más adelante). Siempre que estoy con clientes que dejan de obsesionarse por su sufrimiento y consiguen fijarse en lo que tienen alrededor, siento un brote de energía casi tangible.

Por ejemplo, he tenido muchos clientes que, como Keith, pensaban que el dinero y la felicidad eran lo mismo. Pero a diferencia de Keith, se liberaron. Al fijar la atención en lo que tenían alrededor, parte de ellos empezó a darse cuenta y a disfrutar de cosas como el sol, el aire, la amistad. Sus vidas se volvieron más ricas al momento. Por supuesto, no toda historia de demonios desaparece tan fácilmente. A estas alturas, mucha gente sigue creyendo en sus pensamientos horribles y sigue sufriendo. Pero su parte observadora puede estar pendiente de su sufrimiento mientras también se dan cuenta de que llevan puesta una camisa azul, de que hay un pajarito que canta fuera, de que llueve ligeramente. Este pequeño cambio es un billete para salir del infierno.

Es lo que me sucedió a mí de repente pocas semanas después del nacimiento de Adam. Mis demonios estaban vociferando, gritando constantemente pensamientos terroríficos sobre nuestro destrozado futuro, el mío y el de mi hijo. Yo me creía todo lo que decían. Por suerte, era insoportable.

Una noche que acunaba a Adam para dormirlo tras la toma de las dos de la madrugada, estaba tan cansada de mis pensamientos que parte de mi atención se alejó de ellos. Recuerdo claramente ese momento. De repente, me fijé en los dibujos que formaban en el techo las luces de la ciudad, en el reconfortante bamboleo de la mecedora. Por primera vez desde el nacimiento de Adam, parte de mi mente se separó de mis demonios interiores y empezó a limitarse a observar.

Desde aquel momento, toda mi vida empezó a cambiar lenta y sutilmente. Cuando seas una simple espectadora de tu sufrimiento, la tuya también cambiará.

Paso dos: Cuestiona la «verdad absoluta» de tus pensamientos dolorosos

Dante sigue su camino a través del infierno y se queda atónito al ver almas condenadas azotadas por el viento y una lluvia de suciedad, o enterradas en el lodo, o condenadas a empujar inmensas rocas. Desde el principio no deja de formularle preguntas a Virgilio y a las almas condenadas. Cuando le cuentan a Dante lo horrible que es su sufrimiento, «es presa de la confusión y la tristeza». Así es como solemos responder a nuestros pensamientos dolorosos: nos los creemos a pies juntillas y luego nos vence la desesperación. Nuestra desgracia parece eterna. Y lo es, a menos que demos el segundo paso: cuestionar las creencias que nos causan el sufrimiento.

Si estamos decididos a recuperar la integridad, tenemos que comportarnos como policías que investigan un caso, comprobando cada prueba y viendo si tiene sentido. Chris Argyris, teórico del comportamiento organizativo, lo llama «buscar la refutación». En otras palabras, tenemos que buscar razones que nieguen la veracidad de todo lo que creemos.

He aquí un desafío: apunta en el espacio indicado más abajo todas las razones que puedas imaginar para demostrar que tu tópico preocupante (ese con el que has estado trabajando) es falso. No será fácil, porque, como hemos visto, crees en ese pensamiento. Pero tienes una buena mente y una imaginación fértil. Utilízalas para sembrar un poco de duda entre tú y la historia que te atormenta.

Prácticamente todos mis clientes se sienten perplejos al principio cuando les hablo de este paso. Nunca olvidaré a un hombre que estuvo cinco minutos pensando con intensidad, tratando de encontrar una sola excepción a su convicción, «Todas las mujeres quieren que las rescate». Yo estaba sentada delante de él, pensando: «Vaya, vaya. ¿Y yo qué soy, hígado picado?». Finalmente lo dije en voz alta. Al principio se quedó pasmado. Luego ambos rompimos a reír.

Si te cuesta encontrar algo que pueda contradecir tu pensamiento infernal, pide a un amigo, a un *coach*, a un terapeuta o a un compañero de Alcohólicos Anónimos que te ayude a ver lo que seguramente esté a simple vista para ellos, pero oculto para ti a causa de tus creencias.

Razones por las que no puedo estar totalmente seguro de que mi pensamiento infernal sea auténtico:

_____

_____

_____

_____

_____

_____

Con un poco de ánimo, incluso Helen (la mujer que creía que su abuelo la había «estafado») encontró una lista de medios por los que el anciano caballero había contribuido a la fortuna de la familia: fundando el comercio del padre o enseñando a los nietos a administrar el dinero. Louis reconoció a regañadientes que aunque se comparaba constantemente con su hermano, el único que competía era él (a su hermano le traía sin cuidado cómo era en comparación con Louis). Y cuando Rhoda y yo hablamos de lo ocupados y cansados que están siempre los nuevos padres, dejó de temer que su amiga la estuviera evitando adrede.

No tienes por qué creer ninguna de tus nuevas ideas. Solo sigue trabajando con este ejercicio hasta que encuentres la parte de ti capaz de poner en duda tus demonios. Fíjate en cómo, al alejarte un poco de tu pensamiento infernal, te sientes ligeramente más relajado. El alivio aumentará cuando aprendas a poner en entredicho cualquier creencia que te haga sufrir.

Esto me ocurrió a mí de repente la noche que dejó de atenazarme el miedo, mientras mecía a Adam para que se durmiera. Cuando parte de mí empezó a observar la escena, aparecieron recuerdos en mi mente. Pensé en las extrañas experiencias paranormales que había tenido durante el embarazo. Recordé la frase de Kant de que toda realidad es subjetiva. Todavía creía en los pensamientos que me daban miedo, pero ya no completamente.

Luego empecé a oír otra voz interior. No el grito de un demonio, sino un susurro apenas audible. No decía nada estremecedor... o eso pensaba yo entonces. Mientras yo creía que «¡Mi vida estaba destrozada!» esa voz me hizo una pequeña pregunta.

¿Estás segura?

Mi reacción inicial fue de ira. ¡Por supuesto que sí! ¡Mi hijo tiene un defecto de nacimiento! ¡Toda mi experiencia, todos los médicos, toda la ciencia me está diciendo que mi vida está hecha añicos!

¿Estás segura?

Bueno, pensé, tranquilizándome un poco, supongo que no puedo estar totalmente segura de nada. Es decir, según Kant. Y nadie está seguro del futuro.

Ese fue el primer momento, desde el diagnóstico de Adam, en que sentí alivio. Después de aquello, cada vez que caía en la desesperación, esa suave voz aparecía de nuevo, preguntando simplemente: *¿Estás segura?*

Con el paso de los meses y de los años, empecé a llevar con más ligereza los pensamientos que me atormentaban. Los cuestionaba. Dudaba de ellos. Y gradualmente, al ser tan horribles y no estar segura de que fueran verdad, los pensamientos infernales desaparecieron. También desaparecerán los tuyos. Cuando empiezas a cuestionar la verdad de un demonio interior, sus días están contados.

He visto que esto le sucede a casi todos mis clientes, incluidos los casos difíciles como Helen, Louis y Rhoda. Poco a poco, todos dejaron de estar obsesionados por esos pensamientos torturadores y acabaron dándose cuenta de que el mundo que los rodeaba estaba lleno de ideas y experiencias que les causaban alegría. Sin mucha fanfarria, empezaron a llevar una vida más feliz.

Paso tres: Avanza

Las creencias, sobre todo las que nos asustan, son como anteojeras. Una vez que creemos que un pensamiento es verdadero, prestamos atención selectivamente a todo lo que parezca confirmarlo. Si los indicios contradicen una creencia, no les prestamos atención. No nos parecen importantes. Cuestionar nuestros pensamientos dolorosos y contradecirlos retira las anteojeras. Empezamos a ver indicios (muchos estaban delante de nosotros todo el tiempo) de que nuestras horribles creencias no son auténticas.

Esto ya lo vienes haciendo desde que superaste el primer miedo infantil. Puede que hayas perdido el convencimiento de que te va a tragar el desagüe de la bañera, de que van a salir zombis de tu armario, o de que pisar una grieta le romperá la espalda a tu madre. Describe un temor que te perturbara en el pasado, pero que ya no te moleste en la actualidad.

Un antiguo miedo:

_____

_____

Ahora viaja un poco en el tiempo. Recuerda cuando el pensamiento que has descrito te asustaba mucho. Cuando puedas recordar ese viejo terror, imagina que viajas en el tiempo para reunirte con tu antiguo yo. Siéntate con ese niño y dile: «Vengo

de tu futuro. Puedo asegurarte al cien por cien que eso que temes no va a ocurrir, y que nunca más te va a dar miedo». Siente
la voz de la verdad que suena con esta afirmación, la señal de
que estás en sintonía con tu guía interior. Deja que el niño que
llevas dentro se reconforte.

Luego, vuelve a pensar en uno de los pensamientos infernales que has utilizado en este capítulo. Imagina que puedes oír tu
voz futura. Esa voz dice con acento tranquilizador: «Vengo de tu
futuro. Puedo asegurarte al cien por cien que eso que temes no
va a ocurrir, y que nunca más te va a dar miedo».

No tienes que creerlo. Basta con que te fijes en lo que ocurre. Comprueba si el consuelo de tu yo futuro despierta la voz de
la verdad en tu cuerpo y tu corazón.

Al mirar atrás después de treinta años, puedo asegurarte que ninguno de mis horribles pensamientos sobre que Adam me destrozó la vida
resultó ser cierto. En lugar de producirme vergüenza, hace que me sienta muy orgullosa. En lugar de hundirme profesionalmente, Adam se
convirtió en el tema de las memorias que me catapultaron como escritora. Desde que nació, su personalidad tranquila y equilibrada me ha suje-
tado cuando me sentía ansiosa o inquieta. Y a su alrededor ocurrieron
cosas extrañamente benéficas, algunas tan improbables que parecían
mágicas.

A veces, cuando Adam hace o dice algo que encuentro especialmente delicioso, imagino que vuelvo en el tiempo a aquella oscura habitación de Cambridge, donde mi joven personalidad que sufría comenzó,
aunque titubeando, a dudar de la salida del infierno. Trato de decirle que
veinticinco años después la vida de Adam ha mejorado la mía. Normalmente no puede oírme… está demasiado ocupada prestando oídos a su
terror y su desesperación. Así que me siento junto a ella, en el suelo, al
lado de la mecedora, y pregunto una y otra vez: *¿Estás segura?*

Cuando hablo a un cliente o a un público del tema de este capítulo, a menudo los oyentes se quedan mirando al vacío: no parece que entiendan nada. Cuestionar las propias creencias es un asunto paradójico, y nuestra cultura no suele reconocer que sea posible, y mucho menos aconsejable. No estamos educados para aportar dudas y buscar refutaciones, sino más bien para todo lo contrario. Nos gusta reafirmar con fuerza nuestras creencias y demostrar ¡que tenemos *razón*, maldita sea!

Pero el sufrimiento es un aliado intrépido. Gracias a él, casi todas las personas que he tratado aprenden a observar, cuestionar y liberar las partes de sí mismos que se encuentran bloqueadas en sus infiernos interiores. Si este paso fundamental hacia la integridad te parece extraño, o todavía no funciona, no te preocupes. Vamos a ensayar tácticas variadas para aniquilar el infierno en los siguientes tres capítulos. Si temes que el proceso no te va a servir de nada, está bien. Es un miedo que vencerás.

Sean cuales sean tus terrores ahora mismo, o te griten lo que te griten los demonios interiores, date cuenta de que eso no parece ser tu guía interior, la clara voz de la verdad. No solo es innecesario, es tóxico. Tu verdadera personalidad te lo está presentando en bandeja. Trata de llamar tu atención, de ayudarte a cuestionar, dudar y abandonar las creencias que te mantienen atrapado en el infierno. Si puedes sentir esto, felicidades. Tu viaje a través del infierno aún no ha terminado, pero has vuelto al camino de la integridad. Has aprendido lo suficiente para pasar por todo el sufrimiento y salir al otro lado.

6

Extravíos inocentes

Nadie quiere sufrir. De hecho, casi todos ponemos inconscientemente «No sufrir» en el primer puesto de nuestra lista de prioridades vitales. Pasamos la mayor parte del tiempo evitando el dolor y buscando el placer. Y no obstante, a pesar de todos nuestros esfuerzos, una de las pocas certezas de la vida humana es que todas las personas sufrimos. ¿Por qué?

Dante formula esta pregunta conforme se adentra en lo más profundo del infierno, hablando con Virgilio e interrogando a algunas de las almas condenadas. Estas le confiesan que han hecho de todo: desear al cónyuge del prójimo, dilapidar el dinero que poseen, enfrascarse en discusiones políticas que acabaron en enfrentamientos violentos, etc. Pero aunque todos pueden explicar *qué* hicieron mal, pocos están seguros de *por qué*. De hecho, seis de los nueve círculos del infierno (dos tercios) están reservados a lo que Dante llama «pecados de incontinencia». Esto no tiene nada que ver con pañales para adultos. Dante llama «incontinencia» a la incapacidad para controlar un aspecto de la propia conducta.

Pocos condenados del infierno, en opinión de Dante, han pecado intencionadamente. Estaban casualmente en un lugar, evitando el dolor y buscando el placer, como cualquier otro mortal, cuando se vieron arrastrados por una fuerza interior (deseo, avaricia, cólera) que no habían buscado y no podían controlar. Si hubieran tropezado con un rompecabezas infantil, a lo mejor habrían caído igualmente en el infierno.

POR QUÉ TENEMOS EXTRAVÍOS INOCENTES

Este sufrimiento psicológico hace presa de casi todas las personas de esta manera tan inocente. Sabemos que hemos hecho daño, así que parece lógico suponer que hicimos algo insensato, pero no estamos seguros de qué. Esta confusión no es agradable, es una forma leve de sufrimiento. Como todo sufrimiento, surge de creer cosas que no son verdad. Pero son mentiras insidiosas, aspectos de nuestra educación cultural y suposiciones tan profundamente arraigadas que ni siquiera nos damos cuenta de que existen. Les seguiremos la pista en este capítulo.

Para ello utilizaré una expresión ligeramente diferente de los «pecados de incontinencia» de Dante, porque en la época actual, las palabras «pecado» e «incontinencia» tienen connotaciones que considero un poco desfasadas. Creo que sería más ajustado a lo que Dante quería decir llamar a estos problemas « extravíos inocentes». Apuesto a que la mayor parte de tu infierno (es decir, la infelicidad) puede rastrearse hasta llegar a uno de estos extravíos inocentes. En las páginas que siguen te ayudaré a identificar los tuyos, a analizarlos y a alejarlos de tu vida.

Desde la infancia nos empapamos de una increíble cantidad de información, no solo de ideas concretas, sino de todo el conjunto de comportamientos y creencias culturales de nuestro entorno. Todo ello es generado por nuestros padres y parientes, maestros, dirigentes religiosos y políticos. Los libros que leemos, los programas de televisión y videos de YouTube que vemos, todo está lleno de suposiciones que permean nuestro sistema de creencias mientras crecemos. No podemos ver esas suposiciones por la misma razón que no podemos vernos los ojos: no son solo pensamientos, son también la forma de pensar.

Algunas creencias culturales, como «Los cachorros son adorables» pueden coincidir totalmente con nuestro sentido de la verdad más profundo. Otras, como «Los guapos son mejores personas que los feos» o «No puedo ser feliz si no tengo pareja», puede que no coincidan en absoluto con nuestra verdad interior. Asimilarlas puede afectarnos tanto como tomar veneno. Y a pesar de todo las asimilamos… a menudo sin llegar a entenderlas del todo.

Muchas sensaciones «inexplicables» de depresión, ira y ansiedad son en realidad reacciones a creencias falsas inconscientes. Por ejemplo, una vez tuve una clienta, a la que llamaré Irene, que interpretaba como un ataque o un insulto prácticamente todo lo que yo decía. Una vez comenté que parecía estar en forma y le pregunté si le gustaba el deporte. Se levantó y dijo: «¡No puedo creer que me esté criticando por no ser más deportista!». Finalmente averiguamos que Irene estaba obsesionada por la idea de que «Todos creen que debería ser perfecta en todo». Nunca se me pasó por la cabeza evaluar a Irene. Pero en una cultura en que todos competimos con los demás desde la guardería, es fácil ver de dónde procedía su miedo a ser evaluada.

Otro cliente, Jeff, publicista, sufría de manera muy acusada el síndrome del trabajador quemado hasta el punto que ni siquiera podía hablar durante las sesiones. Permanecía sentado, rechinando los dientes, esforzándose por no llorar. Su esposa, cuyo trabajo no la estresaba, le había suplicado que dejara la publicidad y pensara en cualquier otra cosa que le gustase. Pero Jeff estaba convencido de que como marido y padre de familia tenía que seguir trabajando en donde mejor le pagaran. Lo había aprendido siendo testigo de cómo su padre se extinguía poco a poco en un trabajo que detestaba. Nadie le había dicho a Jeff explícitamente que «Un hombre de verdad nunca deja un trabajo estable», pero a pesar de ello esta creencia lo mantenía encadenado al infierno.

A veces, las creencias culturales envían a millones de personas al infierno. Todo el que haya sufrido alguna opresión por motivos de raza o clase social lo sabe demasiado bien. Pero incluso la discriminación de aspecto más inocuo puede causar un enorme sufrimiento. Por ejemplo, la sociedad estadounidense de la década de 1950 idealizaba a las mujeres recatadas, de natural dulce y que no destacaban intelectualmente, especializadas en la producción de niños y en el cuidado de hogares suburbanos. En 1963, cuando Betty Friedan publicó *La mística de la feminidad*, muchas mujeres sufrían de algo que Friedan llamaba «problema sin nombre». Eran infelices, estaban frustradas y confusas, dado que no entendían por qué se sentían tan mal a pesar de tener familias cariñosas y todas las recetas de postres de gelatina que un ama de casa podía desear.

El problema, como muchas personas vemos ahora, es que el papel femenino de la familia americana mitificada en aquellos años no coincidía con la verdad de muchas mujeres, con la expresión de su personalidad. Es más, la presunción de que las mujeres son menos capaces y valiosas que los varones suele escocer. Al igual que la idea de que el valor de las personas depende del color de su piel, o que los pobres son perezosos, o que la enfermedad mental es un castigo de Dios. El «escozor» es literalmente el dolor de una herida mal curada que empeora. Así es como los falsos supuestos culturales se nos presentan mientras involuntariamente cargamos con ellos en nuestro sistema de creencias. Con dolor.

Cuando alguien como Betty Friedan empieza a analizar supuestos culturales, las razones por las que que escuecen pueden parecer obvias. Pero casi siempre comienzan como algo vagamente irritante, como «problemas sin nombre». Seguro que algunas de estas creencias (quizá muchas) forman parte de tu propia concepción del mundo. Es posible que en tu familia, aunque nadie lo haya dicho en voz alta, seas «el tonto» o «la reina del melodrama». Y es posible que, inconscientemente, esa definición de tu persona coexista con el concepto que tienes de ti. Puede que estés convencido en silencio de que eres imperfecto porque no consigues que tu cuerpo encaje en el modelo cultural de perfección. Quizá hayas asumido la idea de que la única forma de triunfar es ser un matón, porque ves que los matones triunfan a tu alrededor, en todos los niveles de la sociedad.

Sean cuales sean nuestras falsas creencias inconscientes, causan dolor. Y a menudo tratamos de afrontar ese dolor haciendo cosas que no queremos, no entendemos o no podemos controlar. Estas medidas, estos extravíos inocentes, pueden romper cualquier promesa que nos hayamos hecho. Sin embargo, curiosamente, no podemos parar. ¡Bienvenidos al infierno!

SUFRIMIENTO Y SABOTAJE

Cuando estamos divididos por dentro, creyendo una mentira que nos han enseñado a aceptar, el resultado es a menudo una tendencia al autosabotaje. Como las almas a las que Dante formula preguntas, puede que nos hayamos visto arrastrados por los siete pecados capitales, o quizá solo hayamos tomado los cuatro millones de decisiones equivocadas.

Por ejemplo, es posible que trates de sacar tiempo una y otra vez para escribir esa novela y luego caigas en una madriguera de conejo viendo videos de YouTube de... digamos, madrigueras de conejo (búscalas en Google... ¡son adorables!). O quizá te prometes evitar discusiones políticas con tus cuñados. Y luego te encuentras vociferando opiniones no solicitadas ni populares durante una reunión familiar. O pones siete alarmas para despertarte para llegar puntual a una reunión con tu asesor de impuestos. Y justo antes de salir de casa te acuestas con la idea de echar una cabezada durante un minuto y te quedas felizmente dormido durante toda la mañana.

Hacer cosas que contrarían tan ostensiblemente nuestras intenciones es una señal de que en alguna parte de nuestro interior se está librando una guerra civil. Mis clientes me comentan a menudo que se sienten como si tuvieran un *alter ego* trabajando contra ellos. El concienzudo Dr. Jekyll pone las normas y el abyecto Mr. Hyde las rompe una y otra y otra vez. Esta sensación de estar dividido en dos es una clara experiencia de duplicidad, y la forma de poner fin al autosabotaje es, obviamente, recuperar la integridad. Muchas personas intentan hacerlo dominando a Mr. Hyde con la fuerza de voluntad del Dr. Jekyll, lo cual es una gran idea… si no fuera porque no funciona. No se puede detener el dolor que conlleva el autosabotaje, porque la duplicidad procede de una división *no reconocida* en nuestro sistema de creencias.

La mejor forma que conozco de tratar el autosabotaje es enfocarlo como una señal de que en alguna parte, en la más profunda oscuridad de nuestro infierno interior, reside una creencia que nos perjudica. Tomar esto como punto de partida nos permite usar los momentos de autosabotaje como síntomas que revelan nuestros falsos supuestos. Encontrar un extravío inocente, verlo claramente, nos permite recuperar la integridad que puede que no hayamos experimentado desde que aprendimos a hablar. He aquí un método para hacerlo.

RECONSTRUIR LO SUCEDIDO

Para explicar cómo funciona este ejercicio me concentraré en una forma de autosabotaje con la que actualmente estoy librando una batalla en mi propia vida. El problema que voy a confesar es el siguiente: mi médico me ha dicho que tengo alergia a los huevos. Para muchas personas son buenos, pero para mí son peligrosos. No debería comer huevos. Pero a veces lo hago.

La verdad es que esta misma mañana comí uno. Bueno, confieso que comí dos. Fui a un restaurante, miré las múltiples opciones del menú del desayuno/almuerzo del domingo, pedí huevos escalfados con aguacate y me arrojé sobre ellos como una loba.

Por favor, ten en cuenta que estoy utilizando un incidente reciente de autosabotaje. Para hacer este ejercicio tienes que imitarme. Un episodio reciente estará fresco en tu memoria y cuanto mejor puedas recordarlo, más efectivo será el ejercicio. Un recuerdo claro ayudará mucho en el siguiente paso, que se llama «reconstruir lo sucedido».

Reconstruir lo sucedido es una técnica habitual. En inglés, esta expresión, aparte de su uso común, se emparienta específicamente con el mundo del espionaje. Los especialistas en inteligencia utilizan esta técnica para analizar lo que ha salido mal en una fallida operación encubierta o en un golpe de estado fracasado. Para ello hay que reconstruir un episodio en sentido cronológicamente inverso, es decir, *hacia atrás*, comenzando por lo más reciente y retrocediendo hacia el pasado.

Mientras reconstruyo lo sucedido en mi acto de autosabotaje (comer huevos), paso revista a las diversas escenas como si fuera la bobina de una película, pasándola hacia atrás muy despacio. Me represento mentalmente el «fotograma» de cada momento y trato de recordar: 1) qué sucedía a mi alrededor en ese instante, 2) qué hacía yo, 3) qué sentía, 4) qué pensaba.

Para fijar el punto de partida me remontaré hasta el momento en el que comía los huevos. Lo recuerdo bien. Allí estaba yo, en el restaurante, entre tintineos de cubiertos de plata y personas que hablaban a mi alrededor. Recuerdo que comí muy deprisa, con un abandono casi temerario, pensando: «No debería hacerlo, ¡PERO QUIERO HACERLO!».

Ahora me remontaré al espacio de tiempo antes de comer los huevos, digamos al momento en que los pedí. Recuerdo al camarero, sonriendo. Yo había planeado pedir algo autorizado por el médico. Pero de repente sentí un brote de mal humor, una sensación de confinamiento. Decidí pedir huevos en ese momento y, al pedirlos, sentí un ramalazo de triunfo salvaje.

Ahora rebobinaré a unos minutos antes: al momento en que entré en el restaurante. Recuerdo que hacía fresco. Sin embargo, me sentía cansada y acalorada. Estaba pensando que había hecho un buen trabajo limpiando el apartamento de una amiga.

Rebobino a los minutos precedentes, al momento en que terminé de limpiar el apartamento. Mi amiga me había dejado utilizarlo mientras estaba ausente y yo había pasado la mañana dejándolo impecable para cuando volviera. Eso supuso recorrer varias manzanas, hasta una lavandería, a la que llevé toallas y sábanas y volver al apartamento con la ropa lavada. Recuerdo que me apetecía descansar. Pero no me detuve. Por el contrario, me dije: «No, no puedo parar».

¡AJÁ!

Ahora reconozco que el momento en que no me tomé un descanso en el apartamento es el punto en que di la espalda a mi integridad. Puedo sentirlo. Y sentirlo, concentrarnos en el momento en que nos separamos de nuestra verdad, es el tercer paso de este ejercicio.

Si retrocedo hasta esa mañana, digamos, cuando fui a recoger la colada, recuerdo que estaba contenta y en paz. Si en ese momento me hubieran ofrecido huevos escalfados con aguacate, los habría rechazado sin dudarlo. Pero en el momento en que mi necesidad de descansar chocó de frente con la creencia de «No puedo parar», me abandoné. Mi cuerpo, corazón y alma reaccionaron ante la idea de «No puedo parar» como ante cualquier otra mentira. Aunque lo he descrito en capítulos anteriores, haré aquí un resumen:

Físicamente: fui presa de tensión generalizada y de una caída de la energía física; de hecho me escocía un poco la garganta y empezaba a dolerme la cabeza.

Emocionalmente: empecé a sentirme malhumorada, y luego a enfadarme conmigo misma por estar de mal humor. Me decía: «*¡anímate, maldita sea!*».

Espiritualmente: en lugar de aportarme libertad, pensar que no podía detenerme trajo consigo una sensación de pesadez y cautividad.

La razón por la que pasé por alto todas estas señales y seguí trabajando radica en que tengo muy arraigada una creencia que es muy habitual en nuestra cultura: seguir trabajando siempre es más virtuoso que detenerse a descansar. Bueno, no digo que esa tenaz persistencia no sea una buena idea *a veces*. A menudo he prosperado siguiendo los eslóganes de la perseverancia: «Los que se rinden nunca ganan, los ganadores nunca se rinden». «Persevera y vencerás». «Sin dolor no hay victoria».

El problema es que hoy, en el apartamento de mi amiga, *he creído en esos consejos cuando mi sentido de la verdad me decía que en ese momento no me convenían.* Incluso mientras escribo esto, experimento retrospectivamente la pérdida de la paz, el ligero pinchazo del estrés. La sensación era en parte fatiga, pero sobre todo era la ansiedad de creer algo que no me parecía verdad. Unos minutos después, intenté tranquilizarme pidiendo y engullendo los huevos de la equivocación.

Puede que esto te parezca un incidente sin importancia. Y así es. Pero he aprendido que la trayectoria entera de nuestra vida puede depender de episodios tan minúsculos cuando se acumulan con el paso del tiempo. Cada decisión contra nuestro sentido de la verdad, por muy trivial que sea, nos hace más propensos al autosabotaje. Es como si, al dividirnos por dentro, pusiéramos en acción el *alter ego* que destruye nuestras mejores intenciones.

En mi caso, hoy, el extravío inocente ha sido comer huevos. Pero mi auténtico e inadvertido extravío ha sido obedecer el supuesto cultural y no a mi sentido de la verdad. He hecho esto en suficientes ocasiones para saber que, si puedo desprenderme de la mentira, mi psique se relajará al recuperar la integridad, y desparecerá el impulso de comer productos que mi cuerpo no tolera. Pero llegaremos a ese proceso dentro de unos minutos. Ahora mismo veamos si puedes identificar uno de tus propios extravíos inocentes, comenzando por un caso de autosabotaje tuyo.

EJERCICIO
Tus extravíos inocentes

Paso uno: Elige una costumbre no deseada y repetitiva que no puedas abandonar.

Piensa en una manía, una costumbre que repites una y otra vez, a pesar de que desearías dejarla. Llamaremos a esto tu acto de autosabotaje. Puede que consista en aplazar cosas, en comprar objetos extraños en tiendas de artesanía, en pasar por delante de la casa de tu ex varias veces al día a pesar de la orden de alejamiento, etc. Escríbelo:

_____

_____

_____

Recuerda la última vez que te permitiste esta clase de auto-sabotaje y escribe algunos detalles concretos para recordarte el incidente (por ejemplo: «Ayer volví a gritar a mis hijos» o «Hace tres noches pasé por delante de la casa de Pat y me escondí detrás de un árbol hasta el amanecer»):

_____

_____

_____

Paso dos: Reconstruye lo sucedido

Has recordado tu acto de autosabotaje. Ahora vas a recordar qué te estaba pasando, qué estabas haciendo, qué sentías y qué pensabas en ese momento. Luego examinarás el momento anterior a ese, y el momento anterior, y el anterior... hasta que llegues al momento en que apareció la molestia y te indujo a sabotearte.

En el momento en que te saboteaste:

¿Qué pasaba en tu entorno?

_____

¿Qué estabas haciendo?

_____

¿Qué sentías?

_____

¿Qué pensabas?

_____

Ahora ve al momento anterior.

¿Qué pasaba en tu entorno?

_____

¿Qué estabas haciendo?

_____

¿Qué sentías?

_____

¿Qué pensabas?

_____

¿Y en el momento anterior a este?

¿Qué pasaba en tu entorno?

_____

¿Qué estabas haciendo?

_____

¿Qué sentías?

_____

¿Qué pensabas?

_____

Si es necesario, coge otro papel y sigue retrocediendo, respondiendo a las preguntas de reconstrucción de lo sucedido, momento a momento. Recuerda tus actos, sentimientos y pensamientos hasta que llegues al momento en que cambió algo. Antes de ese momento te sentías bien. Este es el punto en que abandonaste tu verdad.

Paso tres: Concéntrate en el momento en que dejaste la integridad

Medita sobre el momento en que cambió tu estado de ánimo. ¿Qué sucedía? ¿Qué estabas haciendo? ¿Qué experimentabas en tu cuerpo, tu corazón y tu alma? Y lo más importante, ¿en qué estabas pensando? Escríbelo a continuación:

_____

_____

Lo que acabas de escribir es una creencia falsa, aunque te parezca cierta. Es la cadena que ata parte de tu psique a un lugar horrible de tu infierno interior. Al identificarla, ahora estás muy cerca de liberarte de algo que puede haberte causado años de sufrimiento.

DESTRUIR FALSAS SUPOSICIONES

Es muy probable que lo que has escrito en el ejercicio anterior suene justo y virtuoso. Muchos quedamos atrapados en el infierno por pensamientos como «Siempre debo hacer el bien» o «No debería quejarme». Cuanto más destaque tu cultura esos pensamientos, más probable es que creas que son justos y verdaderos. Como escribió una vez mi hija Kat, «Una creencia es algo que alguien repite muchas veces». Nuestras mentes milagrosas pueden apropiarse de cadenas de sonidos, vincularlas a imágenes y emociones y deducir de aquí con toda sinceridad que las ideas abstractas que transmiten son verdades universales.

Por suerte, la misma herramienta que forja las cadenas (la mente) puede utilizarse para romperlas. Cuando has reconocido las creencias que causaron el autosabotaje, el próximo paso es cuestionarlas. En el capítulo anterior te pedí que eligieras uno de tus «pensamientos infernales» y arrojaras sobre él una sombra de duda: *¿Estás seguro?* Ahora quiero que te centres en un pensamiento que estimule tus deseos de sabotearte.

Mi mecanismo favorito para liberarme de mi propio infierno procede de una guía espiritual llamada Byron Katie, cuyos libros y videos *online* recomiendo vivamente. Katie (como se hace llamar) nos anima a localizar creencias que causan sufrimiento, para luego desprendernos de ellas utilizando un método que ella llama «Indagación». En primer lugar, Katie plantea una pregunta sencilla: «¿Ese pensamiento es verdad?». Luego continúa con una reformulación ligeramente distinta: «¿Puedes saber con absoluta certeza que ese pensamiento es verdad?».

Esta sencilla pregunta en dos tiempos es más potente de lo que podría parecer inicialmente. La frase «saber con absoluta certeza» es lenguaje fuerte. Obliga a la mente a prestar atención, la impulsa a observar las propias creencias con talante científico. ¿Sabes con absoluta certeza que debes ser siempre manso como un cordero, incluso cuando, por ejemplo, alguien te ataca físicamente? ¿No debes quejarte nunca, aunque, por ejemplo, presencies un acto de injusticia manifiesta?

Katie recomienda que meditemos a fondo sobre esta segunda pregunta, poniéndonos en contacto con el sentido profundo de la verdad que yo he llamado guía interior. Aunque todas las personas que nos rodean estén de acuerdo en una creencia, nuestro guía interior seguirá diciéndonos que es falso. En mi caso, mientras limpiaba el apartamento de mi amiga, el pensamiento «No puedo parar» me parecía suficientemente justo para mantenerme activa cuando quería descansar. Pero cuando recuerdo ese momento bajo el claro punto de vista de mi guía interior, es obvio que el pensamiento «No puedo parar» era falso.

Al pensar en este tema, veo miles de situaciones en que «¡Los que se rinden nunca ganan!» es ostensiblemente falso. Recuerdo que en el Everest han muerto personas porque no quisieron interrumpir la escalada cuando las condiciones meteorológicas empeoraban. Recuerdo a clientes que seguían en una relación perjudicial porque se negaban a «rendirse». Pienso en todas las personas que conozco que harían bien en dejar de fumar, o de apostar, o de cortarse ellas mismas el pelo.

Una vez afianzada en la mente indagadora de verdades de mi guía interior, puedo volver a imaginar el momento en que noté que estaba cansada en el apartamento. Me imagino a mí misma pensando: «Un descansito me vendría bien», bebiendo un vaso de agua fría y sentándome a recuperar el aliento. Inmediatamente, la ligera rabia e irritabilidad que sentí en el restaurante desaparece. Me siento mucho más calmada, menos dispuesta a buscar confort compulsivamente. Me convierto en una persona que puede dejar de trabajar y de comer huevos cuando esa es la acción más inteligente.

Cuando has desenmascarado una falsa suposición, no necesitas otra para reemplazarla. Salir del infierno no significa elegir otro juego de cadenas, otro juego de creencias absolutas. Significa reemplazar convenciones rígidas por apertura y curiosidad, por tu propio sentido de la verdad en cada momento.

Por ejemplo, cuando Irene (mi clienta perfeccionista) pulverizó el pensamiento «Todos creen que debería ser perfecta», no se decidió por otra cosa que todo el mundo quisiera. Se concentró en saber qué le parecía bien a ella en todo momento. Cuando Jeff cuestionó el pensamiento «Un hombre de verdad nunca deja un trabajo estable», no empezó a despreciar a la gente que trabajaba. Se puso a pensar en la forma de ganar dinero de un modo más original (finalmente dejó el empleo y fundó un gimnasio que enseñaba artes marciales a jóvenes con problemas, algo que le había apasionado durante años).

LIBRARSE DE LOS EXTRAVÍOS INOCENTES

Poco después de dar a luz a Adam, tuve con los ojos bien abiertos un extravío inocente que casi me destruyó. Hablé con mi marido de entonces sobre volver a nuestra ciudad natal en Utah, donde ambos podíamos trabajar como profesores adjuntos mientras yo terminaba la tesis doctoral. Cansada y con el corazón dolorido, solo quería rodearme de personas que apoyaran mi decisión de no abortar. John y yo nos fuimos a vivir allí y di a luz por tercera vez, una hija a la que llamamos Elizabeth.

Tenía muchas cosas buenas: una comunidad que me apoyaba, un trabajo en la enseñanza, tres hijos a los que adoraba. Pero no podía encontrar el ritmo para realizar todo lo que creía que debía hacer. Mientras correteaba por la ciudad antes del trabajo, dejando a cada niño en un sitio diferente (a Lizzy en la guardería, a Adam en un programa especial preescolar y a Kat en una escuela normal de preescolar), me sentía como una mala madre que abandonaba a sus hijos. Cuando recogía a los niños y una vez en casa hacía que Adam practicara los ejercicios de terapia física mientras intentaba entretener a las niñas, parte de mí oía a mi director de tesis diciéndome que debería estar trabajando. Cuando permanecía despierta la noche entera investigando para mi tesis y corrigiendo los trabajos de mis alumnos, me sentía culpable porque al quedar exhausta no podía realizar bien mis otras tareas ni ocuparme de mis relaciones.

Durante esta época, los síntomas de mi selva oscura del extravío llenaban cada momento de mi vida. Sufría continuos dolores que desafiaban cualquier diagnóstico, contraje todas las enfermedades contagiosas menos la peste bubónica, y siempre estaba aterrizando en el hospital con problemas que requerían la toma masiva de antibióticos, cirugía menor o ambas cosas. Mi vida exterior estaba superocupada, mis pensamientos eran una tormenta de autocríticas. Estaba muy confusa. No me daba cuenta de que había elegido dos series de creencias culturales que se contradecían entre sí. Mi extravío inocente consistía en no ver esta contradicción, y en intentar cumplir el papel correspondiente a dos códigos de vida totalmente opuestos.

Esto lo descubrí «reconstruyendo lo sucedido» no solo en mi propia vida, sino en la cultura norteamericana en general. En aquel momento (años noventa), según los usos sociales convencionales se esperaba que las mujeres fueran devotas cuidadoras de los jóvenes, los ancianos y los enfermos, al tiempo que tenían éxito en trabajos diseñados para hombres con apoyo doméstico a jornada completa. Se esperaba que renunciáramos al éxito profesional y cuidáramos de otros, y que abandonáramos los papeles tradicionales de cuidadoras para triunfar como individuos. Era como estar atrapada en una de esas trampas de papel en las que, cuanto más te empeñas en liberarte, más fuerte te sujetan los dedos.

Al intentar ser una devota madre mormona y una brillante doctoranda de Harvard, terminé siendo una víctima radical de este extravío inocente. Cuanto más me esforzaba por cumplir con una serie de exigencias, más sentía que estaba fallando en la otra. Cuanto más trataba de «equilibrar» comportamientos contradictorios, más descentrada y desgraciada me sentía. Mi investigación puso de manifiesto que había muchas mujeres en la misma situación. La mayoría ni siquiera nos dábamos cuenta de que tratábamos de cumplir exigencias irreconciliables, que eran supuestos culturales profundamente enraizados. Era un genuino extravío inocente, pero a pesar de todo nos lanzaba al infierno.

Después de reconstruir lo sucedido hasta que lo entendí todo a nivel intelectual, desesperé por completo. Nunca se me había ocurrido que pudiera abandonar mi creencia en todas las exigencias culturales que tantos conflictos traían a mi vida. Sabía que era imposible hacer todo lo que la sociedad me decía que debía hacer. Pero eso no significó que dejara de sentir la presión social. Al fin y al cabo, yo era una persona, y las personas orientan sus vidas obedeciendo las normas sociales. No veía salida a mi desgracia... esto es, hasta que conocí a un guía del alma.

Llegó, como suelen llegar mis guías, en forma de libro, concretamente un antiguo texto chino, el *Tao te King*, traducido al inglés por Stephen Mitchell. Aunque lo había comprado en la universidad, no lo había leído hasta entonces. Un día cogí el libro y lo abrí al azar. Leí:

Buscando el conocimiento,
todos los días se añade algo.
En la práctica del Tao [el Camino]
todos los días se pierde algo.
Reduciendo paulatinamente lo necesario
llegas al final a la no acción.
Cuando nada se hace,
nada queda por hacer.

Estas palabras me sentaron como el martillo que golpea un gong. Aunque no tenían sentido para mi mente, sentí una sensación física, como una descarga eléctrica. Me puse a recorrer a toda prisa la habitación, agitando las manos para descargar parte de esa energía. Era extraño, porque llevaba varios meses con la cadera y la rodilla derechas impedidas. Normalmente cojeaba mucho y me sentía totalmente agotada. Pero en aquel momento quería moverme. *Aprisa.*

Pensé que ponerme al volante un rato me ayudaría, así que subí al coche y me dirigí a las montañas. Me sentía ya como si llevara puesto el piloto automático. Me detuve al comienzo de un sendero por el que a menudo iba en bicicleta de niña, bajé del coche y corrí, corrí por aquel sendero. Esperaba que la fatiga y el dolor me detuvieran. No fue así. Seguí corriendo durante tres kilómetros en cuesta y accidentados, hasta que llegué a una gran cascada. Corrí directamente al agua, hasta una zona donde el agua no me arrastrase. Mientras el agua helada me caía sobre la cabeza, sentí que el fuego que llevaba dentro había encontrado por fin una fuerza opuesta igual de intensa.

Mi mente de todos los días estaba atónita, era completamente incapaz de entender qué estaba pasando. Años después supe que, en las tradiciones asiáticas, mi ataque de energía se habría entendido como la respuesta típica a la repentina liberación de conceptos mentales, de falsas ilusiones. Reflexionar sobre el *Tao te King* teniendo un intenso conflicto interno me sacudió la mente y la liberó de su marco cultural. La energía que sentí fue la respuesta de mi cuerpo a dejar atrás un sistema tóxico de creencias y conectar con mi integridad. Así de espectacular puede ser este proceso.

Pero en aquel momento yo no tenía ni idea de lo que me estaba sucediendo. Simplemente, estaba estupefacta. Me parecía observar de cerca mientras se desintegraban los pensamientos que me atormentaban sobre qué significaba ser mujer. ¿Podía saber sin la menor sombra de duda que toda exigencia social era verdadera para mí? No, no, no, no, no.

Al poco rato, mi mente se había quedado en silencio y mi cuerpo había experimentado una curación que parecía milagrosa. Por desgracia, el efecto físico no duró mucho. Cuando llegué al coche, volvía a cojear. ¿Y todas aquellas ideas contradictorias sobre cómo deben ser las mujeres y qué debían hacer? Ya no tenían ningún control sobre mí. Podía pensar en ellas, pero ya no me las creía. No volví a creer en ellas desde entonces. Aquellas cadenas concretas que me ataban al infierno se habían roto.

Cuando sigues la pista de tus propios extravíos inocentes también es posible que descubras que todas las creencias falsas están construidas por tu cultura. Renunciar a esas creencias puede dar miedo. ¿No pensará la gente que te equivocas? ¿No te juzgarán?

Sí, querido lector, te juzgarán.

Cuando ves los extravíos inocentes que han estado dañando tu vida, mientras las rectificas mediante la observación y las indagaciones, acabarás por romper las normas. ¿Qué normas? No lo sé. Pero la gente que te rodea y cree en esas normas podría encontrar tu comportamiento discutible, incluso malvado. Tú te sentirás mil veces más libre... y eso no les gustará. No te preocupes. Esto puede ser una prueba de que estás en el buen camino. Estás entrando en la zona del infierno en que aprenderás a enfrentarte a los juicios... el tuyo y el de otras personas. El asunto se va a radicalizar.

7

Cuando el camino recto se tuerce

El día que corrí a la cascada, dejé atrás parte de mi infierno, pero no todo, ni por asomo. Todavía vivía en esa trampa para dedos, la contradicción entre dos culturas radicalmente diferentes. Mientras escribía la tesis, John y yo éramos asalariados de la Brigham Young University, donde impartíamos clases al igual que nuestros respectivos padres lo habían hecho en el pasado. Me encontraba a un tiempo trabajando en una de las universidades más conservadores del país y terminando un doctorado en Harvard, una de las más liberales. Dada mi filosofía de «vive y deja vivir», no esperaba que eso fuera un problema.

¡Ja!

Vista retrospectivamente, mi ingenuidad me da risa. Cada día que impartía clases en la BYU las contradicciones me daban vueltas continuas en la cabeza. Por ejemplo, me dijeron que la universidad tenía que contratar a más mujeres para mantener su categoría, pero no debía animar a las alumnas a estudiar una carrera, ya que a la Iglesia Mormona no le gusta que las mujeres tengan un empleo. De hecho, algunas alumnas presentaron quejas, aduciendo que yo era un mal ejemplo para las mujeres porque trabajaba de profesora. Y aunque la asignatura que impartía era Sociología de Género, me advirtieron que nunca pronunciara la palabra incendiaria «feminismo».

Pronto me di cuenta de que me había ido a vivir a Utah justo a tiempo de ser absorbida por un ciclón ideológico. Los líderes mormones habían empezado a sancionar a profesores por escribir o enseñar cualquier cosa que fuera contra la doctrina de la Iglesia. Por ejemplo, a un antropólogo le pidieron que dejara la Iglesia cuando su investigación sobre el ADN demostró que los nativos americanos descendían de antepasados siberianos, y no, como creen los mormones, de judíos de Oriente Próximo. Cualquier profesor de la BYU, desde geólogos hasta historiadores y artistas, corría el riesgo de ser expulsado de su trabajo y de su comunidad si contradecía la doctrina de la Iglesia. Fuera de Utah, pocas personas se daban cuenta de esto (yo no lo había notado en Massachusetts), pero créeme: en mi estado natal era un notición.

La empollona en ciencias sociales que tenía dentro estaba fascinada por aquel conflicto entre religión y estudios universitarios en el país mormón. Era como ver a Galileo juzgado por herejía cuando declaró que la Tierra giraba alrededor del Sol y no al revés. Pero para mi personalidad buscadora de aprobación, la intensa polémica que encontraba por todas partes era un infierno. Concretamente, el séptimo círculo del infierno de Dante, una región ocupada por «los violentos».

EXTRAVÍOS DE LA RECTITUD

Cuando Dante consigue atravesar los seis círculos del infierno donde son castigados los culpables de «incontinencia», encuentra por fin las almas que causaron daños a propósito. A diferencia de los incontinentes, que no estaban seguros de por qué habían pecado y nunca quisieron hacer daño, los del séptimo círculo se habían dedicado a sembrar toda clase de conflictos, y además a disfrutar de ello.

La sangre ocupa un gran espacio del séptimo círculo de Dante. Muchos «violentos» están condenados a nadar en un río hirviente de sangre mientras los centauros les disparan flechas. Otros se han convertido en árboles que son constantemente atormentados por arpías. Hay otros que corren sobre arenas ardientes y son castigados con una lluvia de fuego. Todos estos horrores, como todo lo que sucede en el infierno de Dante, son «contrapasos», penas del talión, torturas equivalentes a los pecados cometidos. Todas las almas del séptimo círculo son atacadas constantemente, con el único objeto de causar sufrimiento y destrucción, que es la esencia de toda violencia.

En este punto quiero dejar muy claro que la violencia y la cólera son cosas muy diferentes. La cólera es normal, una respuesta sana a la injusticia o al maltrato. La violencia, según el Diccionario Oxford, tiene como fin «herir, dañar o matar a alguien o algo». Hay muchos puntos en *La Divina Comedia* en que Dante, Virgilio o personajes sagrados se encolerizan. Pero su reacción es crear justicia y no destruir lo que les incomoda.

La cólera ante la injusticia o el maltrato parece estar implícita en nuestra biología. Reaccionamos con cólera cuando se niega algo esencial a alguien que lo necesita, o cuando se impone algo intolerable. La gran energía que despliega la cólera ayuda a corregir situaciones injustas, al igual que la fiebre hace subir la temperatura corporal para matar un virus invasor. Sin la cólera, nadie pondría fin a una relación injusta ni cuestionaría la opresión sistemática de ciertas poblaciones ni trabajaría por la justicia en el mundo.

Arun Gandhi, el nieto de uno de los más famosos defensores de la no violencia que ha habido en la historia, escribió que Mahatma Gandhi «veía la cólera como algo bueno, como el combustible del cambio». Pero cuando nos volvemos violentos, y nuestra única intención es herir o dañar, nos unimos a las fuerzas de la destrucción. Se necesita sabiduría y madurez para utilizar la cólera para promover un cambio positivo y no convertirse en un violento salvaje. Es mucho más fácil, y a corto plazo más gratificante, entrar en el modo psicológico del ataque irracional.

Aunque nunca hayas levantado la mano contra un ser vivo, seguro que alguna vez has sido violento. Todos lo hemos sido. Hemos atacado a otras personas o frustrado situaciones, aunque solo sea en la intimidad de nuestra imaginación. Si alguna vez has sentido un impulso iracundo contra otro conductor en medio del tráfico, o has comprobado un espejo y has detestado el aspecto que tienes, o has vitoreado mientras comes palomitas y el héroe de la película mata al villano, has participado de la energía de la violencia. Y es probable que te haya gustado.

Eso es porque parte de nuestra biología nos hace disfrutar destruyendo lo que nos amenaza. Se trata de buena política evolucionista. Cualquier criatura que carezca de la voluntad de luchar cuando la amenazan, pronto estará muerta y extinguida. Pero a diferencia de los animales, los humanos no solo reaccionan atacando ante una amenaza física patente. De hecho, puede que nos sintamos amenazados por personas que dominamos, simplemente porque quieren ser tratadas mejor, como podría ser el caso del dictador que oprime a sus súbditos o el del racista que reacciona ante personas de color que piden un trato justo.

También somos únicos en el sentido de que no solo nos asustan criaturas feroces que quieren devorarnos, sino cualquiera o cualquier cosa que pueda *transformarnos* potencialmente. Desconfiamos especialmente de personas o ideas que puedan apartarnos de nuestros supuestos y presunciones culturales. Esas cosas nos parecen *moralmente* amenazantes, y reaccionamos casi por reflejo con resistencia y oposición. Esta es la mentalidad de la que nace toda violencia.

Gran parte de lo que podríamos llamar «ideales» es en realidad esta reacción refleja y agresiva ante el cambio. Repito que este reflejo es diferente de percibir una injusticia, denunciar lugares donde esa injusticia causa desigualdad o sufrimiento, y hacer campaña para cambiar la situación. (Por ejemplo, Martin Luther King Jr. basaba su campaña de defensa de los derechos civiles en una llamada a la igualdad de derechos. James Earl Ray, que asesinó al reverendo King, no estaba amenazado por nada; sus actos se basaron en el miedo al cambio y en un sentido erróneo de la rectitud).

La gente que tiene esta mentalidad caracterizada por el sentido erróneo de la rectitud cree, por lo general, que sus códigos morales personales son lógicos y racionales y que responden a una verdad universal. Pero la investigación demuestra que esas actitudes en realidad proceden de reacciones emocionales, modeladas por culturas muy concretas. Esto significa que la mente violenta es literalmente incapaz de escuchar razonamientos. Se cierra a la posibilidad de tener opiniones razonadas. Las personas emocionalmente ligadas a un líder político pueden ver, sin que les importe en absoluto, que ese líder infringe flagrantemente sus propios valores. De hecho, cuando estas personas se enteran de que sus creencias políticas están basadas en información falsa, no cambian de opinión; por el contrario, se aferran a su sistema de creencias con más fuerza que nunca.

Esto parece irracional porque lo es. La parte del cerebro que nos hace creer que la actitud conocida, *sea cual sea*, es la justa, es más antigua, grande y fuerte que la parte racional. Un psicólogo, Jonathan Haidt, compara el cerebro lógico con un jinete humano sentado a lomos de un elefante ilógico. Suponemos que el jinete tiene el control, que toma decisiones justas y dirige al elefante. Pero es normalmente el elefante el que manda. En palabras de Haidt, «El jinete hace de portavoz del elefante, aunque no sepa lo que el elefante está pensando realmente».

El elefante de nuestra cabeza (nuestras reacciones reflejas) percibe como un error lo que no nos resulta familiar. Las cosas familiares nos parecen justas, justas, ¡JUSTAS! Es la sensación que el actor Stephen Colbert llamaba «verdad de verdad». Es como estar borracho o drogado: delicioso a corto plazo y a la larga tóxico. La mentalidad moralista puede aplastar temporalmente a nuestro sentido de la verdad, e incluso a nuestra lealtad a la justicia y a la imparcialidad.

Cuando nuestra mentalidad moralista toma el control, perdemos el camino hacia la integridad e incurrimos extrañamente en contradicciones, como quien defiende la paz mundial y aboga por la guerra contra todo aquel que no está de acuerdo. Como la violencia y el sentido de la rectitud están fuertemente ligados, no llamo a los actos destructivos pecados violentos, como hace Dante. Yo pienso en ellos como en «extravíos moralistas de la rectitud». Son equivocaciones psicológicas que cometemos cuando el rechazo irracional de lo que no nos es familiar se sobrepone a nuestra razón.

POR QUÉ LOS EXTRAVÍOS MORALISTAS SON DELICIOSOS (AL PRINCIPIO)

Los seres humanos dependemos para sobrevivir de la pertenencia a grupos unidos de individuos que cooperan. Por esta razón, estamos programados biológicamente para identificarnos con personas que parecen, obran, visten, hablan y piensan como nosotros. El inconveniente de esto es la tendencia humana universal a desconfiar de todo aquel que parezca diferente de nuestro grupo. Muchas tribus, de los khoikhoi del sudoeste de África a los yupiit de Siberia, se llaman a sí mismas con una palabra que en su lengua significa «personas de verdad». Esto implica, por supuesto, que las personas de fuera del grupo no son personas reales.

A esto se le llama marginar o excluir, y todo el mundo lo hace. Desde la más tierna infancia, vemos todo lo desconocido como raro e inquietante. Robert Owen, reformador social del siglo xviii, lo comentó en su famosa e irónica afirmación: «Todo el mundo es raro menos tú y yo, incluso tú eres un poco raro».

Una vez que hemos excluido a alguien, puede que lo definamos inconscientemente como inhumano, inferior e incluso abominable. ¡Toma, la sola existencia de criaturas tan anómalas es una amenaza para nuestra forma de ser! Cuando nos unimos con los miembros de nuestro grupo para quejarnos de los «otros», aumenta la producción de adrenalina y de otras hormonas «para luchar», lo que nos genera la sensación tóxica y artificial de propósito de grupo y de pertenencia. Cuanto más violentamente hablamos y obramos, más razón creemos tener.

Repito que esto es diferente de la cólera que sentimos cuando vemos injusticia y opresión. La cólera sana potencia el discernimiento. Se centra en problemas específicos. Quiere cambiar la situación, y cuando esa situación cambia, la cólera desaparece. El extravío moralista de la rectitud ataca por razones vagas, mal definidas o contradictorias y no cambia con las circunstancias. Condena, a menudo sin pruebas. La cólera sana juzga distinguiendo lo que es justo de lo que no lo es. He aquí un gráfico que ayuda a distinguir ambas actitudes.

Juicio sano	Error de la rectitud
(dar opiniones)	*(pronunciar sentencias)*
Incita a actos que reducen la cólera	Incita a actos que aumentan la cólera
Ve a todo el mundo interrelacionado	Ve a los demás como una facción contra otra
Busca información	Elude la información
Aprende de muchos temas	Se obsesiona por unos cuantos temas
Puede concebir el punto de vista de otros	Solo concibe su punto de vista
Ve los matices	Lo ve todo en blanco y negro
Admite que es falible	Insiste en su infalibilidad

Si abordamos en serio la integridad, tenemos que observar con más atención la columna derecha. Cuando nos vemos descritos ahí, no estamos conectados con nuestro sentido de la verdad; de hecho, nos estamos apartando de nuestro deseo innato de vivir en paz. La euforia emocional que nos proporciona la rectitud puede bloquear nuestros valores genuinos, no dejarnos ver quién resultará dañado y quién está haciendo el daño, y volvernos sordos a la voz clara de la integridad. Si no cuestionamos esto, un estado mental de agresión continua puede apoderarse de nuestra vida: el séptimo círculo del infierno.

EL CÍRCULO VICIOSO DE LA VIOLENCIA

Dante divide este nivel del infierno en tres círculos: uno para quienes fueron violentos contra otros, otro para quienes fueron violentos contra sí mismos y un tercero para las almas que fueron violentas contra Dios, el arte y la naturaleza: las fuerzas de la creación. Esta metáfora refleja las tres formas más comunes de quedarnos atrapados en extravíos de la rectitud: atacar a otras personas, a nosotros mismos o a las cosas como son.

He visto estas tres clases de violencia psicológica en mi trabajo. Una vez tuve una clienta que llamaré Edna, que parecía una dulce abuelita, pero sufría continuos arrebatos mentales de violencia. Pensaba constantemente en formas de dañar a todo el mundo, desde sus vecinos, a los que envidiaba, hasta líderes mundiales, que despreciaba, pasando por culturas enteras, cuyas costumbres encontraba infrahumanas. Pasaba varias horas al día escribiendo en un blog sobre esto, para los tres seguidores que tenía en internet, que además eran *bots*.

Otro cliente, Brian, dirigía su violencia contra sí mismo. Normalmente, estaba tan encerrado en sí mismo que apenas parecía consciente, pero cuando empezaba a atacarse («¡No soy más que un idiota, un inútil, un montón de mierda!»), podías ver en qué empleaba toda su energía.

Amelia nunca dejaba de quejarse de su «mala suerte», expresión con la que al parecer se refería a todo lo que alguna vez le había sucedido. Una tormenta, un pinchazo, el hecho de que su gato la evitara... todo esto lo veía Amelia como violencia deliberada dirigida directamente contra ella. Gastaba la mayor parte de su energía mental contraatacando.

Todas estas personas eludían determinados temas infernales mediante juicios obsesivos. Casi todos lo hacemos. El ramalazo de placer que siente nuestra vanidad personal cuando atacamos a otros es un gran calmante emocional. Cuando conocí a Edna, acababa de perder a su marido y la ira constante que generaba le impedía sentir dolor. Brian siempre se había sentido aislado y el odio hacia sí mismo lo ayudaba a anestesiar su soledad. Amelia sufría un trauma infantil que no sabía cómo procesar. Quejarse constantemente absorbía su atención para no tener que afrontarlo.

Dudo que deambules por el séptimo círculo dantesco con tanta frecuencia como estas personas, pero no me extrañaría que pasaras parte de tu tiempo en el reino de la violencia. Puede que te enfrasques en un constante monólogo interior, afirmando y reafirmando tu postura moral, aumentando la cólera destructiva contra tus enemigos. Puede que pases toda la noche enviando mensajes por Twitter para decirle al mundo lo malos que son realmente esos enemigos. Quizá te juntes con personas que piensan como tú para gritar tu odio y notar que la energía crece aunque nada de lo que te rodea cambie. Las personas que comparten una sesión de rectitud pueden pasar de gruñir a golpear cruelmente, como en una fiesta guerrera de chimpancés o una banda de colegialas. Bromas aparte, la furia que aumenta cuando los grupos comparten su cólera conduce directamente a la histeria de masas, a los crímenes de odio y a los genocidios.

La mentalidad moralista a toda máquina es pura demencia. Herman Melville escribió una brillante descripción de ella en *Moby Dick*, una interesante historia sobre un tipo normal y corriente y la ballena que le arrancó la pierna. Tras pasar toda la vida persiguiendo a la gran ballena blanca, el capitán Ahab muere gritando la consigna definitiva de toda mentalidad moralista: «Lucharé contigo hasta el final; te apuñalaré hasta el centro del infierno; exhalaré mi último aliento sobre ti por el odio que te tengo».

Si esto es lo que sientes, por ejemplo, por la gente que no deja de cambiar el software de tu teléfono móvil, piensa que podrías estar extraviado por culpa de tu afán de rectitud. Levantarte contra la injusticia es sano. Estar preparado para atacar en cualquier momento no lo es. Tendrás síntomas de extravío en la selva oscura al igual que cualquier otro alejamiento de la integridad.

Por ejemplo, la incesante ira de Edna probablemente intensificaba su úlcera crónica de estómago. El odio obsesivo hacia sí mismo que sentía Brian hacía tan difícil estar a su lado que su esposa, después de aguantarlo veinte años, terminó dejándolo. Amelia, preocupada constantemente por su mala suerte, no era capaz de conservar ni una amistad y ni un solo trabajo estable.

Cuando los extravíos de la rectitud chocan entre sí, conducen a círculos viciosos de destrucción mutua. A lo largo de la historia, la gente que se siente atacada por «los otros» pasa por alto el punto de vista de sus oponentes, activa su mentalidad moralista y se dedica a hacer daño. Esto puede disparar una destructividad equivalente en otros, que dejan de obrar con creatividad y replican con su propia ira, lo cual hace que el primer bando se encolerice más, etc., etc. Hay una razón para que el río de sangre de Dante discurra en círculo: no hay fin para esta locura.

Fíjate en lo diferente que es esto de la claridad de las personas que proclaman su cólera desde la integridad. Por ejemplo, en su libro superventas *Cómo ser antirracista*, Ibram X. Kendi expresa libremente su cólera por la opresión racial. Pero también metódica, lógica y coherentemente se exige a sí mismo la imparcialidad y la prudencia que desea ver en todos los demás. Alerta contra la euforia de la rectitud que «elude el espejo». Echa mano de la imparcialidad necesaria para evitar los extravíos de la rectitud, incluso cuando trata de corregir una injusticia:

«¿Y si los antirracistas criticáramos constantemente nuestras ideas? ¿Y si culpáramos a nuestras ideologías y nuestros métodos, y los depurásemos una y otra vez hasta que funcionaran? ¿Cuándo pondremos fin a la locura de hacer continuamente lo mismo y esperar resultados distintos? La autocrítica permite el cambio».

Esta clase de autoanálisis nos devuelve a la armonía con nuestro sentido de la verdad. Significa que aplicamos una norma en todos los casos, reemplazando la duplicidad por la integridad. Al pasar de la mentalidad moralista a la justicia sincera tenemos que cambiar estados cerebrales, pasar de la intoxicación de la violencia a una actitud sosegada y tranquila. A continuación te propongo un ejercicio que te puede ayudar a tranquilizarte.

EJERCICIO
Combatir a los monstruos

Paso uno: Elige el tema

Piensa un tema social polémico que te preocupe de veras. Puede ser el control de armas, la inmigración, la pena capital, los derechos de los animales… cualquier tema servirá, siempre que tengas una opinión formada sobre él y sepas que hay personas que opinan todo lo contrario. Escríbelo:

_____

_____

Paso dos: Identifica a los «otros»

Céntrate por un momento en las personas que no están de acuerdo contigo. Imagina que constituyen la masa, que se manifiestan en las calles, que escriben en Twitter y denuncian cosas que te preocupan. Quizá tengas ya una expresión para describirlas, por ejemplo «votantes mal informados», «hijos de Dios desorientados», «cavernícolas, comemierdas, subnormales con cerebro de mosquito». Pero para lo que aquí interesa las llamaremos «monstruos».

Paso tres: Deja que te hierva la sangre

Piensa por un momento en la forma en que se comportan los monstruos y en el daño que hacen. Siente toda la ira y toda la indignación que esto te causa. Cuando te esté hirviendo la sangre, rellena las líneas siguientes como si estuvieras escribiendo a tus monstruos una carta anónima. Esto es solo para tus ojos, así que no te cortes. Escribe lo que piensas en tus momentos más políticamente incorrectos. Olvídate de la educación, incluso de la sintaxis. Utiliza otro papel si necesitas más espacio.

A mis monstruos:

Seré franco. Esto es lo que no me gusta de vosotros:

_____

_____

Esto es lo que no sabéis hacer:

_____

_____

Esto es lo que pasaría en el mundo si mandarais vosotros y los de vuestra ralea:

_____

_____

Esto es lo que espero que ocurra para limitar vuestro poder e influencia:

_____

_____

Esto es lo que deberíais hacer, y hablo en serio:

_____

_____

Atentamente,

Yo.

Paso cuatro: Mira el correo

Ahora imagina que vas al buzón y encuentras un sobre dirigido a ti. Imagina que abres el sobre y ves una carta dentro. ¡Qué casualidad! Es idéntica a la carta que acabas de escribir a tus monstruos. Vuelve a leer la carta que acabas de escribir, como si te la hubiera escrito un desconocido. Imagínalo en serio.

Mientras la lees, fíjate en cómo reaccionan tu mente, tu cuerpo y tu corazón. ¿Qué ocurre dentro de ti cuando lees las palabras del desconocido?

- ¿Quieres estar de acuerdo o cooperar con esa persona?

- ¿Sientes que el desconocido sabe de ti, te entiende y se preocupa por ti?

- ¿Te dan ganas de abrir tu corazón o de cerrarlo con fuerza?

No tienes que escribir las respuestas. Solo sentirlas.

_____

Si tu carta te parece razonable y estimulante, ¡felicidades! Es posible que quieras ser justo, pero lo tuyo no es un extravío de la rectitud. Pero si eres como la mayoría de la gente, puede que este ejercicio te haya ayudado a comprender que repartir palos de mentalidad moralista hace que te sientas estupendamente y que recibirlos te sienta fatal.

Cuando nos atacan, *aunque sea con las mismas palabras que usamos para atacar a otros*, nos sentimos confusos, asustados, juzgados injustamente, enfadados, paralizados e intensamente inclinados a devolver el golpe. Como dijo Friedrich Nietzsche: «Cuando luchas contra monstruos, procura no convertirte en uno de ellos». Cuando vamos a la guerra o a algo que consideramos una guerra, el ganador no está en ningún bando del conflicto, sino que es la guerra misma.

Vivir extraviados por culpa de la rectitud nos agota y nos debilita. Ojalá pudieras ser testigo de lo exhausta y enferma que Edna se sentía tras años de cólera continua. Las continuas autoagresiones de Brian eran otro pozo oscuro de parálisis y desesperación. Amelia se sentía profundamente rechazada, sin amigos y sola. Cuando nos extraviamos por culpa de la rectitud, sufrimos lo indecible.

El único camino que nos permite salir de toda esta desgracia es el de la integridad. Para recorrerlo y salir del séptimo círculo, daremos los mismos pasos que aprendimos en el último capítulo: 1) fijarse en los pensamientos que causan sufrimiento, 2) cuestionarlos y 3) seguir adelante. En la sección siguiente veremos cómo funciona esto cuando nos enfrentamos a esta clase de extravíos de la rectitud.

LA MENTIRA BÁSICA DE LA RECTITUD

Creo que hay una buena razón para que Dante solo imaginara para los violentos un nivel del infierno y no seis, como en el caso de los incontinentes. Hay muchas convicciones que causan extravíos inocentes, como «Todo el mundo me odia» o «La felicidad consiste en trabajar con tesón» o «¡Charles Manson es la fuente de toda sabiduría!». Pero solo hay una mentira gigantesca que nos impulsa a la violencia. Es la convicción fundamental del cerebro moralista. Dice: «Puedo arreglar todo lo que me molesta destruyendo a mis enemigos».

Repito: esto no significa que no debas reaccionar cuando alguien trata de hacerte daño. Si un ladrón te ataca en un callejón, defiéndete con todas tus fuerzas. Si ves una injusticia social, denúnciala, critícala por escrito, manifiéstate por la justicia. Pero mientras lo hagas, mantén la mente abierta a otros datos y otras ideas. Cuando estudié artes marciales, aprendí una y otra vez que seremos más efectivos en el combate si no estamos obcecados por la idea de atacar ciegamente. La lucha tiene su lugar, pero la violencia por sí misma nunca arregla, cura o enmienda nada. Su esencia es la destrucción, nunca la creación.

Piensa en el ejercicio anterior, la carta al monstruo. Recuerda el tema que elegiste para el ejercicio. Sumérgete en la mentalidad moralista y siente lo que produce en ti. Observa la tensión de tu cuerpo, tu cólera en aumento, tu mente se pone a dar vueltas como un luchador de MMA (artes marciales mixtas) en un cuadrilátero. Fíjate en que, aunque el aumento de adrenalina podría embriagarte, ese estado de cuerpo y mente es dominado rápidamente por la furia y el descontento. ¿Es este el lugar donde puede mejorarse la justicia, el amor o la paz?

Ahora piensa en lo siguiente: «Puedo arreglar todo lo que me molesta destruyendo a mis enemigos». Escríbelo si quieres. Luego ponlo bajo el microscopio. Haz las preguntas que aprendiste en el último capítulo para detectar un extravío:

¿Estás seguro de que puedes arreglar esa situación destruyendo a tus enemigos?

¿Puedes saber con absoluta certeza que ese pensamiento es verdad («Puedo arreglarlo destruyendo a mis enemigos»)?

Si recuerdas cómo te pusiste a la defensiva al recibir la misma carta que escribiste a tus «monstruos», verás que el ataque en sí, sin ninguna otra intención, solo puede acabar en una escalada de violencia, mental y quizá también física. Puede que adviertas la ironía que entraña atacar, la ironía que entraña esperar que aquel a quien quieres hacer daño acabe estando de acuerdo contigo. El deseo de destruir a otros es básicamente hipócrita, porque nadie, y menos un agresor, quiere ser destruido. Por sabrosa que sea la violencia para la mentalidad moralista, divide por dentro, es incompatible con la integridad.

VALORES SIN VIOLENCIA

Muchos clientes míos temen que, si pierden la violencia interior, no estarán motivados para resistir las injusticias del mundo. Pero cuando borramos de nuestra mente el impulso justiciero de destruir, percibimos con claridad la maldad de nuestras intenciones. Podemos detectar el mal, reconocerlo por lo que es y plantarle cara sin caer en extravíos morales. ¿Cómo? Olvidándonos de las discusiones y los sermones moralizantes y concentrándonos en nuestra integridad, nuestra verdad interior más profunda.

El psicólogo Steven Hayes llama a esto conectar con nuestros «valores básicos». Sus investigaciones muestran que concentrarse en los valores tiene la capacidad casi mágica de conseguir los mismos resultados que creeríamos conseguir atacando a nuestros enemigos. Simplemente con arrinconar la agresividad hacia nuestros enemigos y concentrarnos en definir nuestros valores puede «reducir las respuestas de la tensión psicológica, amortiguar el impacto de los juicios negativos de los demás, evitar que nos pongamos demasiado a la defensiva y ayudarnos a ser más receptivos a información que podría ser difícil de aceptar».

He aquí un ejercicio basado en la técnica que Hayes utiliza para ayudar a los clientes a escapar de la ira destructiva. Comienza por pensar en un verbo y un adverbio que combinen para describir la forma en que quieres vivir tu vida. Deberá ser una frase como «enseñar solidariamente», «amar valientemente» o «servir honorablemente». Medita unos minutos qué combinación verbo-adverbio resume mejor tus valores básicos. Si pudieras vivir siempre de esa manera, sentirías que vives una vida decente y llena de sentido. ¿Lo has entendido? Describe tus valores aquí:

La frase verbo-adverbio que mejor describe mi valor básico es:

_____

_____

El solo hecho de concentrarte en esta frase («Aprender alegremente», «cuidar generosamente», «crear libremente» o la que sea) cambiará tu estado interior. Siente lo diferente que es de la indignación moral, cómo relaja tu cuerpo, tu mente, tu corazón y tu alma. Ahora, concentrado en tus valores básicos, estás listo para el siguiente paso en el camino hacia la integridad. Es este:

EJERCICIO
Ir a la montaña

Paso uno: Imagínate en un paisaje natural apacible

Estás en una playa, un bosque o en un prado (a mí me gusta imaginar que voy a las montañas). Estás solo, pero todo es hermoso, tranquilo y totalmente seguro.

Paso dos: Conecta con tu guía interior

Puedes utilizar el ejercicio del capítulo 3, «Conocer al guía interior», medita el pensamiento «realmente quiero vivir en paz», o simplemente concéntrate en la palabra «paz» mientras inspiras y espiras. Cuando sientas el lugar tranquilo y apacible en tu interior, continúa.

Paso tres: Recuerda tus valores básicos

Puedes anotar aquí tu combinación verbo-adverbio, a modo de recordatorio:

_____

_____

Paso cuatro: Piensa en un asunto que te preocupe

Puedes utilizar el mismo que pusiste en tu carta al «monstruo» o pensar en un asunto diferente. Descríbelo:

_____

_____

Paso cinco: Responde a lo siguiente

En relación con el asunto recién descrito, y obrando en consecuencia con los valores básicos que acabas de definir, ¿qué cosa positiva podrías crear?

_____

_____

Paso seis: Haz lo que acabas de proponer en el paso anterior

Sé que esto parece contundente, y que conseguir un mundo mejor con tus valores podría ocupar toda una vida. Pero en el fondo es así de sencillo.

Cada vez que hago el ejercicio anterior, doy diferentes respuestas porque se me ocurren diferentes pasos creativos. Algunas están obviamente relacionadas con resolver un asunto preocupante, pero no siempre es así. Puede que las tuyas te sorprendan. Quizá te motive leer un libro, plantar un árbol, escribir un comentario audaz en internet o rehuir una polémica. Puede que el paso que se te ocurra parezca muy pequeño, o muy extraño. Dalo de todas formas. *En el momento en que comiences una actividad creativa, dejas el reino de la violencia, que solo sabe de destrucción.*

Pasar de la autodefensa justiciera a la creatividad puede catalizar cambios de vida, incluso actos para cambiar el mundo. Creo que por eso los líderes morales famosos a menudo son creativos tanto en cosas pequeñas como en grandes. Gandhi no solo creó un modelo de desobediencia civil, sino que además confeccionaba su propia ropa, incluso tejía la tela. Harriet Tubman, un espíritu genial en muchos campos, no solo ayudaba a la gente a escapar de la esclavitud, sino que además fundó un restaurante donde enseñaba a las mujeres liberadas a conseguir empleos pagados suministrando bienes y servicios al Ejército de la Unión. Eunice Kennedy Shriver, preocupada por la falta de oportunidades para las personas con discapacidad intelectual, fundó en su casa un campamento de deportes para niños que más tarde sería Special Olympics. Estas personas se levantaron contra la injusticia sin violencia y siempre estaban creando cosas, incluso cosas pequeñas: ropa de algodón, buena comida o una carrera pedestre.

Una mente cerrada es como un arma cuya única función es hacer daño. Se aferra a la idea de que «Vivo en una continua reacción violenta ante cualquier amenaza». Al afrontar problemas con valores básicos y creatividad, elegimos un estilo de vida diferente: «Vivo en una continua respuesta creativa ante cualquier cosa que se presente». Sacrificar la tendencia refleja a la destrucción nos da acceso a un poder mucho mayor: la creación.

Cuando mi trabajo y mi educación me enviaron en direcciones opuestas, pasé muchas noches de insomnio consumida por extravíos morales. Era como si la sangre me hirviera literalmente de ganas de polemizar. No me gustaban los ideales de Harvard que decían que la vida de mi hijo no merecía la pena porque nunca podría ser un intelectual. Pero tampoco estaba de acuerdo con los líderes mormones que despedían, ponían en evidencia, excomulgaban y aislaban a mis colegas por saber lo que estaba mal.

Como estas eran las culturas que me habían formado, el conflicto me había llenado la mente de nudos. Por una parte, luchaba contra el intelectualismo; por otra, peleaba contra una religión que tildaba a los intelectuales de «enemigos de la verdad de los últimos días».

Medio ahogada en ese río ensangrentado, me aferraba a cualquier cosa sólida que pudiera ayudarme a salir. La verdad, pensé. Necesitaba saber la verdad. Y así inicié mi primera «limpieza de la integridad». Aquella Nochevieja tomé la decisión de no decir ni una sola mentira, de ninguna clase, durante todo el año siguiente. Resultó ser una rápida huida de la mentalidad moralista hacia una mentalidad más abierta. Si alguna vez quieres intentarlo, puedes tener la seguridad de que te liberarás de innumerables extravíos. Pero también debes esperar cambios en cada una de las partes de tu vida.

8

Basta de traicionarse

En el poema de Dante, el poeta y su maestro Virgilio, tras recorrer el camino que cruza el espantoso reino de «los violentos», llegan finalmente a lo más profundo del infierno. Allí están los peores pecadores, aquellos cuyos crímenes exceden incluso los de las más crueles atrocidades, como los crímenes de guerra y los asesinatos. Al acercarse a los círculos octavo y noveno, Dante se prepara para encontrar los peores pecadores de todos: los embusteros.

Un momento, ¿qué has dicho? ¿Los embusteros? ¿No deberían estar estos en un círculo administrativo relativamente apacible, al principio del infierno? Desde luego, todo el mundo miente. ¡Lo hacemos para *no ser groseros*, por el amor de Dios! Las investigaciones demuestran que casi todas las personas mienten varias veces en una típica conversación de diez minutos, soltando trolas como «Me va estupendamente, gracias», «Ahora mismo iba a llamarte» o «Me encantan tus zapatos». ¿Realmente es esto peor que, por ejemplo, planear un atentado terrorista?

Bueno, recuerda que la criatura salvaje con más probabilidades de matar a un ser humano es el mosquito. La mentira, como el omnipresente insecto que chupa sangre, es traicionera, entre otras cosas, porque abulta poco, es muy común y es casi invisible. Y mentir posibilita todos los demás males.

Maya Angelou escribió: «La valentía es la virtud más importante porque sin valor no puedes practicar ninguna otra sin contradecirte». Mentir es la contraparte siniestra del valor: es el peor de los vicios, porque sin mentira no puede practicarse ningún otro vicio sin contradecirse (si nunca mientes, tus planes terroristas no saldrán bien). Y a la inversa, si no puedes dejar de mentir (al menos a ti mismo) nunca conseguirás salir del infierno.

Hemos visto que todos nuestros extravíos inocentes y de la rectitud provienen de creencias falsas, de «mentiras» que creemos a pies juntillas o, más comúnmente, de suposiciones que ni siquiera sabemos que están ahí. Hemos cruzado el infierno identificando extravíos y suposiciones para ponerlos en duda. Toda esta revelación de verdades te convierte en una especie de arqueólogo que excava en su propia psique. Al liberarte de las mentiras que te han inducido a error inocentemente o por exceso de rectitud, has dejado al descubierto lo que yo llamo «mentiras fundacionales», falsedades que vehiculan y apoyan todas las demás.

A veces mentimos consciente e intencionalmente, por lo general para ocultar alguna conducta poco ética. Dante llama fraudes a esas falsedades y pone a los que las cometen en el octavo círculo del infierno. Aquí están los aduladores, cubiertos de excrementos (tras pasarse la vida diciendo mentiras de mierda); los políticos corruptos, envueltos en un alquitrán tan pegajoso como sus dedos; y los sacerdotes que vendieron favores religiosos, enterrados boca abajo en pilas bautismales, con los pies ardiendo.

Hay mucho fuego en el infierno de Dante. De hecho, los anglófonos utilizan la palabra *inferno* como sinónimo de fuego o incendio. Pero el círculo más profundo de *La Divina Comedia* no está caliente. Está más bien helado. El suelo del noveno círculo es un lago de hielo. Congelados dentro están «los traidores», personas que en su vida cometieron alguna clase de traición.

Este capítulo trata de cómo cometemos fraude y traición en nuestras propias vidas. Recuerda que todavía no estamos hablando de cambiar tu comportamiento exterior. La etapa del infierno en este viaje a la integridad trata de nuestra vida interior. Más tarde llegará el momento de cambiar el comportamiento. Este capítulo es simplemente para enseñarte a distinguir ocasiones en que engañas, mientes y traicionas. Es importante que sepas que podrías hacerles estas cosas a los demás. Pero es vital que te des cuenta de las maneras y aspectos en que podrías hacértelas a ti mismo.

TRES CLASES DE MENTIRAS

Tendemos a clasificar las mentiras en negras, blancas o grises. Las he visto de todos los colores en mi trabajo. He aquí algunos ejemplos:

Mentiras negras: Engaño deliberado y premeditado

Un participante en uno de mis seminarios, al que llamaré Ernest, se acercó a mí durante la pausa del almuerzo. Parecía tener muchas ganas de hablar. Era abogado defensor y en su trayectoria profesional había representado a varios asesinos. Algunos se habían confesado culpables desde el principio. Ernest había pasado años pensando en ellos.

—Antes me preguntaba qué había de diferente en ellos —me dijo—. Qué los vuelve capaces de matar. Con el tiempo lo descubrí. ¿Sabe qué es?

Negué con la cabeza.

—La mentira —dijo—. Cuando has decidido mentir, y digo mentir en serio, tienes una especie de escondite en tu vida, como una habitación secreta. Puedes poner cualquier cosa en ella. Todo es allí invisible. Todo desaparece.

No estaba segura de qué quería que hiciera yo con esa información, pero parecía importante para él. El seminario terminó y me olvidé de Ernest hasta que años después me llamó cuando menos lo esperaba.

—Supongo que habrá visto mi nombre en las noticias —dijo. Yo no lo había visto. Apenas recordaba quién era. Pero recordé nuestra conversación de repente, cuando me explicó por qué se había puesto en contacto conmigo. Ernest había sido condenado por asesinato y quería un *coach* que lo ayudara a sobrellevar la vida en la cárcel.

Todavía me pregunto si fallé a Ernest, si en realidad estaba buscando ayuda durante nuestra anterior conversación. Pero no había sido así. Parecía estar muy orgulloso de haber ideado una forma sencilla de hacer absolutamente cualquier cosa sin sentirse preocupado. A diferencia de otros presidiarios con que he trabajado, Ernest parece más un auténtico sociópata, una persona a la que nunca habría podido «corregir» por mucho que lo hubiera intentado. Al menos me consuela pensar eso y mi sentido de la verdad está de acuerdo.

En cualquier caso, a pesar de parecer orgulloso de su «hazaña», Ernest no tenía el aire de quien está en paz consigo mismo. De hecho, después de nuestra conversación telefónica, se me ocurrió que nunca había visto a ningún cliente alcanzar el bienestar completo sin un compromiso directo con la sinceridad. Aunque el crimen de Ernest fue especialmente horrendo, había visto dinámicas parecidas en otras personas, incluso en mí misma. No es que pensemos que mentir está bien, pero a pesar de eso mentimos, y luego buscamos una excusa. Las investigaciones revelan que, aunque casi todos nos consideramos sinceros, no nos importa contar alguna pequeña mentira aquí y allá, y a veces en todas partes.

En cierta ocasión pregunté a una mujer, a la que llamaré Bernice, cómo se las arreglaba para trabajar en la policía si al mismo tiempo vendía las drogas que confiscaba a los traficantes. ¿No le explotaba la cabeza con esa ironía? ¿No la abrumaba la culpa? Respondió: «Todo es fácil cuando te crees tus propias mentiras». Pero las cosas eran fáciles para Bernice únicamente de cara a la galería. Su vida interior era un infierno de aislamiento y paranoia. Cuando abandonamos deliberadamente nuestra verdad, vivimos en un mundo confuso donde nada de lo que experimentamos parece digno de confianza o fiable, porque nosotros no somos dignos de confianza ni fiables.

Mentiras blancas: El contrato social conduce a mentiras sociales

Puede que nunca hayas contado una mentira peligrosa. Así que, para estar seguros de que te sientes aludido, acercaremos el péndulo a las mentiras blancas. En el capítulo 5 dije que mis oyentes mentían al decir que estaban cómodos en asientos incómodos. Casi todos caemos en esta clase de mentiras inconscientemente. Las decimos para no prestar atención a muchas cosas, desde ligeras incomodidades hasta la tortura pura y simple.

Por ejemplo, si hemos crecido con unos padres borrachos que rompen los muebles, si han abusado sexualmente de nosotros o nos han maltratado físicamente, o si nos vemos atrapados en desastres como una guerra o un tiroteo, la conciencia de los hechos insoportables puede nublarse, incluso desaparecer. Puede que reprimamos el conocimiento consciente del trauma o lo minimicemos para hacerlo menos doloroso.

Estas respuestas son automáticas, a menudo involuntarias. Pero pueden causarnos tanto sufrimiento como un engaño deliberado. Ser sordo y ciego al propio dolor significa que no nos damos cuenta de que debemos alejarnos de situaciones o personas peligrosas. Nos coloca directamente, o nos mantiene, en el camino del sufrimiento. Soportamos una experiencia horrible tras otra. ¿Es justo esto que hacemos? No. La justicia no tiene nada que ver con esto. Cualquier mentira, aunque sea inconsciente, nos aparta de la integridad. Recuerda la razón por la que se estrellan los aviones. No es un castigo de Dios. Solo cuestión de física.

Luego está la clase de mentira blanca más habitual: las cosas que decimos, sabiendo que no son ciertas, para mantener el equilibrio social. Cuando una amiga nos pregunta qué tal le quedan unos pantalones ridículos que se ha puesto, es posible que digamos: «¡Divinamente!».

Cuando un niño de siete años nos prepara un pastel de cumpleaños incomestible, le decimos que está delicioso. Muchas situaciones sociales funcionan mejor porque hay un acuerdo colectivo tácito que nos permite decir esas mentiras. Pero ten cuidado: las mentiras blancas pueden convertirse fácilmente en grises.

Mentiras grises: El factor de corrección

—La semana pasada fui con Ed a ver a un consejero matrimonial —me dijo una clienta que llamaré Cindy—. Y fui totalmente sincera. Hablé de lo emocionalmente distante que es Ed, de que no compartimos intereses, de que ya no me atrae. Lo puse todo sobre la mesa.

—¡Eso está muy bien! —repuse—. ¿Y le contó que tiene usted una aventura?

Cindy pareció escandalizada.

—¿Qué? ¡Eso no es asunto suyo! —exclamó—. Además, si se lo contara, solo conseguiría hacerle daño. Puede que no sea perfecta, pero tengo suficiente sentido de la moral para evitárselo.

No era la primera vez, ni siquiera la quinta, que oía a un cónyuge infiel utilizar este argumento. El economista Dan Ariely ha descubierto que mientras que es raro que las personas cometan grandes crímenes y cuenten mentiras retorcidas, es bastante habitual engañar *un poco* y luego contar cuentos que confirmen el concepto que tenemos de nosotros mismos como ciudadanos íntegros. Es lo que yo llamo mentiras grises.

Hay dos preguntas que ayudan a diferenciar una mentira blanca de otra gris. Primera: ¿podría chantajearte alguien que te amenazara con decir la verdad que estás escondiendo? Si es así, esa mentira no es blanca, es gris. Segunda: ¿estás poniendo en práctica lo que nos dice el Evangelio sobre la caridad? («Trata a los demás como quieres que te traten a ti»). Es lo que los anglófonos llamamos la Regla de oro.

Por ejemplo, Cindy dijo que mentía a Ed por «sentido de la moral», pero cuando le pregunté si creía que estaría bien que Ed la mintiera a ella, exclamó: «¡Claro que no!». Vivía en duplicidad: unas normas para ella y otras para los demás.

Muchos clientes míos tratan de seguir la Regla de oro hasta el extremo: continuamente aceptan a personas que los tratan mal, incluso las disculpan. «Bueno», razonan, «trato a los demás como quiero que me traten a mí». Estas personas están contando tantas mentiras como Cindy, aunque de una forma diferente porque la otra versión de la Regla de oro dice: «No permitas que los demás te traten como tú nunca tratarías a nadie».

Tuve una clienta, Josie, cuyo exnovio la secuestró y la tuvo encadenada durante días en una casa abandonada. «Pero en realidad no quería hacerme daño», dijo Josie, inmersa en ese caldo de mentiras blancas que llaman síndrome de Estocolmo (situación en que los cautivos acaban simpatizando involuntariamente con los secuestradores). Hasta que le pregunté si ella encadenaría alguna vez a otra persona, no cayó en la cuenta de que su exnovio había cometido un delito grave.

Si alguien te hace daño de manera sistemática, pregúntate si tú tratarías a otra persona como dejas que te traten a ti. Si la respuesta es no, entonces, para alcanzar la integridad, debes ponerte a pensar en la forma de cambiar la situación. Puede que esto requiera valentía, sinceridad, desobediencia civil y tiempo. Pero aceptar que te maltraten es participar en una mentira.

Obviamente, las diferencias morales entre mentiras negras, mentiras blancas y mentiras grises son enormes. Las mentiras más negras son malvadas; una mentira blanca puede ser inconsciente o amable; una mentira gris es una herramienta que utilizamos casi todos para calmar las aguas de la vida. Pensarás que esas acciones de orígenes tan dispares tendrán diferentes efectos en nuestro cuerpo y nuestra mente. Pero no es el caso.

Todas las mentiras, sea cual sea la causa, siembran los mismos estragos en nuestro interior.

EL ALTO PRECIO DE MENTIR

A veces decimos que el engaño nos atrapa en una «tela de araña», pero la metáfora de Dante de estar congelados en el hielo puede ser incluso más apropiada. Las mentiras tienden a multiplicarse: cuentas una y a menudo terminamos necesitando contar más para apoyar la primera. Cuantos más embustes contemos, más nos veremos obligados a llevar a cabo acciones que confirmen nuestra versión. No podemos hablar con libertad, no podemos hacer cosas que rompan nuestra coherencia, no podemos relajarnos. Empezamos a perder la conexión emocional con las personas a las que hemos mentido. Nuestras vidas se vuelven cada vez más frías, solitarias y confusas. Puede que terminemos sintiéndonos totalmente congelados, capaces de ver el mundo pero no de tocarlo o sentirlo.

Este alejamiento de la vida y el amor hace que nada parezca tener sentido. Y es agotador. Esconder nuestros delitos, fingir alegría a pesar de estar angustiados o mentir para impresionar a otros requiere un esfuerzo continuo y constante. Consume energía cerebral, así que pensar se vuelve más confuso y lento. Mentir es tan difícil que la mayoría de los animales ni siquiera lo intenta. (Los pocos que lo intentan no lo hacen bien. Koko, la famosa gorila que podía comunicarse mediante signos, arrancó una vez un fregadero de la pared durante un ataque de ira. Cuando los humanos le preguntaron qué había pasado, Koko señaló un gatito y dijo por señas: «Lo hizo el gato». Buen intento, amiga, pero no cuela).

No solo nuestro cerebro lucha cuando mentimos; el cuerpo también se debilita y se tambalea. Un estudio ha revelado que las personas que presentan «una imagen idealizada de sí mismas» tienen la presión arterial y el ritmo cardiaco más elevados, reacciones hormonales mayores al estrés, niveles elevados de cortisol, glucosa y colesterol, y un funcionamiento peor del sistema inmunitario. Mentir y mantener secretos se ha relacionado con enfermedades del corazón, ciertos cánceres y una serie de síntomas emocionales como depresión, ansiedad y hostilidad flotante.

Decidir que no hay que mentir puede reducir esos síntomas de inmediato. En un estudio, los investigadores pidieron a un grupo de sujetos que no mintieran durante diez semanas. Es imposible saber si realmente dejaron de mentir en todo momento, pero el hecho de hacer el esfuerzo mejoró notablemente su salud mental y física. Los que contaban tres mentiras por semana revelaron descensos notables de emociones negativas como la tensión y la tristeza, y menos síntomas físicos como dolor de garganta o de cabeza. Sus relaciones también se beneficiaron: los participantes dijeron que su vida personal fue más tranquila y satisfactoria durante las semanas que redujeron las mentiras.

SI DICES LA VERDAD, PUEDEN PONERTE EN LA PICOTA

Si mentir es tan estresante y nos hace tan desgraciados, ¿por qué mentimos? Lo averigüé durante mi año de no mentir en absoluto.

Al principio todo era genial. Me di cuenta de que apenas había mentido y cuando lo hacía era por decir «Estoy bien» cuando no lo estaba o «No hay problema» cuando sí lo había. Cuando dejé de decir esas pequeñas mentiras, mi dolor crónico y los síntomas DE DOLENCIAS autoinmunes mejoraron casi al momento. Tenía menos resfriados y menos dolores de estómago. Mi memoria era más aguda. ¡Era fabuloso!

Pero entonces empecé a fijarme en mi mentalidad moralista, que pasaba mucho tiempo inquieta por culpa del mormonismo. Me di cuenta de que, como dijo Aleksandr Solzhenitsyn, «Hay veces que guardar silencio es mentir». Como las autoridades eclesiásticas seguían castigando a los profesores por saber demasiado, me di cuenta de que guardar silencio no casaba con la integridad.

Actualmente, cuando recibo a un cliente que está enfadado y descontento con cierta persona o institución, le sugiero que se plantee lo que me planteé yo: dejar de mentir a la persona o institución que te irrita y hablar sin pelos en la lengua.

A menudo, el mero hecho de pensarlo transforma el calor de la indignación en un frío ramalazo de temor. Casi todas las personas dejan de hablar, luego evitan el tema como si fuera una cobra que han descubierto en el cuarto de baño.

Estas personas no son cobardes: a menudo se enfrentan a consecuencias reales si dejan de mentir. Yo sabía que podían ponerme en la picota si decía abiertamente lo que pensaba del mormonismo. Pero resulta que mi padre era un famoso «apologista» religioso, un defensor de la fe… posiblemente el más famoso de la historia de la Iglesia mormona. Como hija suya, atraería mucha atención si decía públicamente lo que realmente creía.

A pesar de todo, tomé esa decisión una Nochevieja. Así que comencé a hablar en el trabajo de temas que comentaba en casa. Empezaron a llamarme periodistas de prensa y televisión. Mi apellido salió en los periódicos. Mis amigos y colegas de trabajo apoyaban mi sinceridad al cien por cien o bien se preocupaban por las consecuencias… que no tardaron mucho en producirse.

Lo que a continuación ocurrió en mi vida es la razón de que recomiende precaución cuando borres la mentira de la tuya. No lo hagas público de inmediato. Primero descubre *solo para ti* dónde, por qué y a quién mientes. Si estás atrapado en una sociedad que te reprime, o te ha capturado un psicópata, sigue mintiendo a las personas que suponen un peligro para ti, al menos por el momento. *Pero deja de mentirte a ti mismo*.

EL IMPACTO DE LA VERDAD

Cada mentira que dejas de contar es como un estrato de tierra que perforas en tu excavación arqueológica mientras avanzas hacia tu verdad profunda, tu integridad interior completa. Con el tiempo, puede que desentierres pretensiones falsas de felicidad y excusas insinceras que has dado a personas que te han tratado mal. He conocido a personas que han descubierto muchas verdades corrientes, como «Acabo de darme cuenta de que soy cómplice de un sistema racista», o inusuales como «Creo que todos mis tíos eran de la mafia».

En uno de mis seminarios, una clienta contó al grupo que una vez leyó en el libro de texto de biología de su hija que dos progenitores de ojos azules no podían tener un descendiente de ojos castaños (esto no es cierto al cien por ciento, pero es un fenómeno poco habitual). «Yo tengo los ojos castaños», señaló, «y mis padres los tienen azul claro. Siempre he pensado en secreto algo que no me atrevía a reconocer ante mí misma: que mi padre podía no ser mi padre. Tras leer el libro, fui a hablar con mi madre. Y por supuesto, había tenido una aventura». Otra asistente al seminario dijo: «Espera, ¿puedes repetir eso?». Los padres de esta otra mujer tenían ojos azules y ella tenía ojos castaños, al igual que el mejor amigo de su padre.

Algunas verdades que descubras harán sonar la voz de la verdad, que es tu guía interior, diciendo sí. Otras harán que tu mente suene como un gong. Descubrir una verdad profunda, algo que ha estado cerrado bajo llave en la conciencia, o incluso en el subconsciente, puede suscitar un millón de dudas turbadoras, sobre la conducta de otras personas o sobre tus propios sentimientos. Esa verdad tendrá sentido para tu cuerpo, tu mente, tu corazón y tu alma. Y te parecerá salvajemente liberadora. Y puede que te aterrorice.

En este punto he de repetir la advertencia que te hice anteriormente: *si crees que estás a punto de descubrir una verdad insoportable o traumática, no sigas adelante sin buscar ayuda profesional.* Contrata a un terapeuta, llama al teléfono de la esperanza, únete a un grupo de personas que estén buscando juntas su verdad. Las mentiras más difíciles de afrontar están congeladas y enterradas porque son literalmente insoportables. No puedes cargar con ellas en solitario. *Busca ayuda.*

Ahora bien, a menos que hayas sufrido un fuerte trauma, lo más seguro es que tus mentiras más profundas no sean tan devastadoras como para necesitar ese tipo de apoyo. Quizá solo seas reacio a enfrentarte al hecho de que te estás volviendo hipermétrope, o que quieres más a unos hijos que a otros, o que algunas de tus amistades no te convienen. Pero sean cuales sean las mentiras que te cuentas, investigarlas puede llevarte al centro de tu infierno.

Allí encontrarás tres importantes aspectos de tu psique: el monstruo, el traidor y el traicionado.

EL INFIERNO DE LA AUTOCULPA

En el centro del lago helado de Dante, atrapado en el hielo hasta la cintura, está el monstruo gigantesco, Lucifer. Tiene tres caras horribles, con los dientes de dos devora a los dos caudillos romanos que traicionaron a Julio César. La dentadura de la cara central, la más fea de las tres, mastica constantemente a Judas Iscariote, que a ojos de Dante es el peor traidor de la historia.

Recuerda que no tomo esto al pie de la letra. Interpreto cada aspecto de *La Divina Comedia* como una alegoría de nuestra vida. Si la analizamos, ¿qué simbolizaría el centro del infierno? Julio César podría ser la parte más justa y noble de nosotros (al menos así lo veía Dante). Jesucristo representaría la parte que ama incondicionalmente. Estos aspectos (la nobleza y el amor) son las cualidades que traicionamos cuando nos alejamos de la integridad. Esto conduce a un sufrimiento profundo y silencioso, a una angustia congelada que nos castiga continuamente.

Las traiciones más profundas que cometemos contra nosotros mismos casi siempre tienen sus raíces en la infancia. Jesucristo, según dice la Biblia, detestaba que hicieran daño a los niños. Casi todos estamos de acuerdo con él. Pero todos hemos traicionado y hecho daño a un niño como mínimo: nosotros mismos. Cada vez que besabas obedientemente a la aterradora tía Ethel, cada vez que forzabas una sonrisa cuando otros niños de diez años se burlaban de ti, cada vez que fingías sentirte bien cuando tus padres se peleaban, cedías y te traicionabas a ti mismo. No tenías más remedio.

Cuando ocurría esto, puede que sintieras que estaba pasando algo monstruoso. Y era verdad: se estaba haciendo daño o menospreciando a un niño, y alguien (tú, ¿quién, si no?) fingía que toda aquella horrible situación estaba bien. De hecho, es probable que inconscientemente culparas al niño (o sea, tú). Los psicólogos lo llaman «hipótesis del mundo justo». Para sentirse seguros, los niños deben creer que el mundo es justo, que a las personas buenas les pasan cosas buenas y a las malas, cosas malas. Así que si algo malo te ocurre en la infancia, es probable que llegues a la conclusión de que es porque eres *malo*. Casi todos tenemos esta especie de mentira inculpatoria almacenada en lo más profundo de las creencias infantiles: «Si no fuera tan tonto...». «Si cuidara más a mi madre...». «Si trabajara más...».

Aceptar la responsabilidad es digno de elogio, pero culparnos cuando no hemos hecho nada malo es cruel, engañoso y devastador. Ya de niños teníamos la sensación de que había algo malo en ello, algo horrible. Sabemos en lo más hondo que nos hemos traicionado y (aquí es donde la mentira se convierte en una tela de araña) nos odiamos por habernos traicionado. Atrapados en el hielo como el Lucifer de Dante, atacamos diabólicamente a nuestro yo traidor por abandonar y traicionar a nuestro yo noble e inocente. Cuanto más sufrimiento encontremos, más ferozmente nos aborreceremos y castigaremos. La parte que más odia, mastica incansablemente la parte que más sufre.

Si dejas de mentir, finalmente sacarás a la superficie esas profundas, confusas y atormentadoras falsas verdades. Terapeutas, *coaches* y otros aliados pueden ayudarte a llegar hasta ellas. Además, puedes servirte del siguiente ejercicio para encontrar la angustia congelada en lo más profundo de tu infierno. Sé sincero, consigue ayuda, vence la cobardía y sigue adelante.

EJERCICIO
Viaje al lago helado

¿Cuál fue la última mentira que dijiste?

_____

_____

¿Qué estabas ocultando con esa mentira?

_____

_____

¿A quién se lo ocultabas?

_____

_____

¿Qué temes que te haga/n esa/s persona/s si supiera/n la verdad que estás ocultando?

_____

_____

¿Qué temes que piense/n esa/s persona/s si supiera/n la verdad que estás ocultando?

_____

_____

¿Qué temes que sienta/n esa/s persona/s en relación contigo si supiera/n la verdad que estás ocultando?

_____

_____

¿Qué necesitas o quieres de esa/s persona/s a quien/es mentiste?

_____

_____

¿De quién perderías el respeto, el amor, la admiración, la aceptación o la estima si revelaras tu mentira?

_____

_____

Recuerda el momento en que mentiste. Piensa en lo que sentías entonces. Concéntrate en la parte de ti que decidió no contar la verdad. ¿Era una parte de ti muy antigua?

_____

_____

Sé la parte de ti que mintió. Podría ser más joven que tú, incluso un niño pequeño. ¿Cuál era el pensamiento que inquietaba o asustaba más a _esa parte de ti_?

_____

_____

¿Qué importancia tiene ese pensamiento para tu capacidad de ser querido y aceptado?

_____

_____

Cuando te identificas con esa parte de ti mismo, ¿te sientes conectado o solo?

_____

_____

Desde el punto de vista de la parte de ti que mintió (que podría ser muy joven e infantil) ¿qué sería lo peor que podría pasar si todo el mundo conociera la verdad sobre ti?

_____

_____

_____

He acompañado a muchísimas personas mientras hacían este ejercicio u otros parecidos, que afrontaban mentiras superficiales y también verdades temibles y profundas. Y hay algo que sucede prácticamente siempre. Todos los engaños, todos los rodeos, todas las represiones, todos los fraudes y todas las traiciones se cometen por una u otra versión de una única mentira:

No me quieren.

Puede que expreses este pensamiento con otras palabras. Puede que para ti la mentira más arraigada y honda sea «Tengo defectos», «Nadie me necesita», «No encajo en ninguna parte», hay miles de variantes. Pero el fondo de todo esto es que los humanos no podemos vivir sin sentir que pertenecemos a algo. Lo más horrible que podemos creer es que estamos condenados a un confinamiento solitario. Sea cual sea la peor forma que concibes de este miedo, escríbela aquí:

_____

Mi miedo del lago de hielo:

_____

_____

_____

CÓMO TOQUÉ FONDO

Durante mi año sin contar mentiras iba sintiéndome cada vez más libre... y más aterrorizada. Empecé teniendo unas pesadillas tan espantosas que me daba miedo dormir. Leía libros o escribía en mi diario sin cesar para tener la mente rodeada de palabras e impedir que pudiera deambular. Tenía la impresión de que, si se paseaba con libertad, terminaría encontrando algo realmente monstruoso dentro de mí... algo helado, adormecido, atrapado.

Un día que estaba supervisando un debate en clase de psicología, varias chicas sacaron a colación el tema de las agresiones sexuales. De repente sentí como si un ejército de hormigas carnívoras me estuviera mordisqueando cada milímetro de la piel. Sin decir nada a los estudiantes, salí corriendo del aula y me desmayé en el pasillo. No podía respirar, no podía pensar ni hablar con claridad y sentía un intenso dolor entre las piernas. Mi marido me llevó al médico, que, después de examinarme, pensó alarmado que podía tener un tumor en la región pélvica. Me envió al hospital, donde rápidamente me llevaron al quirófano.

Resultó que no había ningún tumor, solo un montón de sangre. Estaba sangrando internamente por culpa de una herida mal curada. El tejido se había roto espontáneamente por alguna razón que nadie se explicaba.

Yo sabía que esa herida estaba ahí; un ginecólogo la mencionó una vez, dando por hecho que había tenido un parto desatendido durante el que se me había producido una lesión importante. Me dijo que el tejido había cicatrizado de forma irregular y preguntó si quería «que lo limpiara todo». Dije que no, sin preguntarme cómo se habían producido aquellas cicatrices. No había vuelto a pensar en ello. *Pues sí, doctor, me siento perfectamente.*

El día siguiente a mi operación de urgencia empecé a tener recuerdos vívidos y recurrentes de haber sufrido abusos sexuales por parte de mi padre cuando tenía cinco años. Cada recuerdo era como una explosión atómica, física y emocionalmente. Pero a pesar de ser tan espantosos, los recuerdos explicaban todas y cada una de las cosas que me habían atormentado desde que podía recordar. La mentira que mi cerebro me contaba para ayudarme a vivir la infancia («¡Vamos, vamos, eso no ha ocurrido nunca!») había originado asimismo años de depresión, ansiedad, hiperactividad, insomnio, conducta compulsiva, ideas suicidas, y muchas más aventuras desgraciadas en la selva oscura del extravío.

Mi primer pensamiento cuando recordé los abusos fue: «Nadie va a creerme». No era cierto. Mi marido me creyó. Un amigo del instituto me preguntó por este asunto cuando vino de visita; al parecer, yo misma le había contado lo de los abusos. Sentí que se me ponían los pelos de punta: no recordaba aquella conversación en absoluto. No es que fuera un recuerdo vago, es que no existía por ninguna parte. Ya era bastante raro haber recordado algo que había reprimido a los cinco años; la idea de que una parte de mí había sabido la verdad todo el tiempo aún me parecía más extraña. Pero mi amigo del instituto repitió con detalle lo que le había contado y eso me convenció de que la represión es un fenómeno real, y confirmó de forma devastadora todos esos recuerdos que de repente no querían abandonarme.

Durante días no fui a ningún sitio más que al trabajo. Me encerraba en mi casa, donde podía enfrentarme mejor a esos inesperados, horribles e intrusivos recuerdos. Al cabo de una semana más o menos llamó mi madre para preguntar por qué no sabía nada de mí. Carraspeé y musité algo sobre enfrentarme a una mala sensación. Entonces ella preguntó tranquilamente si mi padre había abusado sexualmente de mí. Cuando le dije que sí, no pareció sorprendida. «¿De veras me crees?» balbuceé, atónita. «Por supuesto que sí», dijo. «Lo conozco mejor que tú». Más tarde aseguraría que estaba bromeando.

De modo que sí, algunas personas me creyeron. Pero muy pocas estaban dispuestas a admitirlo. Mi madre se retractó inmediatamente cuando le dije que creía que necesitaba terapia... ella había supuesto, dijo, que guardaría el secreto. Irónicamente, cuando le conté que quería contactar con un terapeuta, ella misma se lo contó a todo el mundo, añadiendo que no creyeran nada de lo que yo dijera. En consecuencia, mucha gente se enteró en seguida de lo que estaba ocurriendo. Pero que las cosas malas les sucedan a las personas indefensas es incómodo para todos. Siempre es más fácil ceder ante el sistema (privilegios de los blancos, violencia doméstica, maltrato animal y abuso sexual infantil) que dar la cara por las víctimas.

Como todo esto ocurrió durante mi año sin mentiras, seguí contando la verdad en los momentos en que guardar silencio me parecía una mentira. Al cabo de un par de meses había perdido todas las amistades cercanas que tenía. Encontré una terapeuta que me defendía en nuestras sesiones privadas, pero me pidió que no hablara de mi situación cuando me uní a uno de sus grupos de terapia. No tuvo que explicarme por qué. Ambas sabíamos que, si otro paciente hablaba de mi situación y el asunto llegaba a oídos de las autoridades mormonas, a mi terapeuta podría costarle la profesión.

Te estoy contando esta historia para confirmar tus sospechas de que la sinceridad total podría terminar con algunas de tus relaciones. Si eso ocurre, el miedo a estar solos puede resultar muy real. Insoportablemente real. Pero a pesar de todo merece la pena contarlo, lo prometo. Sigue leyendo.

EN EL CENTRO DEL INFIERNO

Mientras Dante mira a Lucifer, casi desmayándose de terror, Virgilio insta a Dante a seguir bajando. Pero ¿cómo? No queda ningún «abajo» al que ir. Impertérrito, Virgilio lleva a Dante directamente hasta el inmenso cuerpo de Lucifer y, agarrando un mechón del pelo mohoso de la bestia, se sumerge con el poeta florentino en la superficie helada del lago. Cuando Virgilio llega a la cadera del monstruo, se vuelve trabajosamente y sigue avanzando hacia los pies de Lucifer, pero ahora no baja, ahora resulta que está *subiendo*. Ha cruzado el centro de la

Tierra, de modo que lo que estaba abajo ahora está arriba. Dante lo sigue, esperando la aniquilación. Pero lejos de ello, la pareja cruza el cuerpo de Lucifer y llega a un sendero seco y despejado que conduce hacia arriba. Han salido del infierno.

Siempre que investigamos con profundidad la verdad de nuestro sufrimiento, llegamos al lugar en que, sin cambiar de dirección, dejamos de descender y empezamos a ascender. A veces ocurre lentamente, por ejemplo cuando lloramos a un ser querido hasta que la tristeza desaparece, y un día nos levantamos sintiéndonos bien (no estupendamente, pero bien). Ocurre a menudo en terapia o en *coaching*, cuando las personas con problemas encuentran suficiente seguridad y guía para reconocer verdades que habían temido afrontar. Es lo que me ocurría cada vez que me decía a mí misma la verdad sobre algo, desde ligeras molestias hasta lo peor que podía imaginar.

Para todos nosotros, cruzar el centro de la Tierra significa conectar directamente con esa verdad básica y fundamental: estamos solos. Esta es la cadena que te ata a tu sufrimiento más profundo. Por suerte, durante toda la andadura por el infierno has practicado el método que permite romper esas cadenas. Este método funciona tanto para las mentiras profundas como para las superficiales. Ahora te explico cómo utilizarlo para los miedos que dejan helado.

Primero, quédate inmóvil, justo ahí, en presencia del pensamiento que más te atormenta. Pregúntate: *¿Seguro que este pensamiento es verdad? ¿Puedo saber, sin el menor género de duda, que es verdad?* Siente cómo reacciona tu guía interior. ¿Ese pensamiento doloroso tira de una campanilla dulce que resuena en tu cuerpo/mente/corazón/alma? ¿Te hace sentir como si te liberaras? ¿O te hace sentir como si una serie de cadenas y bolas de plomo te retuvieran en tu infierno personal? Fíjate en quién eres cuando crees en ese pensamiento y quién, cuando dejas de creer.

Cuando finalmente llegué a la mentira central que dice *No me quieren*, el abajo se convirtió en arriba de una manera espectacular. Era lo que menos esperaba, que llegara un rayo de magia cuando estaba absolutamente congelada, sin ninguna opción. Ocurrió durante aquella operación de urgencia, después de desmayarme en el pasillo. Cuando los médicos reabrieron literalmente mis viejas heridas de la infancia, estaba totalmente consciente, algo extraño, ya que seguía bajo los efectos de la anestesia y no sentía dolor. Aunque tenía los ojos cerrados, podía ver toda la habitación. Me «incorporé», aunque mi cuerpo seguía horizontal, y miré a los médicos que me intervenían. Luego, desconcertada, volví a acostarme.

Ese fue el momento en que apareció una luz brillante entre los focos del quirófano, encima de mi cabeza. Al principio era pequeña, una esfera del tamaño de una pelota de golf, pero tan deslumbrante que los focos parecían débiles en comparación.

¿Qué puedo decir de esa luz? Suena vulgar, quiero decir que todos hemos visto puestas de sol y luces navideñas. Esta no se parecía en nada a esas cosas. Era con diferencia la más hermosa que había visto nunca. Era exquisita, cósmica, llena de colores que no sabía que existieran. Mientras la miraba fijamente, la esfera de luz se dilató, inundando todos los objetos en lugar de rebotar en ellos. Entonces me tocó y la sensación que me produjo fue aún más hermosa que su aspecto. Me bañó en una calidez inexplicablemente dulce, en un amor que iba más allá de lo que jamás habría imaginado. Me eché a llorar, y las lágrimas se deslizaron por mis mejillas, allí echada en la mesa de operaciones.

La luz pareció fundirse conmigo y todas mis preocupaciones y penas se desvanecieron. La luz y yo, que éramos ya la misma cosa, estábamos hechos de una alegría pura e inenarrable. Me di cuenta de que podíamos comunicarnos sin necesidad de palabras. La luz «me hablaba» con descargas directas de información. «Estás a punto de pasar una época difícil, me dijo. Pero siempre estaré contigo. Siempre he estado contigo». Luego añadió: «No pienses que tienes que morir para sentirte así. El objeto de ser humanos es aprender a sentirse así cuando aún vives».

Desperté de la operación llorando de felicidad. Luego quise ver al anestesista. Quería saber si había tenido una alucinación inducida por los fármacos (y si era así, para pedir más). Cuando apareció el anestesista, lo acribillé a preguntas: ¿Me había dado un alucinógeno? ¿Cómo solía responder la gente a lo que me había administrado? Me dijo que no había nada psicodélico en mi anestesia, y que casi todos los pacientes se quedaban en blanco y luego despertaban sin recordar nada.

Y entonces dijo: «¿Podría contarme qué le ha pasado?». Luego me contó su versión de la historia. Dijo que los cirujanos habían notado que lloraba durante la operación, y habían temido la posibilidad de que estuviera sufriendo. El anestesista estaba a punto de aumentar la dosis cuando oyó una voz que decía: «No lo haga. La paciente está bien. Llora porque es feliz». El anestesista me dijo que había obedecido esa voz (que más tarde le pareció una insensatez) y no aumentó la anestesia. Temía haberse equivocado al tomar aquella decisión.

Le hice a aquel hombre encantador un breve resumen de lo que había experimentado… que una luz cálida y reconfortante había conectado conmigo durante la operación. «Llevo treinta años ejerciendo», dijo. «¿Sabe cuántas veces ha ocurrido lo que usted cuenta? Solo una. Esta». Me dio un beso en la frente y se fue.

Esta experiencia me dejó tan llena de dicha que pensé que nunca más volvería a sentirme mal. Uf, me equivoqué. Me faltaba aún por limpiar mucha integridad. En los años que siguieron fui abriéndome paso entre miles de mentiras, grandes y pequeñas, que encadenaban algunas partes mías a mi infierno interior. La luz fue un bendito anticipo de la sensación que *tendría* cuando saliera de los incontables extravíos que había tenido durante mi andadura en la Tierra.

Por pequeña que fuera, esa comunión con la luz fue decisiva. Me mostró la única y simple verdad que necesitaba saber desesperadamente. Tú también necesitas saberlo, todos lo necesitamos. Hela aquí: *Eres infinitamente valioso. Eres infinitamente precioso. Siempre has sido perfecto. Siempre serás perfecto. No hay lugar al que no pertenezcas. Eres digno de ser amado. Eres amado. Eres amor.*

Aunque yo no pueda convencerte de esto, puedes aprenderlo por ti mismo. Ese conocimiento te está esperando un paso más allá del centro de tu alma congelada.

FUERA DEL INFIERNO

Si tenemos en cuenta lo problemático que ha sido para Dante recorrer todo el infierno, los últimos versos de esta parte de *La Divina Comedia* son sorprendentemente breves y sencillos. Virgilio guía a Dante por un sendero que sube directamente a la superficie de la Tierra. Sin siquiera detenerse a descansar, llegan a una abertura circular a través de la cual ven «las cosas bellas que el cielo da».

Algo parecido ocurre en nuestros corazones cuando por fin reconocemos todos los puntos en que hemos mentido. El alivio que sentimos cuando somos totalmente sinceros con nosotros mismos puede transportarnos desde un sufrimiento aparentemente incesante hasta la calma y la paz, incluso antes de haber cambiado nada de nuestra vida exterior. A partir de aquí, todo mejora. Y como dice Dante, «otra vez contemplamos las estrellas».

TERCERA ETAPA

PURGATORIO

9

Comenzar la limpieza

Dante y Virgilio salen del infierno a la primera luz de un amanecer tan suave y dulce como espantoso era el infierno. Están al pie de una inmensa montaña que es como un embudo boca abajo, con terrazas como el infierno, pero al revés que el infierno. No es una coincidencia: la montaña está hecha de los escombros que arrastró Lucifer cuando cayó del cielo a la Tierra y se estrelló con un impacto tremendo que abrió el cráter que se convertiría en el infierno y causó la extinción de los dinosaurios. Bueno, me he inventado lo de los dinosaurios. Pero Dante inventó el resto, incluido que esta montaña es «el purgatorio», el lugar en que las almas arrepentidas se limpian de extravíos y al final alcanzan la perfección.

En el purgatorio hay muchos muertos, al igual que en el infierno. Por fortuna, aquí no grita ninguno, más bien es lo contrario. Dante oye alegres cánticos de las almas que suben la montaña. Todos están aquí contentos porque saben que se dirigen al paraíso. Solo tienen que purificarse mientras suben a la cumbre, realizando tareas extenuantes. Es una especie de campamento de reclutas del paraíso. Aunque la subida es agotadora, Dante ve que santa Catalina de Siena tenía razón: todo el camino que conduce al paraíso es ya el paraíso.

Una vez que has recorrido todo el infierno en la búsqueda de la integridad, deberías estar muy satisfecho de ti mismo. Lo que has aprendido hasta ahora en este libro te ha indicado dónde abandonaste tu verdadera naturaleza para someterte a algún aspecto de tu cultura. Has desmantelado algunas falsas creencias basadas en la socialización o un trauma. Puedes recorrer un buen trecho hacia la felicidad solo por leer y pensar de esta nueva manera. ¡Buen trabajo! ¡Enhorabuena por hablar el idioma de la integridad!

Es el momento de ponerse en camino.

SUBIR CADA MONTAÑA

Para Dante, las primeras terrazas del purgatorio parecen imposibles de escalar: altas, empinadas, escarpadas y sin accesos. Durante un rato Virgilio y él vagan de un lado a otro preguntando direcciones a los difuntos, pero ninguno es capaz de ayudarlos. Virgilio consuela a Dante diciéndole que esta montaña es más difícil de escalar al principio, pero que se vuelve más fácil conforme se anda.

La metáfora de Dante va por buen camino. Nuestro purgatorio requiere dejar atrás la duplicidad, adaptar nuestra conducta exterior para que armonice con las nuevas verdades interiores. Esto es más difícil al comienzo. Entramos en el infierno por un lugar relativamente más ameno, donde los pecadores estaban tristes pero no eran unos salvajes. Y las cosas se fueron volviendo más difíciles y terroríficas conforme avanzábamos. En el purgatorio es al revés: aprender a recorrer el camino hacia la integridad es arduo al principio, pero necesita poco esfuerzo al final.

El infierno terminaba en el lugar de la traición a uno mismo y del fraude, así que en los primeros tramos del purgatorio, que es imagen especular del infierno, vemos los mismos extravíos. Para dar el siguiente paso hay que adoptar la estrategia de la autoayuda, la práctica que puede acabar con todo tu sufrimiento y ponerte en el camino directo a la felicidad:

Dejar de mentir.

Suena muy sencillo, ¿verdad? Y lo es, desde un punto de vista lógico. Ya hemos visto que mentir es duro y tóxico, mientras que contar la verdad es relajante y saludable. Ahí está el problema: si dejas de mentir, violas definitiva e inevitablemente las reglas de una cultura que te importa.

Recuerda: una «cultura» es un conjunto de normas sociales que guían la conducta de una colectividad. Las parejas crean miniculturas propias. Lo mismo es válido para las familias y los círculos de amistades. Luego están las grandes entidades: religiosas, étnicas, nacionales, etc. La presión de uno o más de estos grupos sociales es lo que te convenció en primer lugar de que debías obrar contra tu propio sentido de la verdad.

Las culturas necesitan nuestra cooperación para sobrevivir, así que están diseñadas para controlar nuestra conducta. Todas las culturas lo hacen mediante amenazas o aplicando lo que el psiquiatra Mario Martínez llama las tres heridas arquetípicas: abandono, traición y vergüenza. Puede que las reconozcas de tu reciente visita al centro del infierno. Nos inmovilizan, congelándonos en el centro de nuestro infierno interior... razón por la que la amenaza de cualquiera de ellas es una herramienta tan efectiva de control social. Para ser completos y libres, debemos avanzar a pesar de todo. Pero cuando nos enfrentamos a la presión cultural, seguir el camino hacia la integridad puede parecer algo imposible.

MÁS EMPINADO AL PRINCIPIO

Gina estaba desesperada. Su hijo Cody tenía cuarenta años, era drogadicto desde la adolescencia y seguía viviendo en compañía de ella (aunque el marido de Gina, harto de tanto drama doméstico, había tomado la puerta hacía años). Gina estaba agotada (económica, emocional y físicamente) de tanto tratar de controlar a Cody. Le había financiado tres temporadas en un centro de rehabilitación y ninguna había servido para nada. «Tengo que obligarlo a irse», me dijo Gina con cara de preocupación. «Pero si lo echo, puede que no vuelva a hablarme. Puede que se inyecte una sobredosis. Puede que se muera». Pensó un momento y añadió: «Pero si se queda, seré yo quien se muera».

Janice era la única socia negra de un prestigioso bufete de abogados. De inteligencia aguda y al parecer incansable, sacó sobresalientes en la universidad, trabajó como abogada de oficio y ascendió hasta ser socia más aprisa que ningún otro empleado de la historia del bufete. Pero cuando la conocí, estaba agotada. «Tengo que hacer un trabajo perfecto si quiero que me consideren la mitad de bien que una persona de piel blanca», dijo. «Y los abogados blancos no dejan de decirme que mi raza es una "ventaja". Tengo que ser mejor, más simpática y más sosegada que todos los demás, porque los viejos estereotipos están vigentes en todas partes. Si tengo un desliz una sola vez (porque estoy cansada o hablo mal en un sentido u otro) entonces soy una vaga, una zorra, la negra que le ha quitado el puesto a otro. Estoy harta de callármelo todo. Estoy harta de fingir que todo va bien».

He visto que muchos clientes como Gina y Janice reflexionaban sobre qué pasaría si empezaran a hablar y obrar con total integridad. Siempre da miedo. En el capítulo anterior te pedí que recordaras las veces, lugares y relaciones en que te fijaste que estabas mintiendo o comportándote sin sinceridad. ¿Qué pasaría en esas mismas situaciones si empezaras a decir exactamente lo que piensas y a hacer exactamente lo que realmente quieres? Adivina, adivinanza. Si sospechas que las cosas podrían estallarte en la cara, puede que estés equivocado. Prueba otra vez pensando que podrías tener razón.

Quizá estés atrapado en una relación infeliz o en un trabajo de pena, tienes miedo de que la barca zozobre y pierdas la poca seguridad que tienes. Quizá estés intentando vender un producto que no sirve para nada, sabiendo que si lo confiesas, tu compañía irá a la bancarrota. O quizá tengas recuerdos repentinos de haber sufrido abusos sexuales por una querida autoridad religiosa que además es tu padre.

EMPEZAR MI PROPIA ASCENSIÓN

Como todas aquellas personas que por circunstancias de la vida van a parar a la base del purgatorio, encontré que mi voto de no mentir me había llevado directamente a un lugar donde no tenía ni idea de qué hacer a continuación. Lo mismo habría dado si me hubiera encontrado al pie del Everest, mirando hacia arriba. Cualquier movimiento hacia delante parecía imposible. Lo único que seguí haciendo, debido a aquel encuentro con la luz (y porque en cierto nivel sabía que era lo único que podía ayudarme) fue no mentir en absoluto. Por supuesto, no solté inmediatamente en público mi incómoda verdad. Pero a menudo, cuando me preguntaban «¿Qué tal estás?», respondía cambiando de tema o diciendo amablemente: «Con la cabeza hecha un lío. ¿Y tú?».

Cómo afronté la situación es una larga historia que ya he contado en otro libro (*Leaving the saints*). Aquí solo diré que afrontar un trastorno de estrés postraumático en una cultura que no quiere conocer tu verdad no es precisamente un camino de rosas.

Vivía asediada por multitud de recuerdos molestos mientras me esforzaba por criar a mis hijos, dar clases y escribir la tesis doctoral. Tras un momento de comprensión inicial, mi madre y mis parientes cambiaron de opinión para asegurar que yo tenía «falsos recuerdos» o, sencillamente, estaba mintiendo. Me confié a dos de mis mejores amigos, ambos mormones. Fueron solidarios, pero me dijeron que tenía que guardar el secreto a toda costa para proteger a la Iglesia. Poco después, uno de ellos se suicidó.

Pasé mucho tiempo paseando en coche por las montañas, escuchando música y llorando, con los niños bien seguros en sus asientos. Me preocupaba que pasar tanto tiempo en el coche, viendo a su madre desintegrarse en el asiento del conductor, les dejara alguna huella. (Por fortuna, hoy son unos adultos encantadores que conocen muchas baladas agridulces de los años noventa).

Mientras tanto, la polémica sobre los académicos «herejes» de la BYU no hacía más que crecer. Yo seguía recibiendo llamadas de periodistas.

También trabajaba en el Women's Resource Center, supuestamente ayudando a aconsejar a las estudiantes en temas como los exámenes trimes-
trales y las disputas con las compañeras de cuarto. Pero casi todos los días
llegaban muchachas, deprimidas y llorando, para contarme que habían
abusado sexualmente de ellas, normalmente de pequeñas. Era como un
anticipo del movimiento MeToo, pero menos heterogéneo.

En pocas palabras, comencé a ver mi antigua religión como un
hervidero de disfunciones. Desde siempre se me habían acercado extraños para decirme: «Tu padre es la razón de que siga en la Iglesia
mormona». Esto seguía ocurriendo, pero aceptar ahora alegremente
elogios sobre mi padre me parecía hipócrita. Ir a trabajar era como una
mentira cada vez más grande. Pero contar la verdad era un suicidio
social y económico. John y yo dependíamos económicamente de nuestros empleos en la BYU. Nuestras familias extensas estaban compues-
tas por auténticos seguidores de la Iglesia de los Santos de los Últimos
Días. Oponerse a la Iglesia, por no hablar de abandonarla, lo tiraría
todo por tierra.

Así que si en este momento estás al pie de un purgatorio difícil,
queriendo desesperadamente vivir tu verdad, pero con miedo a lo que
pueda pasar si lo haces, anímate porque yo lo conseguí. Y repito: incluso aquí, la integridad es el camino que conduce a la felicidad.

LAS ALAS DEL DESEO

Dante comienza a subir el primer nivel del purgatorio, unas veces metro a metro, jadeando y exhausto, otras veces arrastrándose sobre manos y rodillas. Y no obstante, hay partes del camino tan empinadas que
dice: «Mas aquí conviene volar; digo con las ligeras alas y las plumas
del gran deseo». En otras palabras, la única razón de que Dante consi-
ga pasar los niveles más bajos del purgatorio es que *lo desea con todas
sus fuerzas*. Ese «gran deseo» lo empuja hacia delante por un terreno
que no creía poder recorrer.

Si tu purgatorio es difícil, necesitarás tus propias «alas del deseo». Muchas veces he dudado que clientas como Gina y Janice reunieran alguna vez valor suficiente para hablar y obrar con total integridad. Pero más a menudo de lo que habría creído posible he visto crecer alas delante de mí. El anhelo por estar completos se va haciendo más intenso hasta que se sobrepone a cualquier obstáculo interior, a los peores temores.

EJERCICIO
Las alas del deseo

Tal vez recuerdes el ejercicio del capítulo 2 en el que te pedía que pensaras en algo que quisieras porque lo habías visto anunciado. Luego te pedí que escribieras algo que *anhelaras*. Casi todos los que hacen ese ejercicio anhelan cosas parecidas, cosas muy simples: libertad, alegría, paz.

En aquel punto de tu camino a la integridad solo quise que vieras que las trampas culturales del éxito social, como las riquezas o el poder, no te recompensan con lo que prometen. Entonces ni siquiera hablamos de cómo conseguir las cosas que anhelas. Pero ahora has llegado tan lejos que ya no queda mucha distancia entre tú y las cosas que tu corazón y tu alma valoran más. Para seguir adelante necesitas anhelar esas cosas. He aquí un ejercicio para que acrecientes y fortalezcas las «alas de tu gran deseo».

Paso uno

Piensa en una situación de tu vida en la que no te sientes tú mismo con seguridad. Escribe unas palabras para identificar esa situación. Por ejemplo: «Un día cualquiera en el trabajo» o «Una cena familiar» o «Cuando estoy rodeado de personas blancas». Puedes mencionar cualquier situación, pero te sugiero que elijas la que te frustra más actualmente.

Situación en la que no me siento yo mismo:

_____

_____

Imagina vivamente que estás en esa situación. Haz un escaneo interno de tu cuerpo, fijándote en todas tus sensaciones físicas y emocionales. Describe esas sensaciones a continuación:

Sensaciones físicas:

_____

_____

Sensaciones emocionales:

_____

_____

Paso dos

Ahora imagina que estás en la misma situación, pero que por arte de magia han cambiado las siguientes cosas:

1. Has bebido una poción mágica que hace que seas completamente indiferente ante las opiniones o acciones de los demás. La indignación del prójimo te importa menos que a un gato callejero.

2. Todo el mundo ha bebido una poción que hace que acepten total y alegremente cualquier cosa que hagas o digas mientras sea tu verdad más profunda. Estas personas te apoyarán

incondicionalmente cuando sientas lo que sientes, sepas lo que sabes, digas lo que te venga en gana y hagas lo que quieras.

Imagínate expresando tu verdad en esta situación y sintiéndote profundamente comprendido. Imagina a la otra persona o personas validando y apoyando tu verdad. Respira el aire de la aceptación completa, la ausencia total de la necesidad de ocultar o esconder tu auténtica personalidad.

Vuelve a escanear tus sensaciones internas, fijándote en qué sientes física y emocionalmente. Describe las sensaciones a continuación:

Sensaciones físicas:

_____

_____

_____

Sensaciones emocionales:

_____

_____

_____

Paso tres

La parte más importante de este ejercicio es ir y venir entre la sensación de no ser libre para vivir tu verdad y ser absolutamente libre de vivir tu verdad.

Piensa en esto como si fuera moverse entre dos campos de energía. El primero es el campo de energía de una cultura en particular. Te consume. El segundo es el campo de energía de tu verdadera naturaleza. Te nutre. Fíjate en qué diferentes son.

Paso cuatro

Cada vez que vayas de un campo a otro, fíjate en lo bien que sienta dejar la cultura y entrar en la verdad. Fíjate en lo mal que sienta esconder o contraer tu verdad para poder encajar en la cultura. **Deja que estas sensaciones se intensifiquen más cada vez que te mueves entre los campos.**

Este ejercicio se parece un poco a esas barreras de clavos que ponen en las carreteras para impedir que los conductores den marcha atrás. Cuando avanzas hacia la verdad porque la deseas, sientes que ganas impulso. Cuando tratas de retroceder hacia la situación en la que no te sientes libre, todo se pone en tu contra. Otra comparación: avanzar hacia la integridad es como acariciar a un gato de la cabeza hacia la cola, mientras que apartarte de tu verdad para complacer tu cultura es como acariciar al mismo gato de la cola hacia la cabeza. Cuanto más imaginas la libertad y más te permites sentirla, más se fortalecerá tu anhelo de vivir en la verdad.

Este anhelo puede ser tan intenso que resultará doloroso, pero tu guía interior seguirá diciéndote que es bueno para ti. Es el deseo que nos ayuda a superar el miedo a contar la verdad incluso en las situaciones más difíciles. *Mientras no sientas un deseo real de avanzar en la vida real,* no hagas ningún cambio en tu comportamiento. Concéntrate totalmente en el anhelo de formar parte de algo, de sentirte completamente seguro y de saber que eres aceptado sin condiciones. Esa es tu verdadera personalidad anhelando la integridad total. Cuanto más te concentres en ella, más fuertes serán tus alas.

En mi caso, tardé meses en desarrollar la fuerza suficiente para ascender. Pensaba en la verdad obsesivamente, pero en mi cultura ese concepto parecía fofo y escurridizo. Mi padre se había pasado la vida haciendo lo que los mormones llaman «mentir por el Señor», para demostrar que su religión era «la única verdadera», una ambigüedad que marearía a cualquiera. En una cultura donde la «verdad» era lo que decían las autoridades, creía a menudo que no iba a poder adoptar una postura sólida.

Lo único que era incuestionablemente cierto para mí era la luz que había descubierto en la mesa de operaciones. Mi cuerpo, mi mente, mi corazón y mi alma lo vivieron como el episodio más real que había tenido nunca. Cuando pensaba en él, el anhelo de dejar de guardar secretos y vivir sencillamente mi verdad creció tanto que no me importaba nada más. Aunque seguía aterrorizada, decidí seguir avanzando hacia mi verdad. Y al infierno con los torpedos.

CÓMO LA VERDAD NOS HACE LIBRES

He visto eso mismo cuando los clientes se enamoran de la verdad. Cuando dejan de mentir, estas personas a menudo sufren una serie de caóticos cambios de vida. Pero también experimentan los beneficios de contar la verdad que he mencionado en el último capítulo: se vuelven física y emocionalmente más fuertes, sanos y pacíficos. Aunque la gente que los rodea se ponga hecha un basilisco, su horizonte se ensancha (más que eso, *prosperan*) más fácilmente de lo que habían imaginado.

Gina, por ejemplo, le dijo por fin a Cody que tenía que irse de su casa si no dejaba de drogarse. Las cosas fueron mal por un tiempo. Gina supo que Cody estaba viviendo en la calle, drogado y diciéndole a la gente que ella lo había echado. «Es horrible», me contó. «Lo único que me parece peor que eso es cómo vivía yo antes».

Como era de esperar, Cody terminó en la cárcel. Estando allí, se integró en un grupo de doce pasos y en un programa que daba cachorros a los presidiarios para que los entrenaran como lazarillos. La combinación hizo maravillas. Un día Gina vino a mi despacho llorando a mares, con una carta que Cody le había escrito para disculparse. «Dice que entiende que siempre estaba intentando ayudarlo», dijo Gina. «Y me da las gracias por cuidarlo y por haberlo echado de casa a patadas». Después de aquello, Gina empezó a resplandecer. Dijo que se sentía veinte años más joven… y además lo parecía.

Janice decidió finalmente que navegar con cautela entre el racismo del trabajo era peor que perderlo. Cuando otros abogados hacían comentarios racistas casuales o daban por sentados determinados prejuicios, comenzó a replicar. Casi todos se lo tomaron con frialdad y por un tiempo Janice pensó que tendría que irse para vivir en paz. Pero había unos pocos colegas blancos que escuchaban. Tomaban a Janice en serio cuando esta señalaba las prácticas o conductas racistas que había en el bufete. Durante mucho tiempo no pasó nada, pero lentamente, sobre todo cuando el movimiento BlackLivesMatter empezó a ganar empuje, la cultura de la compañía comenzó a mejorar. La situación todavía dista mucho de ser justa; no debería haber Janices para enseñar respeto humano básico a toda una compañía de blancos, y ella tuvo muchas experiencias en que su sinceridad chocaba con el racismo. Pero al final, el inmenso valor de Janice, su fuerza y persistencia, propiciaron un cambio y una situación social más justa.

La mayoría de mis clientes no se enfrenta a situaciones tan difíciles como estas. Alistair dejó de «prestar» dinero a una hermana que nunca se lo devolvía. Leah rompió con un novio que había dado por supuesto que, aunque no vivían juntos, ella tenía que cocinarle y hacerle la limpieza. Lars dejó consternados a sus padres cuando dejó la Facultad de Odontología, que detestaba, y se puso a estudiar cine, que le encantaba. En todos estos casos, al igual que en el mío, no mentir resultó beneficioso. Jesús tenía razón: la verdad nos hará libres. A todos.

Descúbrelo tú mismo.

EJERCICIO
El desafío de no mentir

Paso uno

Decide la extensión de un periodo de tiempo durante el que no mentirás. Yo sugeriría una semana como mínimo. No hay máximo. Escríbelo aquí:

Me comprometo a no mentir en absoluto durante:

_____

Paso dos

No digas ni una sola mentira durante ese tiempo.

Paso tres

Lleva un diario para escribir lo que ocurre cuando dejas de mentir. Tal vez notes beneficios en tu salud, mejoría en determinadas relaciones... casi todo el mundo lo hace. Así, si las cosas se ponen difíciles, expresar tu verdad por escrito es una forma segura de seguir diciendo la verdad.

Paso cuatro

Si dices una mentira, no interrumpas la prueba. Perdónate. Luego vuelve a comprometerte a no mentir hasta que el periodo de tiempo termine.

LA VERDAD Y SUS CONSECUENCIAS

Mientras realizas la prueba de no mentir, notarás que tienes muchas dudas. ¿Hay veces en que piensas que mientes callando o por realizar actos que te parecen malos aunque no estés hablando? ¿Qué verdades debes contar para sentirte totalmente sincero y cuándo? Nadie puede responder estas preguntas, solo tú y tu guía interior. Haz y di lo que te parezca que trae armonía a tu cuerpo/mente/corazón/alma. Sabrás la verdad por la sensación de firmeza que te aporta.

Durante mi primer año de no mentir, cuando todo se volvía más extraño y terrorífico, me preguntaba constantemente cómo ser sincera sin destruir mi vida, o la vida de mis seres queridos. No dejaba de dar la cara para apoyar a los profesores condenados por herejía, y también empecé a reunir fuerzas con supervivientes de abusos sexuales (aunque, durante mucho tiempo, mantuve en secreto mi caso). Un amigo y yo dimos una charla ante las autoridades mormonas sobre la alta frecuencia de denuncias de abuso sexual presentadas por estudiantes. Con otro escribí un informe sobre el «trauma del santuario», el doble daño resultante cuando las jóvenes y adultas mormonas denunciaban abusos ante las autoridades eclesiásticas, que las despreciaban y protegían a los que los habían perpetrado.

Como era de esperar, mi cultura de origen no respondió a esta conducta con los brazos abiertos. Me contentaba con que no se hubieran liado a tiros conmigo. Mis colegas y yo fuimos «emplazados» por nuestros jefes de departamento, que nos advirtieron contra las disputas de doctrina religiosa o contra sugerir que el abuso sexual era habitual en las comunidades mormonas. Empecé a recibir amenazas: una nota introducida bajo la puerta de mi despacho me calificaba de «Anticristo» y una llamada anónima anunció que «El Señor te castigará».

Con el tiempo acabó por parecerme una mentira seguir perteneciendo a la comunidad mormona. Para dejar de ser miembro, escribí una carta a las autoridades pidiéndoles que eliminaran mi nombre de los registros de la Iglesia.

Pues bien, para los mormones el peor pecado posible que alguien pueda cometer (el único pecado *imperdonable*) es abandonar su doctrina. Se considera peor que el asesinato. Los asesinos seriales de sangre fría tienen la oportunidad de redimirse y un posible lugar en el cielo, pero los apóstatas son arrojados a las «tinieblas exteriores» y están condenados a vagar eternamente, totalmente solos.

Esta creencia se inculca a los niños cuando apenas saben hablar. Los pocos amigos que había dejado en Provo (*Utha*) se quedaron pálidos y lloraron cuando les dije que iba a abandonar la Iglesia, como si hubiera dicho que tenía una enfermedad terminal. «No te vayas», suplicó una amiga, llorando. «Haz que te excomulguen. Así no será culpa tuya». La abracé y le dije que, en primer lugar, era mi culpa, mi elección, y en segundo lugar, aceptaba las consecuencias de mis actos. Porque, aunque mi cultura decía que iba a vagar por las tinieblas exteriores, todo dentro de mí sentía lo opuesto: que estaba avanzando hacia la luz interior. Podía sentir mi recomposición interior, como una herida que se cura. Tenía la extraña y hermosa sensación de *elevarme*.

Sin duda, el camino que tenía por delante (la parte que podía ver de él) parecía imposible de escalar. Inaccesible. No importaba. Por primera vez, todo dentro de mí parecía conectado, armonioso, verdadero. Si el camino se ponía tan difícil que ya no podía subir a pie, o apoyándome en manos y rodillas, me bastarían las alas.

10

No hay vuelta atrás

Si has estado gran parte de tu vida entre personas que no querían o no podían apoyar la expresión de tu verdadera naturaleza, pasar la prueba de no mentir podría haberte creado una sensación sin precedentes de paz y relajación.

También es posible que estés asustado.

Probablemente estés asustado.

Ser sinceros a rajatabla siempre levanta muchas olas, así que es posible que otras personas reaccionen mal a tu deseo de no mentir. Aunque no sea divertido, es una buena señal. Si de veras has dejado de mentir, tanto con palabras como con actos, la resistencia de los demás suele ser la prueba de que estás en el buen camino.

Es probable que las personas de tu entorno estén nerviosas por tu nueva conducta porque cuestiona su conformidad cultural. En otras palabras, todos dicen mentiras educadas o impuestas para mantener la paz con los demás, y el hecho de que tú busques la integridad podría poner de manifiesto las mismas cosas que ellos reprimen. Las culturas se basan en consensos: si todo el mundo está de acuerdo, no hay presión en el sistema. Cualquier disidente, como el niño que grita que el emperador está desnudo, puede destruir todo el orden social. Las personas que quieren que su cultura siga siendo como es (recuerda que todo el mundo es socializado para pensar así) pueden reaccionar ante la sinceridad tratando de devolverte al infierno de la traición y abandono de ti mismo. Y es posible que te empujen con *fuerza*.

Una vez pasada la prueba de no mentir, llega el momento de elegir. Puedes volver a portarte como antes o comprometerte a seguir viviendo tu verdad, aunque los demás no lo aprueben. Si eliges la integridad, tu prueba puede alargarse en el futuro. En lugar de visitar la integridad como turista, la adoptarás como estilo de vida. Disolverás las creencias que te alejan de tu naturaleza y luego cambiarás tu conducta para que refleje tu verdad más profunda. Y para esto necesitarás la habilidad de un ninja social.

CAMBIAR DE HÁBITOS Y LIDIAR CON LAS PRESIONES

¿Recuerdas los primeros seis círculos del infierno, en que las almas estaban allí por razones que no entendían? En *La Divina Comedia*, las almas de los niveles bajos y medianos del purgatorio tratan de averiguar cuál ha sido su extravío. Están cambiando una conducta errada que procedía de presiones que no podían entender ni controlar. Dante lo llama amor «malo» o «desordenado». Surge cuando las personas tienen buenas intenciones, pero están equivocadas. Por ejemplo, cuando somos leales a personas e ideas que no coinciden con nuestra verdad interior.

Cuando empezamos a dejar atrás ese amor «desordenado» para seguir solo la integridad, puede que nuestras vidas cambien espectacularmente, y muy *rápido*. En nuestro fuero interno, nos parece muy bueno. Pero la presión del exterior puede ser intensa. Si el solo hecho de decir la verdad molesta a tu cultura, puedes imaginar lo que ocurre cuando empiezas a *obrar* con integridad. Puede que dejes de reírte de los chistes malos de tu compañero de trabajo. Puede que te reveles como gay o transexual. Puede que empieces a colgar en las redes sociales mensajes que a lo mejor escandalizan a tus seres queridos. Puede que te conviertas en otra Rosa Parks, que se negó a ceder su asiento del autobús a una persona blanca.

Algunas personas aplaudirán tu nueva forma de comportarte. Otras, a menudo las más cercanas a ti, no lo harán. De hecho, si tienes opiniones muy firmes sobre la represión política o racial, puede que incluso te enfrentes a una resistencia violenta. Este capítulo está pensado para ayudarte a superar cualquier presión que te salga al paso en el camino hacia la integridad. Esto requiere convertirse en una especie de yudoca mental, capaz de aprovechar la energía de la otra parte en tu beneficio. Es la aventura más heroica que podrías llevar a cabo. Y como muchas aventuras heroicas, comienza con un fuerte movimiento de resistencia.

NOSTALGIA DE LO MALO CONOCIDO

Mientras Dante asciende penosamente la empinada y escarpada ladera del Purgatorio, siente un poco de nostalgia. Piensa en los viajeros que anhelan sus hogares. Sin dejar de avanzar, siente el tirón gravitacional de la vida que llevaba antes de empezar este viaje surrealista. Se está acercando a un punto de inflexión en su trayectoria vital. Sentir esta transformación inminente le produce un ramalazo de nostalgia por la vida que ha conocido hasta entonces.

Concebir la integridad como modo de vida es como decidir que vas a dejar tu patria para instalarte en otro país: supone un gran cambio de identidad. Aunque en lo más hondo pensemos que esta transición nos traerá felicidad, salud y un objetivo en la vida, puede que la idea resulte abrumadora. Las investigaciones sobre psiconeuroinmunología muestran que, si efectuamos un gran cambio con demasiada rapidez, aunque sea beneficioso, nuestros cuerpos y nuestras mentes no pueden absorber el impacto. Debemos dar a nuestros sistemas psicológico y fisiológico tiempo para adaptarse. Esto lo hacemos permitiendo algo que el neurocientífico y antropólogo cultural Mario Martínez llama «llorar por lo malo conocido».

Cada vez que veo a un cliente avanzar con decisión hacia la integridad, también lo veo llorar por lo malo que ha conocido. Cuando la esposa de Matt tuvo una criatura, consiguió por fin dejar de fumar. Estaba muy orgulloso de haber hecho por su hija lo que no había sido capaz de hacer por sí mismo. Pero también se sentía extrañamente triste. Casi todos sus amigos fumadores del trabajo salían para fumar juntos durante los fríos días de invierno. «Además», me contó Matt tristemente, «el tabaco era para mí como el amigo que siempre estaba ahí a mi disposición».

Zoey y su mejor amiga, Laura, trabajaban en la misma compañía tecnológica, sujetas a un gran estrés. Casi todos los días iban a tomar café y soñaban despiertas sobre dejar la compañía y montar una pequeña empresa entre las dos. Con el tiempo, Zoey decidió hacer realidad esos sueños. Dejó el trabajo y se dedicó a diseñar páginas web como autónoma. «Todo me va mejor ahora», me dijo. «Pero a veces me invade la tristeza. Echo de menos las charlas de café con Laura. Echo de menos quejarme y bromear sobre el trabajo. Echo de menos todo».

Después de renunciar a mi religión, lloré por lo malo conocido durante meses. Sabía que mi psique se estaba curando, pero vivir en Utah como apóstata del mormonismo hacía que me sintiera como un bicho raro y una traidora. Echaba desesperadamente de menos la sensación de integración con la gente que me rodeaba. Aunque sentía gratitud y alivio por estar fuera de la Iglesia, sentía paradójicas oleadas de intensa tristeza por mi antigua forma de comportarme.

Si has empezado a obedecer a tu verdadera naturaleza y te encuentras echando de menos tu antigua cultura, no temas. Sé comprensivo contigo mismo. Date tiempo y espacio para el duelo. Confía en tus seres queridos. Si no te entienden, busca un *coach* o un terapeuta. *Pero no creas que echar de menos tu antigua vida significa que tienes que volver atrás.* Todo el que decide abrazar la integridad debe dolerse por lo malo conocido, por las formas familiares de comportamiento y las relaciones disfuncionales que han quedado atrás. Te lo prometo: si das a tu duelo espacio y tiempo, acabarás alcanzando un nivel de alegría que nunca habrías imaginado. Y al hacerlo, llegarás a otra puerta.

COMPROMETERSE CON LA VERDAD

Dante y Virgilio suben trabajosamente los primeros y sobrecogedores peldaños de la gran montaña y descubren que *todavía no han llegado al purgatorio*. Han estado en lo que algunos comentaristas llaman «antepurgatorio», una especie de terreno de pruebas final que hay que superar para entrar en el purgatorio *real*. Escalar la montaña es como ir a la Dirección General de Tráfico; se tarda una eternidad en llegar a la primera ventanilla. Y al final del antepurgatorio, tras haber recorrido un largo camino, Dante y Virgilio se encuentran delante (ya lo habrás imaginado) de una puerta.

Esta puerta, a diferencia de la selva oscura del extravío, está custodiada por un ángel. En la puerta al infierno había un rótulo que decía: «Abandonad toda esperanza», el de esta viene a decir básicamente: «Abandona toda intención de retroceder». Es cuando adoptamos el gran compromiso de empezar a cambiar no solo nuestros pensamientos, sino también cada palabra y cada acto, para ponernos en sintonía con la integridad.

Como ya he dicho, la prueba de no mentir lleva a un punto decisivo. Una vez que has hecho el experimento de hablar y obrar de acuerdo con tu verdad durante un periodo limitado, tienes que elegir entre una de estas tres cosas: seguir avanzando hacia la integridad, seguir vagando por el purgatorio quedándote en el nivel de revelación que has alcanzado o regresar a los secretos, mentiras y hábitos que has abandonado. La primera opción (comprometerte con la integridad absoluta) puede parecer radical. Lo es. Pero vagar eternamente por un nivel del purgatorio es aburrido, y volver a las viejas mentiras es como reparar un avión con piezas que se deshacen con la lluvia. Así que en este punto pregúntate si es el momento de seguir tu propio camino hacia la integridad, a la velocidad que prefieras, *indefinidamente*. Medítalo durante todo el tiempo que quieras, pero has de saber que es la decisión a la que has de enfrentarte ahora.

He tenido muchos clientes que no fueron capaces de cruzar esa puerta. Durante nuestras sesiones, cuando conectaban con sus verdaderos pensamientos y sentimientos, la integridad cosechaba todas las recompensas prometidas. Decir la verdad procuraba alegría, alivio y curación. Pero nunca se atrevieron a hablar sinceramente, y mucho menos a cambiar de conducta fuera del entorno seguro de nuestra relación *coach*-cliente. Las sesiones de asesoramiento de todo tipo son confidenciales precisamente para que los clientes puedan acceder a su verdad sin alertar a las personas de su «vida real». Pueden soltar vapor suficiente para sentirse un poco mejor sin encontrar presión cultural. Algunas personas se vuelven adictas a la terapia o a los seminarios, donde buscan constantemente entornos en los que puedan ser ellas mismas sin desbaratar los planes de nadie. Pueden estar vagando por el antepurgatorio durante años. Ya no están en el infierno, pero definitivamente tampoco en el cielo.

¡Esto no es una crítica! Cuando continué con el año de no mentir en absoluto, tenía la sensación de estar en una situación muy vulnerable si revelaba mis nuevas verdades fuera de la terapia y a unos pocos amigos íntimos. Las personas que viven bajo regímenes represivos, personas que son gays o trans, y cualquier americano que no sea blanco corre peligro de sufrir daño físico o la muerte por ofender la estructura del poder. Tómate tu tiempo y escucha a tu guía interior para saber qué parte de tu verdad puedes revelar en un entorno determinado.

Si llegas al punto de estar aterrorizado por ser realmente sincero, pero no estás dispuesto a volver a lo malo conocido, procede con cautela. Busca personas en las que puedas confiar para hablarles de tus siguientes pasos. Alterna entre la mentira protectora y los sentimientos que podrías tener si pudieras vivir como realmente quieres. Gradualmente, tu anhelo de integridad se volverá más fuerte. En cierto momento, por muy asustado que estés, ya no querrás volver atrás. Sentirás el impulso de avanzar, no como la misma persona que hace diferentes cosas, sino como una persona diferente.

ATAQUES CONTRA EL CAMBIO

Cuando te comprometes por primera vez a seguir el camino hacia la integridad indefinidamente, sentirás la voz de la verdad, el guía interior que dice: «¡Sí!». Pero hay algo en el poder de decisión que parece enviar un mensaje a las personas que te socializaron. Julia Cameron, escritora y guía creativa, a quien llaman la Reina del Cambio, lo expresa de este modo: «Cuando vas a irte, lo saben».

La amenaza inminente de que alguien abandone las normas del grupo fomenta la resistencia social en su nivel más fuerte. Casi siempre que he visto a un cliente anunciar que va a dejar un trabajo o una relación, los que lo rodean empiezan a camelarlo y a negociar, para tratar de mantenerlo donde está. Muchos clientes me dicen: «Si hubieran sido tan buenos conmigo todo el tiempo, no habría necesitado irme».

Si la política de elogios y amabilidad no funciona, la gente utilizará palos (palos largos y con punta) para mantenernos dentro de los límites culturales. Esto le ocurrió a Matt cuando dejó de fumar. Sus colegas nicotínicos del trabajo lo echaron del grupo de comunicaciones y dejaron de responder a sus correos, no enviándole nada que no fuera información fría y relacionada con el trabajo. Cuando Zoey consiguió su primer cliente, invitó a Laura a comer y pagó la factura alegremente, diciendo: «¡Es la primera comida que pago con dinero que he ganado yo sola!». Tras una pausa, Laura dijo con voz cortante y rígida: «Ten cuidado. No puedes hacer lo que te dé la gana sin esperar serias consecuencias». Zoey se sintió como si le hubieran dado una bofetada. «Laura parecía enfadada conmigo», dijo. «Sigo sin saber qué hice mal».

Puede que tus seres queridos te humillen y te culpen por desobedecer las normas culturales de tus relaciones. Puede que intenten manipularte con manifestaciones de necesidad, cólera o agresividad directa. Si vives en un sistema represivo, podrías ser detenido o sufrir amenazas físicas. Cuando alguien se embarca en la integridad y se niega a mirar atrás, la cultura saca todo su arsenal de estrategias de control para que abandone esa estúpida obsesión de la integridad y vuelva a comportarse con *normalidad*.

Mi terapeuta de Utah llamaba «ataques contra el cambio» a esta clase de reacciones. Tras dejar a los mormones, recibí todo tipo de ataques. Unas pocas personas me suplicaban que me arrepintiera y volviera al redil. Algunos vecinos literalmente me daban la espalda cuando me cruzaba con ellos. Una noche mi fax (¿quién se acuerda de lo que era el fax?) escupió un mensaje que decía: «Me he enterado de que has hecho ciertas acusaciones contra tu padre. Creo que me debes una explicación». Por extraño que parezca, no había nombre, solo un número de fax para contestar. Entonces pasé mucho tiempo encogida en posición fetal, oyendo a mi complacedor interior de la gente gritar que había cometido una equivocación horrible.

Así que puede que quieras cruzar la puerta de no mirar atrás, pero tengas miedo de que tus padres te regañen, o tus colegas murmuren, o tu cónyuge te castigue con el silencio. Sin duda tienes tus razones para temerlo. Cuando te comprometes a seguir tu verdadera naturaleza por encima de cualquier hábito falso, los ataques contra el cambio pueden venir de todas partes. Pero no desesperes. Resultará mejor de lo que esperas.

LA ZONA DE ATAQUE: ORGULLO, ENVIDIA Y CÓLERA

Puede que recuerdes cómo estaban clasificados los pecadores en el infierno de Dante: primero las almas que habían caído en extravíos inocentes, luego «los violentos» y por último los embusteros. Como el purgatorio es la imagen especular del infierno, el orden está aquí al revés. El primer paso, y el más difícil, es dejar de mentirnos a nosotros mismos. Empezaste a hacerlo en el capítulo anterior. Luego encontramos extravíos de la rectitud. Es hora de enfrentarse a personas (y aspectos de nuestro interior) que son violentas en su pensamiento y en sus obras.

Los lectores educados en escuelas católicas puede que recuerden que hay siete «pecados capitales»: pereza, gula, avaricia, lujuria, soberbia, envidia e ira. En la teología de Dante, los cuatro primeros no dañan a nadie salvo a uno mismo, pero los tres últimos son violentos. Hacen que las personas se ataquen entre sí. La soberbia no solo dice «Soy bueno», dice «Soy mejor *que los demás*». La envidia no solo nos hace desear cosas, nos hace desear al menos tantas cosas como tienen *los demás*. La ira no es impersonal; está dirigida a *los demás*. Cuando hemos caído en extravíos de la rectitud, invariablemente señalamos a *los demás* y los convertimos en lo que el terapeuta Bill Eddy llama «dianas objeto de culpabilización».

¿Quieres ver un ejemplo? Pon cualquier programa de noticias en la televisión, o conéctate a un foro político en internet. Gran parte de nuestro discurso político lo articulan personas que atacan dianas objeto de culpabilización. Eligen un bando, dejan de buscar la verdad (si es que alguna vez la han buscado), se atrincheran en sus posiciones y empiezan a fustigarse, pasando a niveles cada vez más altos de violencia emocional y verbal.

A menudo oyes a esas personas asegurar que sus dianas objeto de culpabilización están «atacando nuestro estilo de vida». Una mujer que decide no tener hijos, un maestro de parvulario que decora su aula con candelabros de siete brazos y árboles de Navidad al mismo tiempo, un niño de siete años que parece un niño pero se siente como una niña… todos pueden ser acusados por completos extraños de «atacar nuestro estilo de vida». Sin tener un solo pensamiento dañino en la cabeza, estos individuos se consideran peligrosos para culturas enteras.

Porque lo son.

Cada vez que seguimos nuestra auténtica naturaleza y nos apartamos de la norma cultural, estamos dando a entender que el consenso social es arbitrario y frágil. El miedo que acecha a las personas que cumplen las normas culturales es que, si una mujer sin hijos, un maestro de parvulario o un niño de siete años pueden abandonar las normas sociales de vida, *¡entonces puede hacerlo cualquiera!*

Bien, el solo hecho de que estés leyendo este libro significa que eres menos propenso a culpar a los demás y te inclinas más por buscar el entendimiento que los opinantes políticos. Pero seguramente tendrás trazas de soberbia, envidia e ira en lo más profundo de ti. Todos las tenemos. El problema es que estos extravíos de la rectitud acechan en nuestros puntos ciegos de percepción (¿recuerdas todos aquellos extravíos ocultos que te mantenían en la selva oscura?). Para limpiar esas creencias erróneas, hemos de traerlas a un primer plano mental, donde poder observarlas e interrogarlas.

¿Y cómo puedes ver con claridad algo que está oculto?

No puedes. Tienes personas que lo hacen por ti.

CÓMO LOS ATAQUES CONTRA EL CAMBIO PUEDEN AYUDARTE A ASCENDER LA MONTAÑA

Irónicamente, los ataques contra el cambio, sobre todo los que más duelen, pueden ser una de nuestras más potentes herramientas en el camino hacia la integridad. Cuando tratamos de ser buenos y alguien nos ataca por ello, nos sentimos heridos. Normalmente enfadados. A veces furiosos. No hay nada malo en eso si seguimos los pasos del capítulo 7: en lugar de enfurecernos, definir nuestros valores y ser creativos en las respuestas a los atacantes. Por ejemplo, recordar que personas como Gandhi y los líderes de los derechos civiles americanos se enfrentaron a la violencia horrible y sin sentido que se ejercía contra su gente.

Reaccionar a la injusticia y al odio con justicia y comprensión es difícil. Va en contra de la «mentalidad moralista» que contempla que la persona atacada quiera devolver el ataque. Es difícil, pero es posible. Incluso cuando nos sentimos heridos y furiosos, podemos seguir el proceso básico de la integridad: 1) observar qué ocurre dentro de nosotros, y 2) analizar esos pensamientos. Esto nos dirá si estamos atrapados en la misma mentalidad violenta y virtuosa que moviliza a los demás para atacarnos. Nuestra ira ciega se convertirá en visión despejada. Por último, elegir entre quedarnos en el camino de la violencia o 3) alejarnos de la mentalidad moralista que se dedica a despotricar, y seguir por el camino hacia la integridad.

Por ejemplo, digamos que decides alegremente teñirte el pelo de azul. Entonces alguien, quizá tu abuela o un desconocido en la calle, lanza un ataque contra el cambio («¡El color de tu pelo amenaza nuestro estilo de vida!»). Probablemente tendrás la habitual reacción automática: o luchas, o huyes, o te quedas paralizado: es decir, o discutes con tu agresor, o tratas de irte, o te quedas quieto y callado. Como esa parte de tu cerebro se ha activado, también percibirás a tu atacante como grande y poderoso y a ti mismo como vulnerable. Esto es tan cierto en el caso de presidentes y dictadores («¡Soy víctima de la prensa!») como en el caso de personas partidarias de inusuales afirmaciones de moda. Es una respuesta natural, refleja, pero eso no significa que esté en consonancia con lo que tú sabes en lo más profundo que es verdad. *Cuando te sientas víctima, sospecha siempre que podrías haber caído en tus propios extravíos de la rectitud.*

Cuando Matt dejó de fumar, Zoey se hizo empresaria y yo dejé mi religión, apuesto a que las personas de nuestro entorno pensaron que las estábamos juzgando por sus decisiones. Al sentir que su estilo de vida estaba en peligro, estas personas se defendieron. Así es como funcionan los ataques contra el cambio. No vienen de gente poderosa, sino de personas que se creen juzgadas. Para seguir en el camino hacia la integridad y no vernos atrapados en ciclos repetitivos de violencia, *no nos hagamos las víctimas como los que atacan nuestros cambios.*

ROMPER EL TRIÁNGULO DRAMÁTICO

Al introducir cambios en nuestra conducta, podemos vernos atrapados en una dinámica psicológica que el psiquiatra Stephen Karpman llama «triángulo dramático». Esta pauta aparece siempre que los extravíos de la rectitud mandan en nuestra vida. Reconocer el triángulo dramático de Karpman, reconociendo cada lugar en que estamos atrapados y superándolo (Dante habla de «desacostumbrarse») es precisamente lo que has de hacer en este punto de tu búsqueda de la integridad. No es la parte más fácil de nuestra excursión, pero la vista desde arriba es *fantástica*.

Se crea un triángulo dramático cuando nos sentimos pequeños y débiles (como cuando somos niños). Otras personas pueden parecer grandes y amenazadoras (muchas personas lo parecen) y otras aún pueden parecer protectoras (exacto otra vez). Pero muchos humanos, incluso ya de adultos, tienen tendencia a encerrarse en este triángulo como forma de verlo todo, en todas las situaciones. La vida se convierte en una obra de teatro con solo tres actores posibles: *víctima, acosador y rescatador.*

Todos sabemos lo confuso y terrible que es ser pequeños... y todos conocemos adultos ya crecidos que se sienten así por muy altos que sean. Por ejemplo, cuando el boxeador Mike Tyson le dio a Evander Holyfield el famoso mordisco en la oreja durante un combate, se quejó diciendo: «¿Qué podía hacer yo? Tengo hijos que criar. No dejaba de pegarme». En otras palabras, «¡Soy una víctima de la situación! ¡Me obligó a morderle!».

Las personas atrapadas en el papel de *víctimas* siempre tienen dianas objeto de culpabilización, individuos a los que ven como *acosadores*. A menudo recurren a otros en busca de ayuda y apoyo. Estos son sus *rescatadores*, que desempeñan el papel final en el triángulo dramático.

Algunas personas se quedan atrapadas en uno solo de estos papeles durante el resto de su vida. Las víctimas perpetuas nunca dejan de quejarse de las terribles cosas que les hacen los acosadores... pero no hacen nada por mejorar su situación. Se apoyan en otros para que desempeñen el papel de rescatadores. Muchas personas amables y empáticas representan ese papel toda su vida, corren en ayuda de una víctima tras otra. Nadie se ve como acosador: una persona violenta o colérica (incluso Hitler y Stalin) siempre asegurará que está amenazada, que es tratada injustamente. Pero cualquiera puede ver que está representando el papel de acosador.

Como los diamantes, los papeles de estos triángulos son para siempre; es decir, el esquema puede persistir durante decenios, incluso durante siglos. Puede que los actores cambien de papel, pero el esquema permanece. Si quieres un ejemplo claro, lee sobre esos conflictos históricos que se prolongan en el tiempo. Cada bando asegurará que es víctima del hostigamiento del otro, y pedirá que lo rescaten otros actores. Este esquema puede ser muy amplio, de los que originan guerras mundiales. O puede ser pequeño, de los que originan la misma maldita discusión que tuviste con tu cónyuge la semana pasada.

Esto no quiere decir que no haya víctimas reales que necesitan ser rescatadas. He tenido muchos clientes cuya salud, raza, género o situación económica les dificulta el abandono de relaciones o empleos. Los judíos europeos necesitaron ayuda para no sucumbir ante los nazis. Las personas de color en Estados Unidos necesitan apoyo de aliados blancos para romper esquemas de opresión. Pero como veremos en seguida, incluso las personas atrapadas en situaciones tan espantosas pueden evitar quedar prisioneras de interminables e infructuosos conflictos de Karpman.

Como *coach*, he visto el triángulo de Karpman en muchas situaciones. Es especialmente inamovible (y extraño) en casos de violencia doméstica. Tomemos a Verna, que desde fuera parecía tener una vida perfecta, pero que en realidad recibía palizas de su marido Tom. Ejecutaban el mismo baile triangular una y otra vez. Primero empezaban a discutir. Tom se ponía tan furioso que Verna se asustaba e intentaba huir de casa. Inmediatamente, Tom entraba en modo «víctima». Presa de la gran ansiedad y cólera de un niño a punto de ser abandonado, atacaba a Verna físicamente, sin dejar de pensar que la víctima era él. Cuando Verna estaba tan asustada y herida que decidía irse, Tom se deshacía en llanto y en disculpas, explicando lo mucho que se odiaba por hacerle daño y suplicándole que lo perdonara. Había pasado a ser su «rescatador» cuando ella más lo necesitaba (porque acababa de ser agredida por un hombre al que amaba). Ella respondía a la aflicción de Tom adoptando también ella el papel de «rescatadora», tranquilizando a Tom emocionalmente hasta que ambos se sentían tranquilos y unidos nuevamente.

Verna estaba muy avergonzada de su conducta, porque sabía que debía abandonar a Tom, y estaba desconcertada porque seguía volviendo con él. Pero este esquema es muy común. La extraña lógica del triángulo dramático deja ver que quien más se presenta como víctima, sea quien sea, incita a una respuesta de «rescate», incluso en quien acaba de agredir a un ser querido, o, lo que es aún más extraño, en la misma persona a la que acaban de agredir. El periodo de reconciliación posterior a la explosión de malos tratos es conocido como «fase luna de miel» por los expertos en violencia doméstica. Esta reconciliación intensa y disfuncional es alucinantemente absurda vista desde fuera, pero el triángulo de Karpman es muy potente, tanto que las personas maltratadas pueden permanecer atrapadas dentro de este horrible esquema durante años.

Si te sientes salvajemente masoquista y quieres crear un triángulo dramático exclusivamente tuyo, es pan comido. Elige una diana objeto de culpabilización y hazte la víctima. Luego siéntate y relájate, confiando en que la cólera, las discusiones, la sumisión y las amenazas durarán siempre, a menos que optes por otro guion. ¿Y cuál podría ser? Salir de un triángulo dramático también es muy sencillo, aunque no fácil. Se basa en un acto de integridad: reconocer que somos capaces de elegir nuestra reacción ante otras personas y situaciones, sean las que sean. Podemos acabar el fútil drama del conflicto humano cuando aceptamos que en un nivel profundo, existencial, somos libres.

Reinterpretar voluntariamente el triángulo dramático desde la perspectiva de un actor libre nos permite cambiar un círculo vicioso por lo contrario. Dante aprende esto en el purgatorio, cuando una de las almas con las que se encuentra pronuncia un discurso sobre el libre albedrío (exactamente lo que necesitas cuando estás ascendiendo una montaña). Esta alma (como los grandes líderes morales de la historia) nos explica que nuestra libertad estriba en la capacidad de interpretar el mundo de otra manera.

David Emerald, *coach* y autor de diversas obras, hizo exactamente eso después de estudiar el trabajo de Karpman. Desarrolló una especie de antitriángulo que llamó «Dinámica del empoderamiento». En este esquema, personas que fueron vistas como acosadoras pasan a ser «rivales». Obligan a otros a alcanzar niveles superiores de fuerza y competencia. Los rescatadores pasan a ser *«coaches»*. En lugar de socorrer y reparar («¡Pobrecillo! ¡Deja que haga esto por ti!»), dicen: «Qué situación tan desastrosa. ¿Qué vas a hacer al respecto?». Y en el giro más empoderador de todos, Emerald propone que las víctimas pasen a ser «creadoras». En lugar de pensar: «Esta situación es insoportable y estoy indefenso», los creadores se preguntan: «Esta situación se ha complicado. ¿Cómo puedo aprovecharla?».

Recuerda que la creatividad es lo opuesto a la violencia, que es pura destrucción. *Si podemos encontrar la forma de vernos como creadores, sea cual sea nuestra situación, podemos convertir los triángulos dramáticos en dinámicas de empoderamiento.* En lugar de quedar atrapados en el ciclo de violencia y odio, podemos utilizar la dinámica de la relación para alcanzar niveles cada vez más altos de integridad.

Viktor Frankl lo consiguió utilizando su internamiento en Auschwitz como forma de entender cómo los humanos crean significados. Malala Yousafzai, una adolescente pakistaní, lo hizo protestando ante los talibanes, a pesar de todo lo que podían hacer para reprimirla, por ejemplo pegarle un tiro en la cabeza. Así es como Martin Luther King Jr. y sus seguidores respondieron a la injusta detención de estadounidenses negros, dejándose detener y convirtiendo la detención en un distintivo honorable. «Tomaron algo contra lo que no podían luchar», dice Henry Louis Gates Jr. de la Universidad de Harvard, «y lo usaron como forma de transmitir una verdad».

Habría sido totalmente justificado que estas personas se consideraran víctimas. Por el contrario, no solo encontraron la forma de sobrevivir, sino que hicieron grandes contribuciones a la humanidad. Los espantosos intentos de reprimirlos condujeron a unos niveles casi sobrehumanos de benevolente creatividad.

Así pues, aunque podemos ser víctimas auténticas, nunca tenemos que aceptar el papel de «víctima» como una identidad. Tenemos la libertad de responder a toda situación con pensamientos o actos creativos. Unas veces esto significa clarificar nuestros pensamientos. Otras significa expresarse. Otras se impone la acción. Y siempre hay que empezar observando nuestros pensamientos de cólera y preguntándonos: «¿Tengo la certeza absoluta de que no soy nada más que una víctima, sin ninguna salida posible?».

Yo tuve la oportunidad de probar esto a mi manera no mucho después de abandonar la Iglesia mormona. Una noche (no por ser virtuosa, sino solo por salvar mi cordura) pasé de estar en un triángulo dramático a estar en una dinámica de empoderamiento, y aquello cambió todo mi mundo interior.

¿Recuerdas el extraño fax que me llegó al despacho? No es divertido recibir una nota como esa a altas horas de la madrugada, diciéndote que hay rumores sobre ti ahí fuera y que debes una explicación a una persona anónima. Cuando leí el fax la primera vez, me sentí como un ratón atrapado en una habitación a oscuras, con una cantidad desconocida de serpientes. No sabía quién me estaba acosando ni cuáles eran sus intenciones, pero el fax revelaba que había alguien ahí. Tras un ramalazo de miedo, empecé a sentirme indignada. ¿Esa persona se sentía autorizada a invadir mi hogar de madrugada y a exigirme explicaciones solo porque de niña me había ocurrido algo malo? Me sentí vulnerable, asustada y enfadada. Esta es la energía de la victimización y de los juicios que conllevan una condena moral. Apestaba.

Por fortuna, estaba a mitad de mi año de no mentir. Me había acostumbrado a analizar mis propios pensamientos. Así que releí aquel fax repulsivo y amenazador y empecé a plantearme preguntas. «Soy como un ratón en un cuarto lleno de serpientes». *¿Estás segura?* «Este fax es una violación de mi intimidad». *¿Estás segura?* «No estoy a salvo». *¿Estás segura?*

Mientras formulaba estas preguntas, mi mente empezó a alejar el pensamiento que aseguraba «¡Soy una víctima!». Por alguna razón, empecé a pensar en cómo se sentiría un jugador de fútbol americano cuando varios rivales gigantescos tratan de derribarlo. Este jugador no se ve a sí mismo como una presa aterrorizada. Sabe que durante el encuentro sus rivales tratarán de anularlo. Hace lo que puede por evitar que lo intercepten, pero si ocurre, vuelve a levantarse y se lo toma con calma. Esta es la energía del poder... no invulnerabilidad, sino poder. Mete aire en los pulmones y fortalece la columna.

Lentamente, en el transcurso de esa noche, pasé de sentirme un ratón a sentirme una jugadora de fútbol, simplemente porque me sentía mejor. Más verdadera.

Mi guía interior se sentía totalmente en sintonía con el pensamiento de que de niña había sido una víctima. Sin duda. Pero ahora era una adulta que había decidido conscientemente salir de las normas de mi cultura. Había aprendido que la gente me presionaría para que volviera. Me había dado cuenta de que la persona que había enviado el fax probablemente me veía como alguien que «atacaba su estilo de vida». Después de todo, había contado a los periodistas que veía injusticias en la cultura mormona. Había escrito con otra persona un estudio apelando a las autoridades de la Iglesia. Por supuesto, los jugadores del otro equipo trataban de bloquearme. Yo había ayudado a crear mi situación. La cuestión era: ¿qué podía crear si seguía adelante?

Después de aquello empecé a afrontar cada ataque contra el cambio como un desafío para encontrar creatividad y paz. Situaciones que habían sido terroríficas se convirtieron en tolerables, incluso interesantes. Surgieron nuevas ideas mientras intentaba imaginar cómo podía reaccionar a la presión social sin abandonar mi integridad. Uno de los procesos que me ayudó más fue el ejercicio siguiente. Me gusta utilizarlo siempre que reacciono de manera automática a sentirme víctima o me someto a un juicio de rectitud. Veamos cómo te funciona.

EJERCICIO
Instrucciones para mi acosador

Paso uno

Piensa en una persona que creas que te ataca a ti y a tu integridad con sus palabras y sus actos. Esta persona trata de asustarte, te humilla o quiere obligarte a volver a antiguos esquemas que no te funcionan. ¿Quién es?

_____

Paso dos

Escribe una carta a esa persona, pidiéndole que apoye totalmente tu verdad.

Apreciado/a_____

He decidido basar mi vida en la integridad, pero usted trata de impedírmelo. Me aleja de mi integridad diciendo cosas como (rellena las líneas):

_____

_____

Quiero que deje de decir esas cosas y en su lugar diga estas otras (no te cortes y pídele que diga las cosas que imaginas que más podrían apoyarte):

_____

_____

También mina usted mi integridad haciendo las siguientes cosas (piensa en todo lo que hace esta persona para dificultar que vivas según tu verdad):

_____

Quiero que deje de hacer esas cosas. Le hago una lista de las cosas que quiero que haga en lugar de esas (¡adelante, pide la luna!):

Atentamente,

(Aquí tu nombre) _____

Paso tres

Ahora (apuesto a que lo adivinabas) fíjate en el nombre del destinatario/a de la carta, táchalo y en su lugar pon tu nombre. Vuelve a leer la carta como si tu naturaleza verdadera se la hubiera escrito a tu personalidad asustada y socializada. Fíjate en las cosas que te has dicho y hecho y que tú has atribuido a tu acosador. Si sientes vergüenza cuando tu acosador te humilla, pon en duda lo que has pensado de ti hasta que toda la vergüenza se disuelva, y ninguna parte de ti crea que tu auténtica personalidad es defectuosa. ¿Hay personas que te amedrentan para que aceptes un papel subordinado? Busca los lugares en que las consecuencias de tu «mala conducta» te han asustado. Analiza las creencias que hacen que tengas miedo, luego utiliza tu habilidad para observar y poner en duda esas creencias hasta que desaparezcan.

Paso cuatro

Una vez que has modificado tu experiencia interior, cambia tus actos exteriores. Acepta el consejo de tu naturaleza auténtica. Deja de decir y hacer lo que tus acosadores han dicho y hecho. En su lugar, di y haz tú lo que desearías que dijera e hiciera un «salvador». Sé creativo al buscar formas de ser fiel a ti mismo, no esperes a que aparezca otra persona para hacerlo por ti.

Este ejercicio hace algo más que cambiar la perspectiva del sentirse víctima a la del empoderamiento. Te da instrucciones claras sobre tus siguientes pasos por la montaña del purgatorio. Utilízalo cada vez que te sientas acosado, y descubrirás que *la persona cuyo acoso tanto te inquieta en realidad te está enseñando el próximo paso en el camino hacia la integridad.*

¿Lo entiendes? Los acosos solo causan sufrimiento emocional si una parte de nosotros los cree. Cuando un acosador nos inquieta de veras, es porque esa persona cree cosas de nosotros que no son verdad, aunque algunas briznas de esas creencias siguen estando en el concepto que tenemos de nosotros mismos, flotando en lugares ocultos. Dejar de creer en las mentiras del acosador (como pensar «Soy malo» o «Soy inferior») te da acceso a la verdad que hay tras ellas. Aprender a conservar (y repetirte a ti mismo) todos los apoyos que desearías oír a otros te pone en sintonía con tu guía interior, con tu sentido de la verdad. Esto cierra la grieta de tu concepción del mundo y restaura una parte fundamental de tu integridad. Gracias, rival mío.

PURGAR LOS EXTRAVÍOS DE LA RECTITUD

La feminista afroamericana Audre Lorde escribió en cierta ocasión: «Cuando me atrevo a ser poderosa, a utilizar mi fuerza al servicio de mi concepción de las cosas, cada vez tiene menos importancia si estoy asustada». Cuando nos concentramos en respuestas creativas en lugar de culpar y defendernos, el miedo pierde importancia. Se ve superado por la otra cara de la soberbia, la envidia y la ira: es decir, por la autoestima saludable, la sensación de abundancia y la intención de hacer un cambio positivo.

Cuando cruzas la puerta de no mirar atrás y la gente te ataca por ello, mantenerte en la integridad puede convertir cualquier conflicto potencial en una nueva oportunidad de aumentar tu poder creativo. Incluso puedes dar las gracias por estas instrucciones perfectas (todas calificables como ataques) para no seguir tu propio camino. Cuando abandonas los esquemas culturales que una vez te mantuvieron en lo «malo conocido», empezarás a ascender más rápido y cada vez con más facilidad. Y cuanto más asciendas, más claro y hermoso será el paisaje.

11

Llena tu tiempo de vida

Conozco a un psicólogo que resumió el camino hacia la integridad con esta sucinta descripción: «Saber lo que realmente se sabe, sentir lo que realmente se siente, decir lo que realmente se quiere decir y hacer lo que realmente se quiere hacer».

Al oír estas palabras, muchas personas reaccionan con confusión y alarma. No están muy seguras de lo que significa, pero suena peligroso. Sobre todo lo de «hacer lo que realmente se quiere hacer». Es decir, si hacemos lo que queremos en lugar de obedecer normas culturales, ¿no iríamos todos por ahí robando bolsos, abofeteando a vecinos, conduciendo borrachos mientras nos fumamos veinte cigarrillos de una sentada?

No si has estado poniendo en práctica los procesos que he descrito hasta ahora en este libro.

Recapitulemos: al adentrarnos en el camino hacia la integridad, debíamos mirar a través de la niebla de la cultura que nos impedía ver nuestra auténtica naturaleza. Mi experiencia con clientes es que, antes de dar ese paso, no saben lo que realmente saben, ni sienten lo que realmente sienten: «Sí, estoy muy cómodo en esta incómoda postura». En la siguiente etapa, el infierno, empezamos a quitarnos anteojeras culturales, a eliminar creencias que no eran verdaderas para nosotros a un nivel más profundo. Una vez conectados con nuestra verdad interior, aceptamos el desafío de dejar de mentir, de decir lo que realmente queríamos decir. Este es el punto en que nos fijamos en cómo afrontar las presiones de nuestra cultura.

Si has hecho todo esto, tu siguiente paso en el camino hacia la integridad es pasar tiempo haciendo lo que realmente quieres. Y luego *todo* el tiempo.

Si seguiste este consejo sin practicar e interiorizar todos los pasos previos indicados en este libro, es posible que ahora tengas la cabeza hecha un lío. Cuando estamos separados de nuestra verdadera personalidad, lo que realmente queremos es estar íntegros y completos... pero no sabemos cómo es eso. *Creemos* que será un premio de la selva oscura del extravío, como la riqueza y el poder del Monte Deleitoso, o como una afluencia interminable de sexo, drogas y rock and roll. Buscar estas cosas, dada la intensidad del dolor que las hace deseables, es tan absorbente que a veces somos realmente egoístas, codiciosos y brutales. Pero el auténtico alivio, el que nos permite recuperar la imagen que queremos tener, solo llega cuando abrazamos nuestra verdadera naturaleza.

Cuando nos comprometemos a ser nosotros mismos en todos los aspectos, irradiamos el amor que es nuestra esencia. Liberados de la angustia de nuestra escisión experimentamos el bendito alivio de la completitud. Y queremos, en lo más hondo, ofrecer el mismo alivio a los demás. Es posible que tu camino hacia la integridad consista en criar felizmente a un niño o, para el caso, una mascota. O puedes sorprenderte haciéndote activista social, o sanador de cuerpos, de corazones, de sistemas, del planeta. Querrás que el mundo sea un lugar más amable, más sano y más justo. Querrás hacerlo todo el tiempo.

Inténtalo. Ya verás.

LOS ÚLTIMOS PASOS MONTAÑA ARRIBA

Este capítulo se propone despejar cualquier extravío inocente que aún pueda escindirte después de haber dejado de mentir y de librarte de la mentalidad moralista. Trata de la puesta a punto de tus habilidades como fuerza de paz y amor. Finalmente, te llevará a una firme e inusual combinación de esfuerzo y relajación: encontrar y conservar tu integridad en todo momento.

No es un trabajo. Es un entretenimiento, como cuando se toca un instrumento musical o se practica un deporte que se conoce. No tiene nada que ver con el ocio del tiempo libre; es dejarse llevar por el encanto de una prueba significativa. Los psicólogos que estudian la felicidad saben que esta clase de actividad nos pone en un estado que llaman «fluir» y que se caracteriza por una concentración y una absorción intensas. Cuando lo dominamos, nuestro cerebro secreta hormonas como la dopamina y la serotonina, que hacen que nos sintamos felices. Es lo más delicioso de la vida humana.

Dante experimenta el fluir cuando llega a los peldaños superiores del purgatorio. Desprenderse de falsedades y extravíos de rectitud, al empezar a subir la montaña, había supuesto un gran esfuerzo, pero ahora se siente más ligero y fuerte. Se ha liberado de mucho sufrimiento y, rodeado por otras almas felices, está deseoso de desprenderse de todo lo que aún lo separa de sí mismo. Así es como te sentirás cuando llegues a este punto del camino hacia la integridad. De hecho, puede que estés listo para intentarlo en este mismo momento.

Muchos clientes me dicen muy a su pesar: «Ojalá pudiera vivir mi verdad pero… [pero mi pez de colores requiere atención / mis amistades no lo aceptan / estoy demasiado ocupado]».

Marc, por ejemplo, ha sido militar toda su vida adulta, aunque nunca le gustó. Escondía su infelicidad y su indignación en el trabajo, y luego se desahogaba en casa gruñéndole a su mujer y al perro. «No soporto mi trabajo ni a mí mismo», me dijo. «Pero solo me quedan tres años para cobrar la pensión, así que no puedo dejarlo».

Carol estudió Bellas Artes, pero se casó y, en vez de dedicarse a pintar, como ambicionaba, tuvo dos hijos. A los cuarenta y siete años tenía el nido vacío e ideas acumuladas durante toda una vida. «Pero no puedo empezar ahora», me dijo. «Siempre hay algo que me distrae: las amistades, mi marido, los electrodomésticos que se estropean. Si tuviera algo de libertad, sé que podría crear cosas hermosas. Pero no me dejan».

Compara estos casos con el de mi amiga Rayya, a quien diagnosticaron un cáncer terminal a los cincuenta y seis años. Rayya había pasado veinte años drogándose en las calles de Nueva York, luego se desintoxicó y siguió así otros veinte años. Todo aquello la había vuelto sincera, categórica y extraordinariamente buena para encontrar algo que apreciar en cada situación. Casi inmediatamente decidió que su diagnóstico era una oportunidad para hacer una esplendorosa celebración final.

«Primero haré todas las malditas cosas que tengo en la lista de actividades pendientes», me dijo. «Voy a comer todas mis comidas favoritas, a componer música genial, a ir a todos los sitios que me gustan, a salir con todo aquel que me haga feliz. Luego, cuando esté demasiado enferma, compraré una buena cantidad de *speedball* [heroína mezclada con cocaína] y me colocaré tanto que ya nunca volveré a ser consciente de nada. Una forma curiosa de morir, ¿verdad? He tenido una vida épica y voy a tener una muerte épica».

Pero unos días después, tras someterse a más pruebas médicas, Rayya se encontró con un extraño dilema. Su cáncer era menos agresivo de lo que habían pensado los médicos.

—Puede que me queden de tres a cinco años de vida —dijo—. ¿Qué he de hacer? ¿Volver a trabajar hasta que esté demasiado enferma para moverme?

—Bueno —repliqué—, tenías planes para hacer todo que tenías en tu lista de asuntos pendientes, ¿no?

—Sí.

—Pues hazlo —insistí.

Y lo hizo.

Durante lo que le quedaba de vida, soportó mucho dolor físico y emocional. Pero ese tiempo estuvo lleno de aventuras apasionadas, salvajes, estridentes, tiernas y divertidas. Fue un tiempo épico.

Rayya estaba bien centrada en el camino hacia la integridad. Había comenzado su vida de adulta en la selva oscura del extravío, adormeciendo el dolor con medicamentos. Para limpiarse, se liberó de muchas falsas creencias, luego subió los dos primeros niveles del purgatorio comprometiéndose a una rigurosa sinceridad y negándose a verse como víctima.

Pero nunca había decidido dedicar todo su tiempo, cada minuto, a seguir sus auténticos deseos. La enseñanza cultural de Rayya le decía que trabajara hasta caer rendida... cualquier otra cosa haría de ella una «perezosa». Pero no había pereza en la naturaleza de Rayya. Había música, cocina, risas y amor. La diversión nunca cesaba.

Ahora tengo que contarte algo terrible: no te queda mucho tiempo de vida. Ya sean cinco años o cincuenta y cinco, no es muy larga. No tienes tiempo que perder sufriendo, ni tiempo para seguir torturando a tu naturaleza por servir a tu cultura. El tiempo de la integridad es ahora.

EL PODER DE GIRAR UN GRADO

El cáncer de Rayya y su fuerte personalidad la ayudaron a dar un giro total y repentino hacia la integridad pura. Pero esta no es la mejor estrategia para la mayoría. Podemos empezar a movernos hacia nuestra vida perfecta inmediatamente, pero también podemos tomárnoslo con calma... de hecho, deberíamos hacerlo así. Los psicólogos que estudian el cambio nos dicen que, paradójicamente, la transformación positiva se da más rápidamente cuando damos pequeños pasos en lugar de saltos heroicos.

Cada día tomas miles de pequeñas decisiones sobre qué hacer con tu tiempo. *Cada decisión es una oportunidad de girar hacia la vida que realmente quieres.* Dedicar cada vez menos tiempo a hacer cosas que no te gustan y un poco más a hacer las que te gustan: ese es tu siguiente paso en el camino hacia la integridad.

Antes comparé tu vida con un avión. Imagina que estás pilotando ese avión en un viaje de quince mil kilómetros. Si cambias el rumbo un grado a la derecha cada media hora más o menos, no notarás un cambio brusco, pero terminarás en un lugar totalmente distinto que si mantienes el rumbo inicial. Aconsejo a todo el mundo que oriente su vida con una serie de «giros de un grado».

Comienza por fijarte en la cantidad de tiempo que pasas con personas o en actividades concretas, y *fíjate si coincide con la cantidad de tiempo que quieres invertir en eso.* Cambia la agenda unos minutos cada día, pasando un poco menos de tiempo haciendo cosas que no te atraen y un poco más haciendo lo que te gusta.

Cuando empecé a asesorar a Marc, no dejó inmediatamente la vida militar. Al comenzar a observarse a sí mismo más atentamente, notó que pasaba gran parte de su tiempo libre viendo la tele, alimentando su resentimiento y gritándole a su mujer. Su primer giro de un grado fue dejar de ver diez minutos un programa que en realidad no le gustaba y pasarlos jugando fuera con su perro.

Carol, la que quería ser pintora y cuya agenda estaba repleta de obligaciones, se dio cuenta de que en realidad la retenía un pensamiento infernal oculto que susurraba: «Es demasiado tarde para ser pintora». Cuando cuestionó y descartó esa creencia, reservó quince minutos al día para dedicarlos al arte. Al cabo de un mes, tenía varios cuadros preciosos y una nueva sensación de plenitud. Dijo que se sentía más joven, más libre y mucho más contenta de estar viva.

El siguiente ejercicio puede ayudarte a llenar tu tiempo con lo que realmente quieres, a dar un giro de un grado tras otro.

EJERCICIO
Giros de un grado

1. Haz una lista de cinco cosas que planees hacer hoy.

_____

_____

_____

_____

_____

2. Ahora escribe cinco cosas que tengas que hacer la semana que viene.

_____

_____

_____

_____

_____

3. Haz una tercera lista con cinco cosas que harás este año.

_____

_____

_____

_____

_____

4. Fíjate en cada cosa que te has propuesto y responde a esta pregunta: en un mundo absolutamente ideal, ¿cuánto tiempo quiero dedicar *realmente* a esta actividad hoy/la semana que viene/este año? Por favor, advierte que «cero» es una respuesta aceptable.

5. Compara la cantidad de tiempo que planeas dedicar a cada cosa con la cantidad de tiempo que *quieres* invertir en cada una de ellas.

6. Si los dos tiempos son diferentes, empieza a dar giros de un grado en tu agenda, pasando diez minutos menos al día con las cosas que no quieres hacer, y llenando esos diez minutos con cosas que quieres hacer.

Si puedes realizar este ejercicio, haciendo cambios pequeños, no grandes, toda tu vida se verá transformada. Tu tiempo (el más limitado de todos los recursos) se llenará de una sensación de felicidad y de un propósito.

LA PRÁCTICA PRODUCE CAMBIOS PERMANENTES

Por supuesto, si das suficientes giros de un grado, con el tiempo encontrarás grandes oportunidades. Cuando Marc empezó a hacer pequeños cambios, experimentando gradualmente más satisfacción, se dio cuenta de que no podía pasar tres años más en un trabajo que detestaba. «En tres años podría estar muerto», dijo. «¿Y para qué me serviría entonces la pensión?».

Se puso en contacto con antiguos amigos que habían dejado el ejército para preguntarles que habían hecho después. Ellos ayudaron a Marc a comprender que su talento era valioso en muchos campos laborales. Redactó un currículo y fue contratado en una empresa de ingeniería para desempeñar un trabajo que le gustaba. Aunque a su mujer le inquietó la situación financiera cuando Marc dejó el ejército, no tardó en entusiasmarse. «El hombre con el que me casé ha vuelto», me dijo. «Eso no tiene precio».

En cuanto a Carol, fue aumentando el tiempo que dedicaba al arte hasta que llenó su agenda… casi totalmente. «He encontrado un equilibrio», me dijo. «Resulta que no me importa ocuparme de los demás unas horas al día». Creó una serie de tarjetas de felicitación que vende por internet. Dice que eso le proporciona «un poco de dinero y mucha alegría».

Como estas personas habían practicado el cambio con pequeños pasos, estuvieron listas cuando llegaron las grandes decisiones. Recuerda que seguir el camino hacia la integridad es una actividad compleja que nos hace «fluir». Y esa actividad requiere mucha práctica. Mi *sensei* de kárate solía indicar a sus alumnos que repitieran cada nuevo movimiento lentamente, un millar de veces. Luego aumentábamos la velocidad manteniendo una forma perfecta: un millar de veces. Luego añadíamos potencia al movimiento, aumentando la intensidad gradualmente, otro millar de veces. «La práctica no nos hace necesariamente perfectos», decía. «La práctica produce cambios permanentes».

Cuando empezamos a vivir con integridad completa, la práctica produce cambios permanentes, cambios físicos, en nuestro cerebro. Los neurólogos nos dicen que cuantas más veces repetimos una acción, más la introducimos en nuestros circuitos neuronales. Para cambiar una pauta conductual conocida (como todo lo que nos han enseñado a hacer), debemos elegir deliberadamente nuevas acciones, luego repetirlas hasta que los antiguos circuitos del cerebro desaparezcan y se formen otros nuevos. Es como si fuéramos neurocirujanos que nos operáramos a nosotros mismos. Al elegir repetidamente el camino hacia la integridad, nos desconectamos de la sumisión cultural y nos conectamos con la sinceridad y la felicidad.

PERO ¿ESO NO ME CONVIERTE EN EGOÍSTA?

Cuando digo a mis oyentes que deben empezar a hacer lo que de verdad quieren, a menudo se escandalizan. «¡No se puede ir por ahí haciendo todo lo que se quiera!», protestan. «¡Si me comporto así, seré la persona más egoísta del planeta!». Puede que tú estés pensando lo mismo.

¿Estás seguro?

¿Tienes la absoluta certeza de que lo que piensas es verdad?

Nuestra cultura ve la mayor parte de las recompensas de la vida como un juego de suma cero: si uno gana es porque otro pierde. Si una persona consigue más, otra consigue menos. Si tú entras en el cuadro de honor, a mí me suspenden. Si tú eres rico y famoso, es porque has pisado a cientos de «enanos». Es sabiduría popular. Pero no es totalmente cierto.

Dante lo aprende de Virgilio mientras ascienden al purgatorio. Pregunta cómo es que todos los que suben la montaña pueden entrar en el paraíso. Como nosotros, Dante no tiene experiencia de una cultura en la que *todo el mundo* consigue llegar a la cima de la pirámide. Pregunta a Virgilio cómo es posible que las personas compartan la bondad y que al mismo tiempo creen más bondad que compartir. Todos en el purgatorio reciben un trozo del pastel… y mira por dónde, queda más pastel del que había una vez que todos han cogido su porción al empezar el proceso.

Virgilio responde que hay dos maneras de hacer las cuentas en lo que respecta a la felicidad. La mente de Dante sigue «sujeta a las cosas terrenales», dice. Si pensamos en la idea de recompensa que había en el Monte Deleitoso, por ejemplo el dinero y el poder, hay que partir las cosas, de tal modo que la ganancia de uno es a menudo la pérdida de otro. *Pero recuerda que solo queremos estas cosas porque creemos que nos proporcionarán las sensaciones que anhelamos*: paz, metas, sentido de la pertenencia, plenitud. Y cuando una persona consigue más de esas cosas realmente deliciosas, su alegría no es divisiva. Es multiplicativa. Cuantos más sentimientos hermosos recibimos, más creamos. Dar no nos empobrece; nos hace más ricos.

Por utilizar un ejemplo de la época actual, cuando una familia adopta una mascota, ningún miembro de la familia reduce el cariño que siente por los demás para darle al animal una porción de afecto. El animal juega y acaricia, y de ese modo recibe y da a todos un afecto que crece cada minuto. Cada miembro de la familia, y el grupo en conjunto, gana más amor. *Todo lo que nos hace realmente felices es ilimitado y multiplicativo, no limitado y divisivo.*

Cuando nos damos cuenta de esto, el miedo a la escasez (la base de la avaricia) disminuye. Reconocer que vivir nuestra verdad mejora las cosas *para todos* puede darnos valor para tomar grandes decisiones que nos acerquen a la integridad.

MIS GIROS DE UN GRADO

Al principio de mi año de no mentir pasé mucho tiempo intentando descubrir qué quería hacer realmente. Si alguien dice: «¿Qué hacemos para cenar?» en lugar de dar la respuesta complaciente automática («Lo que te parezca bien»), me veía impulsada, a causa de mi voto de no mentir, a detenerme, mirar dentro de mí y responder con la verdad.

Pequeñas decisiones como esta mejoraron mi vida rápidamente... y me llevaron a tomar algunas decisiones importantes. Dejar la Iglesia mormona fue una. Poco después, cuando me quejaba a una amiga porque tenía que escribir la tesis doctoral, preguntó: «¿Cuándo fue la última vez que leíste un libro por gusto?». Pues sí, pensé, es verdad. Pasé gran parte de mi infancia leyendo por placer, pero prácticamente nunca en mi vida adulta.

Aquel día compré una novela. La leí de un tirón por la noche. Por la mañana me di cuenta de que no quería pasar mi precioso tiempo en la Tierra escribiendo artículos académicos. Quería escribir cosas que la gente leyera por placer. Así que, aunque terminé la tesis, la profesión que había elegido y el sistema de valores que había asimilado en Harvard salieron de mi vida igual que mi religión y mi comunidad natal.

Ah, y otro pequeño detalle: me di cuenta de que era gay.

No es que mi matrimonio fuera falso; amaba profundamente a John y me sentía profundamente amada por él. Pero si no hubiéramos crecido como mormones, ambos nos habríamos identificado mucho antes como bisexuales u homosexuales. Contar la historia de John le corresponde a él, pero cuando empezamos a buscar nuestra integridad, decidimos de mutuo acuerdo cambiar las condiciones de nuestra relación. Nos «descasamos» extraoficialmente y esperamos a ver qué ocurría a continuación.

Lo que ocurrió fue que ambos nos sentimos más libres y más cariñosos con el otro. Se hizo obvio que el amor era multiplicativo, no divisivo... como Dante aprendió mientras ascendía por el purgatorio. Así que mi relación no cambió tanto como se habría creído, al menos no inmediatamente. Aun así, estaba profundamente conmocionada. Nunca había tenido una relación con una mujer... nunca había tenido ninguna «experiencia». Mi única fantasía (aunque extremadamente intensa) era que algún día tendría una amiga íntima, realmente íntima, que viviera cerca de mí, y cada día pasaríamos un rato juntas.

¿Pero gay? ¿Yo?

Durante meses sentí mucha vergüenza, culpa, confusión y terror. Después de todo, una autoridad mormona había proclamado recientemente que los «tres grandes enemigos de la Iglesia de los últimos días» eran las feministas, los intelectuales y las personas gais. Según las normas de la comunidad en la que aún vivía, era una delincuente por partida triple. *¡Y no podía mentir sobre eso porque había prometido que no mentiría, ni sola una vez, durante todo un año!*

Mi terapeuta bromeaba con que mi mayor problema psicológico fuera mantener mis decisiones de Año Nuevo. Pero el auténtico problema, según descubrí, era que una vez más no sabía qué era cierto. Ser gay representaba tal violación de los valores de mi cultura que no podía soportarlo. Pasé noches de insomnio sabiendo lo que ahora sé, sintiendo lo que ahora siento y preguntándome qué hacer al respecto.

Finalmente, tras dar cerca de un millón de giros de un grado, alcancé una forma de pensar que más tarde encontraría (¡sorpresa, sorpresa!) en *La Divina Comedia*. Para ser un católico europeo medieval, la verdad es que Dante cuela un montón de ideas subversivas en su obra maestra.

Al llegar a la zona más alta del purgatorio, donde las almas se limpian de la pereza, la avaricia, la gula y la lujuria, Virgilio explica algo que deja atónito a Dante. Todos estos «pecados» están basados en el amor. Pereza, avaricia, gula y lujuria son simplemente relaciones desequilibradas con el descanso, la abundancia, la alimentación y la sexualidad. Podemos extraviarnos por satisfacer compulsivamente o por *reprimir estrictamente* nuestra relación natural con estas cosas. Esta falta de equilibrio no se da cuando estamos en sintonía con nuestra verdadera naturaleza, sino cuando nos escindimos y nos alejamos de ella. Es el *pensamiento* desorientado, y no la conducta natural, lo que hace que nos desviemos de nuestra inocencia.

SER TU GUÍA INTERIOR

Una vez que ha aprendido esta verdad, Dante llega a un fuego purgador que quemará lo que le queda de corruptibilidad. Está asustado, pero lo atraviesa. Al verlo, Virgilio le dice que ha llegado el momento de que prescinda de la guía del poeta muerto. «No esperes más mis palabras ni mis señales», dice Virgilio. «Libre, recto y sano es tu arbitrio. Error sería no seguir tu criterio». En otras palabras, Dante está tan cerca de la integridad total que hacer lo que realmente quiere (seguir el camino que le procure la máxima alegría) lo llevará directamente al paraíso. Su guía interior está tan disponible para él como su guía exterior.

Esto también te sucederá a ti. Mientras cultivas las habilidades necesarias para vivir con integridad (percatándote de la infelicidad, sometiendo a revisión las falsas creencias, liberándote de ilusiones y enfilando un camino más verdadero), la práctica se volverá permanente, liberándote cada vez más hasta que seas simplemente tu guía interior, tu personalidad más verdadera.

Por supuesto que seguirás encontrando fuegos purgadores, esas situaciones que prueban tu valor para seguir siendo sincero. He aquí un ejemplo de mi propia vida. Años después aparecí con Oprah Winfrey en un *webcast* en directo de alcance nacional. Los productores me habían dado un guion, que específicamente evitaba mencionar mi condición de gay, porque Oprah acababa de hacer un programa sobre la famosa salida del armario de Ellen DeGeneres. Pero en un momento dado, una mujer del público levantó la mano y nos contó que, aunque estaba casada y tenía tres hijos, se había dado cuenta hacía poco de que era lesbiana.

Tuve una fracción de segundo para decidir si fingía que solo tenía opiniones teóricas sobre la situación de esta mujer o reconocía que su experiencia era exactamente igual a la mía. Me aterrorizaba infringir las normas saliéndome del guion, y me aterrorizaba revelar mi condición tan públicamente. Pero mi guía interior me dijo que el silencio sería una mentira. Así que me salí del guion y hablé a la mujer sobre mi propio pasado.

Y en ese momento Oprah abrió la boca, me miró fijamente y dijo: «Espera... ¿eres gay?».

En directo para todo el país. Puede que pienses que como autora con obra publicada y *coach* me sentía segura y confiada hablando con Oprah sobre mi homosexualidad, mientras nos miraban millones de personas. Pues no. Me sentía como si me hubiera metido en una hoguera. Arrojé a las llamas de la vergüenza los jirones que quedaban de la introvertida y complaciente chica mormona y chisporroteaban como el tocino friéndose mientras hablábamos. Francamente, fue horrible.

Pero no tan horrible como abandonar el camino hacia la integridad.

Nunca habría sido capaz de contar la verdad en aquel momento (y mucho menos en el programa de Oprah) si no hubiera dado giros de un grado para hacer lo que realmente quería. Durante años, cada vez que hacía una lista de cosas que quería hacer, la cotejaba con mi guía interior para ver si mis planes reflejaban mis verdaderos deseos. Luego efectuaba el giro, pequeña decisión tras pequeña decisión, hacia mi verdadera naturaleza. Cuando me vi frente a un fuego purgador, me metí dentro por la pura fuerza de la costumbre.

He aquí un ejercicio destinado a ayudarte a estar tan conectado con tu guía interior que nunca tengas que apartarte del camino hacia la integridad.

EJERCICIO
Conviértete en tu guía interior

Versión reducida:

1. Sintoniza con tu guía interior (ver capítulo 2).

2. Pregúntate: Si fuera totalmente libre, ¿qué haría ahora mismo?

3. Hazlo.

Versión extensa:

1. Sintoniza con tu guía interior (ver capítulo 2).

2. Pregúntate: Si fuera totalmente libre, ¿qué haría ahora mismo?

3. Ahora pregúntate: ¿Por qué no lo estoy haciendo?

4. Enumera todos los obstáculos que te impiden hacerlo:

_____

_____

_____

5. Rastrea cada obstáculo hasta que llegues a la creencia restrictiva subyacente. Cuestiona la creencia hasta que percibas su falsedad. Por ejemplo:

- Si te das cuenta de que no estás obedeciendo a tu verdadera naturaleza debido a condicionamientos sociales, pregúntate si ese condicionamiento coincide con tu verdad.

- Si dudas de tu propia valía o de tu capacidad para obedecer a tu naturaleza sin causar daños, cuestiona tus dudas.

- Si el obstáculo es logístico, cuestiona la convicción de que no puedes encontrar la forma de resolver el problema. Luego resuélvelo.

- Si el obstáculo es falta de información, consigue la información que necesitas.

6. Vuelve a preguntarte: Si fuera absolutamente libre, ¿qué haría?

7. Reconoce que *eres* libre.

8. Haz exactamente lo que quieres.

Muchos clientes me dicen que sus vidas se irían directamente al infierno si practicaran este ejercicio al pie de la letra. Pero estas predicciones pesimistas resultan ser invariablemente falsas. La gente que dice: «Lo que realmente quiero es pasarme la vida bebiendo cerveza en una playa» se aburren al cabo de tres días y empiezan a forjar ideas prácticas. Padres que temen abandonar a sus hijos terminan contratando a una niñera de vez en cuando, lo cual aporta mucha más alegría a su labor parental. Personas que temen acabar liándose a puñetazos con sus compañeros de trabajo descubren que, una vez que hacen lo que quieren con su vida, la hostilidad flotante deja paso a la amistad.

Espero que, cuando empieces a hacer lo que realmente quieres, tengas experiencias apacibles e insignificantes como estas (no dramáticas y perturbadoras como la mía). Espero que cuando encuentres tu verdadero camino, nunca te alejes de él. Pero si tienes tropiezos, y todos los tenemos, no pasa nada. Vuelve al proceso básico de la integridad. Ve más despacio, pero sigue adelante. Repítelo mil veces, de manera sistemática: advierte los síntomas de la selva oscura del extravío, rastrea la falsa creencia que te lleva allí, cuestiona la creencia, sintoniza con tu verdadera naturaleza, y responde creativamente según tus valores reales. Cada vez lo harás mejor. Un tropiezo no es el fin del mundo.

Rayya tuvo un tropiezo significativo pocos meses antes de morir. El miedo y el sufrimiento físico, además de las grandes dosis de opiáceos que los médicos le daban para calmarle el dolor, la llevaron a caer en la adicción que había dejado años antes. Pero cuando se dio cuenta de que iba a destruir los últimos meses de vida que le quedaban, corrigió el rumbo. Como se trataba de Rayya, el giro que dio fue inmenso, no de un solo grado (no lo intentéis en casa). Reclutó a otra antigua adicta para ayudarla, dejó las drogas, pasó un síndrome de abstinencia de pesadilla y reapareció con más integridad que nunca.

Poco antes de morir me llamó para pedirme perdón por si había hecho algo ofensivo cuando estaba bajo el efecto de las drogas (no había hecho nada de ese cariz). La energía que percibí en esa llamada era impresionante: tan pura y cariñosa que, irónicamente, casi me sentí drogada yo misma. Dijo: «He pasado gran parte de mi vida mintiendo para conseguir lo que creía querer. Y he descubierto esto: si vivo en la verdad, siempre salgo bien parada. Porque solo la verdad tiene piernas. Al final del día, es lo único que queda en pie».

El único tatuaje que tengo, en el tobillo derecho, es esta frase: *La verdad tiene piernas*. Me recuerda cada día que llene mi tiempo con lo mejor de la vida, para cumplir con mi propia integridad y con la memoria de mi amiga. Ella vivió sus últimos meses y, al final, murió haciendo exactamente lo que su verdadera naturaleza había elegido, rodeada de amor, risas, sentido de la pertenencia, propósito y paz.

Épico.

12

Recuperar el edén

Sharee era una de las personas más radiantes que he conocido en mi vida. Nunca habrías imaginado la historia tan horrible que le había tocado vivir. Creció en Kentucky, en el seno de una pequeña secta cristiana a cuyo lado los mormones eran una fiesta estudiantil. A los quince años Sharee se quedó embarazada, dejó el instituto y se casó con su novio, Nathan. A los veinticuatro años (mucho antes de conocerla yo) ya tenía otros cinco hijos. Fue entonces cuando Nathan, un obrero de la construcción, se cayó de un andamio y sufrió una grave lesión cerebral.

Sin ingresos, con abultadas facturas médicas y ocho bocas que alimentar, Sharee se puso a buscar trabajo. Esperaba que sus padres y sus suegros la ayudaran a cuidar de los niños… pero en su secta a las mujeres se les prohibía tajantemente trabajar fuera del hogar. Según su suegra, si Nathan no se recuperaba milagrosamente era por culpa de los pecadores planes laborales de Sharee. Agotada, abrumada por el dolor y totalmente perdida en la selva oscura del extravío, Sharee decidió suicidarse.

Su plan era arrojarse por un precipicio que había no muy lejos de su casa, para que sus seres queridos creyeran que se había caído. «No quería abandonar a mis hijos», me confesó muchos años después, «pero sufría demasiado. No pensaba con claridad». Una noche salió de casa y anduvo hasta la salida del sol, que fue cuando llegó al borde del precipicio. «En aquel momento lo tenía clarísimo. Iba a morir. No tenía ninguna duda. Así que me senté para echar un último vistazo a todo».

Contemplando el amanecer, Sharee cortó las amarras psicológicas que la ataban a su identidad, su cultura, su familia e incluso su cuerpo. Entonces ocurrió algo extraño. «Fue como si alguien le hubiera dado al interruptor de la luz y el mundo se hubiera encendido», dijo. «Como si todo hubiera pasado de ser en blanco y negro a ser de color. Me sentí totalmente libre. Sentí un chispazo de energía que me recorría todo el cuerpo. Era la *vida*, y aquello me gustó. Me di cuenta de que no quería acabar con mi vida, solo con la forma en que estaba viviendo. Cuando me veía como persona muerta no me importaba lo que los demás pensaran de mí. En cierto modo aquella sensación me dio permiso para dejar de preocuparme tanto por todo».

Sharee no saltó al vacío. Volvió a su casa y, con ayuda de algunos amigos, se las arregló para acabar la enseñanza secundaria y obtuvo una beca para ingresar en una escuela de enfermería. Y aunque su vida no fue fácil durante muchos años, su mundo interior nunca volvió a ser el páramo gris que había sido antes.

He conocido a algunas personas como Sharee, personas que se deshicieron de gran parte de su socialización en un momento trascendental y se sintieron instantánea y permanentemente más libres. Creo que algo parecido, en versión reducida, me ocurrió a mí el día que leí el *Tao te King*. De repente, me liberé de muchas creencias tortuosas. Y sentí que por mi cuerpo fluía una corriente eléctrica tan fuerte que corrí a meterme bajo una catarata. En japonés, esta experiencia se llama *satori*, que significa «iluminación repentina». En muchas otras tradiciones se llama *despertar*. Puede ocurrir en pequeñas dosis que se van incrementando o en dosis potentes e irreversibles.

Personas del mundo entero, en distintas épocas de la historia, han contado que han experimentado el *satori*. Sin compartir referencias culturales ni conocerse, describen la experiencia de forma muy parecida.

Los científicos han descubierto que este «despertar» está asociado a estados concretos del cerebro. En otras palabras, no solo es real sino que se puede observar empíricamente. Para las personas que experimentan un fuerte *satori*, todo el mundo parece cambiar, porque cambia la forma en que esas personas ven el mundo. Creo que, si recorres lo suficiente el camino hacia la integridad, te ocurrirá algo parecido. En ese momento puede que no tengas la definición de una vida perfecta tal como la ve tu cultura. Pero conectarás con ideas y estados mentales que van más allá de la cultura, que alcanzan una forma de ser más vívida, con menos miedo y más amor por la vida.

EL DESPERTAR DE DANTE: LAS TRES TRANSFORMACIONES

Cuando Dante alcanza por fin la cima del purgatorio, ocurren tres cosas que propician su despertar. Primera, se encuentra en un bosque tan encantador y armonioso que inmediatamente reconoce que es el Jardín del Edén. Segunda, encuentra a Beatriz, su primer amor, que había muerto muy joven. Ella le ordena categóricamente que despierte, le dice que deje de pensar y hablar como «en sueños». Tercera, Dante se sumerge en dos lugares de un río de aguas transparentes. El primer lugar hace que olvide todo lo que ha hecho mal alguna vez y el segundo hace que recuerde todo lo que ha hecho bien. El último paso en el purgatorio, para todos nosotros, es volver al Edén y recuperar la inocencia perdida.

¡Pues muy bien! Pero ¿cómo?

Veamos una por una estas extrañas metáforas.

La primera transformación: Recuperar el Edén

Como vimos en el capítulo anterior, practicar y perfeccionar nuestra integridad ajusta gradualmente todas las estructuras de nuestra vida interior y exterior. Cuando vemos algo de nuestra vida que no pega con nuestra verdadera naturaleza, lo abandonamos o lo eliminamos reemplazándolo por cosas basadas en la verdad. Así mejora nuestra vida de manera creciente. Creamos tanta armonía que al final nos encontramos en nuestro propio Jardín del Edén.

En el caso de Shareen, una repentina ruptura interior inició una lenta reconstrucción de su conducta exterior; su *satori* fue espectacular, pero su vida cambió muy lentamente. Las creencias, en el caso de otras personas, desaparecen más gradualmente, pero las circunstancias cambian rápido. ¿Con qué rapidez? Eso depende de dos factores: hasta qué punto han sido socializadas y hasta qué punto haya destruido su cultura la expresión de su verdadera naturaleza.

Por ejemplo, Derek y Jim eran dos jóvenes blancos de clase media que habían fundado una compañía al terminar la carrera de Empresariales. Jim se había vuelto cada vez más narcisista y deshonesto durante veinte años. Sus enfados y sus trampas económicas casi llevaron a la compañía a la ruina. Derek era leal con él porque creía en cosas como «Es mi amigo» y «Tengo que encontrar la forma de trabajar con Jim». Esas creencias se vinieron abajo en el acto cuando Derek las analizó. Este disolvió la sociedad y fundó un negocio en solitario, que prosperó. Cultivó la integridad pasando de la dificultad a la armonía. El camino que tuvo que recorrer Lucía fue más difícil. Quería encontrar la integridad, pero en vez de encajar en las normas culturales estadounidenses se integró en una multinacional para (según dijo ella misma) «triunfar como una persona blanca en un mundo blanco», y en cambio abrazó su identidad como latina *queer*. Mientras daba giros de un grado en su propia vida, acabó creando una especie de Edén en miniatura en su propia casa. El lugar bullía de amigos que no solían sentirse seguros en otros lugares: personas de todas las razas, géneros, historias e intereses. No había dos personas que se parecieran, pero Lucía daba vida a una forma de inclusión que los hacía sentirse seguros y queridos.

Si llegas al camino de la integridad en un contexto de injusticia social (racismo, represión política, fundamentalismo religioso) tengo buenas y malas noticias para ti. Las buenas son que, si el sistema te causa mucho sufrimiento, te resultará más fácil ver los puntos en que tu cultura no encaja con tu verdad (¿felicidades?). Las malas son que «crearás el Edén» en condiciones adversas. Muchas personas que han defendido los cambios sencillos en busca de la integridad han sufrido agresiones de esos sistemas. Así que mientras sigues dando giros de un grado hacia la integridad, ve con calma y consulta a menudo con tu guía interior. Los lugares más peligrosos para hacer cambios son también los que más desesperadamente los necesitan.

EJERCICIO
Crear el Edén

Si sabes aprovechar los giros de un grado descritos en el capítulo anterior, con el tiempo crearás automáticamente un Edén personal. Pero si estás dispuesto a emprender algo más ambicioso, prueba lo siguiente:

1. Busca algo en tu comunidad (barrio, congregación, lugar de trabajo, nación) que te parezca injusto o perturbador. Descríbelo aquí:

   _____

   _____

2. Ahora responde a la pregunta del capítulo 7: ¿Qué podría crear de positivo en relación con lo que acabo de describir y de acuerdo con mis valores básicos? Escríbelo:

   _____

   _____

3. Ahora haz un pequeño cambio, gira un grado hacia la medida que acabas de describir. Da un giro cada día. Recuerda que las grandes transformaciones pueden hacerse con pasos diminutos. Lo que empieza siendo tu Edén personal puede llevarte más lejos de lo que crees.

La segunda transformación: Transparencia total y rayos del amor

Mientras se adentra en el Edén, Dante llega a un río tan transparente que «no esconde nada», del mismo modo que el centro puro de nuestra vida interior no alberga secretos ni mentiras. Los científicos sociales nos dicen que la «transparencia» es una condición fundamental para familias, equipos o gobiernos sanos. Pero este nivel de integridad requiere una clase especial de valor: la voluntad de que nos vean como somos.

Dante está en la orilla del río y oye llegar a un grupo de ángeles. Con ellos va una gran señora. Por supuesto, es Beatriz, el primer amor de Dante, que lleva muerta varios años. Sería de esperar que hubiera a continuación una escena de ternura, como el final de la película *Ghost*, donde Demi Moore puede ver a su novio fallecido (Patrick Swayze) y comparten un momento de intimidad dulce y salvífica. Esto no ocurre en *La Divina Comedia*. Cuando la difunta novia se le aparece, su presencia le resulta dolorosa.

Ante todo, Beatriz no es una ingenua ni una tontorrona. Tiene el porte de una generala y resplandece como el relámpago. Bajo esa radiación implacable, Dante es transparente: Beatriz ve a través de él. Ella no es cruel, pero tampoco se anda con miramientos. Le explica que, después de su muerte, vio desde el cielo que él se alejaba del amor para extraviarse en la selva oscura. Beatriz trató de salvarlo: le lanzó dardos de inspiración, se le apareció en sueños, hizo de todo menos tirarle de las orejas, algo que no podía hacer porque no podía descender tanto del paraíso. Por último llamó a Virgilio para que buscara a Dante y lo guiara por el infierno y el purgatorio hasta la cima de la montaña. Ahora tiene la suficiente integridad para soportar la presencia celestial de Beatriz... pero poco más.

Algunos estudiosos de Dante se quedan un poco desconcertados por el hecho de que Beatriz no sea *buena*, en el sentido en que las culturas humanas esperan que sea una mujer. ¡Escandaloso! Yo no veo a Beatriz como a una mujer al uso. A mí me parece otra versión de aquella indescriptible luz brillante que vi en el quirófano hace treinta años. Me dijo lo mismo que Beatriz le dice a Dante: *Siempre te he amado. Siempre he intentado ayudarte. Estás destinado a ser feliz. No vuelvas a olvidarme.*

Ignoro si Dante tuvo alguna vez una experiencia como mi encuentro con aquella luz (es mucho más habitual de lo que la mayoría cree). Pero si leyéramos *La Divina Comedia* como una metáfora de la vida interior, Beatriz podría ser el alma de Dante: la radiación, el amor y el poder puros que es la esencia de su ser, y del de todo el mundo.

Como escribió Marianne Williamson, «Nuestro miedo más profundo no es que seamos imperfectos. Nuestro miedo más profundo es que somos inconmensurablemente poderosos. Es nuestra luz y no nuestra oscuridad lo que más nos asusta». Esto lo he visto en todos los clientes que siguen el camino hacia la integridad hasta la felicidad. La cultura les ha enseñado a menospreciarse, a pensar, como dice Williamson: «¿Quién soy yo para ser brillante, esplendoroso, con talento y magnífico?». Pero según sus vidas son guiadas por la verdad, empiezan a brillar... de igual forma que brillaron Sharee, Derek, Lucía y sus amigos. Se volvieron radiantes, tan atrayentes como superimanes. La gente empieza a fijarse en ellos y luego ya no pueden dejar de mirar.

Y su reacción inicial a esto, casi siempre, es de miedo y vergüenza.

Recuerda que la cultura nos inculca a casi todos una «vergüenza original» que dice que nuestra auténtica naturaleza es algo malo. Así que escondemos partes de nosotros mismos, incluso a nosotros mismos. Luego nos sentimos desesperadamente solos, anhelando que nos vean y nos amen tal como somos. Y así, cuando empezamos a revelar nuestra auténtica naturaleza (Sharee poniéndose a trabajar, Derek echando a Jim, Lucía aceptando su identidad), la vergüenza original puede hacernos sentir casi insoportablemente vulnerables. Dante ni siquiera puede mirar a Beatriz, que lo ve y lo ama profundamente. Él se queda mirando la hierba, derramando lágrimas de vergüenza.

Cuando alcanzas la integridad pura y empiezas a formar tu propio Edén, puede que te vuelvas más transparente de lo que has sido nunca. Puede que digas de repente que amas a alguien sin saber cómo va a reaccionar. Puede que establezcas fuertes límites, adquiriendo un nuevo nivel de respeto a ti mismo. Puede que expreses opiniones políticas impopulares en tu vecindad. Puede que abraces a un extraño que está sufriendo. Puede que empieces a afirmar tu verdad con tanto desparpajo que apenas te reconozcas.

En esta fase puede que te sientas desnudo y que eso te asuste. Como persona que ha participado en algún programa de televisión, sé que, cuando alguien es «maquillado» para salir en un *reality show*, casi siempre finge estar encantado ante las cámaras y luego corre a casa, se quita el maquillaje y vuelve a ponerse una sudadera vieja y agujereada por la polilla como si su vida dependiera de eso. Ser vistos de una manera que no controlamos nos aterroriza. Es importante reconocer este miedo, encontrar las creencias que lo causan (normalmente mensajes culturales de vergüenza), cuestionar esos pensamientos y seguir adelante.

El poeta William Blake dijo: «Nos ponen en la tierra por un breve espacio / en el que podemos aprender a soportar los rayos del amor». Los rayos del amor, como los rayos de sol, iluminan nuestras vidas. Son lo que todos queremos y necesitamos. Pero la luz, sobre todo al principio, es demasiado brillante. Queremos volvernos, como Dante ante Beatriz. Pero ella no se lo permite. Sabe que Dante necesita mirar el amor que lo está mirando a él. Y tú también.

EJERCICIO
Soportar los rayos del amor

1. Cuando te acercas a la integridad pura, tus decisiones de girar un grado te pondrán finalmente en compañía de alguien en quien confías. Puede que sea un amigo, un grupo de doce pasos, tu pareja o un pariente. Lo llamaremos «el otro de confianza». Cuando pienses en alguien, ve al paso 2.

2. Piensa en algo que no le hayas contado a tu otro de confianza, algo que te parezca demasiado delicado para compartirlo. Quizá sea algo de tu pasado de lo que te avergüenzas, como haber estado en una relación violenta o haber fracasado en algo importante. O quizá sea solo amor, anhelo o esperanza y ese sentimiento hace que te sientas vulnerable. Descríbelo:

   _____

   _____

3. Concédete ese momento, pero fíjate en que según te acercas al otro de confianza, *ambos teméis, ambos queréis que se revele el secreto que estás escondiendo.* Conforme aumente el deseo de ser conocido por completo, haz propósito de contarle el secreto al otro de confianza, cuando la situación se muestre oportuna.

4. Cuando llega la ocasión (que llegará) cuéntale ese asunto delicado al otro de confianza.

5. Y ahora viene la parte más importante: si su respuesta te parece indiferente o falta de cariño, termina la conversación y cuéntaselo a otra persona. Pero si responde con amor y aceptación, míralo a los ojos.

Suelo hacer este ejercicio en grupos. Un participante valiente se atreverá a hablar de su ira o su soledad. Luego, invariablemente, baja la mirada. Pido que todo el que sienta comprensión solidaria por el que ha hablado levante la mano y la mantenga en alto. Luego le pido al orador que mire, uno por uno, a los ojos de todos estos extraños que empatizan con él. La mirada a los ojos es una potente forma de encender las neuronas-espejo y cambiar lo que sentimos por los otros. Una y otra vez, he visto que este potente ejercicio «resocializa» a las personas, reduce la vergüenza original y crea la sensación de estar a salvo entre humanos. Hazlo a tu aire, pero inténtalo.

La tercera transformación: Olvido y belleza

Beatriz mira directamente a Dante, lo mira a los ojos, pero él no levanta la vista. Así que ella toma medidas más espectaculares. Le dice que tiene que despertar, que «de vergüenza y de temores libre te quiero» pues le hacen «hablar como el que sueña». Entonces uno de los ángeles que acompañan a Beatriz arrastra a Dante al río. El ángel lo sumerge dos veces, una en cada orilla. Una se llama Leteo, «olvido» en griego. Este chapuzón borra en Dante todo recuerdo de las cosas que ha hecho mal. El lado opuesto del río es el Eunoe (*eunoia* es una palabra griega que significa «pensamiento bello»). Tras sumergirse allí, Dante no deja de recordar todas las cosas que ha hecho *bien*.

Es una escena extraña, desde luego no tiene nada que ver con la parte del dogma religioso que Dante pudo haber aprendido yendo a misa todos los domingos. Pienso que el poeta creó este doble chapuzón en el Leteo y el Eunoe como metáfora de algo que experimentó literalmente a un nivel psicológico.

Al observar a los clientes cuando recorren el camino hacia la integridad, noto que sus pautas de pensamiento cambian igual que le pasa a Dante en el río. Su tormento interior (basado siempre en falsedades) comienza a menguar. Crece y se intensifica la imagen de ellos mismos (basada en la verdad) como valiosos y dignos de ser amados. Esto podría reflejar literalmente un cambio físico en la estructura cerebral. Los neurocientíficos han demostrado que los meditadores que pasan muchas horas absortos en sus pensamientos y concentrándose en la comprensión solidaria tienen menos actividad neuronal en partes del cerebro asociadas a las emociones negativas, y un tejido neuronal inusualmente denso en zonas ligadas a la empatía, el amor y la alegría. Cuanto más practican, mayor es el cambio. Están, literalmente, «recableándose» para la felicidad.

Las religiones orientales, así como muchas tradiciones chamánicas, tienen formas pragmáticas y metódicas de propiciar esta modificación interior. Casi todos estos métodos comportan largos periodos de introspección silenciosa, no para aprender nuevas ideas, sino para aflojar el asimiento de los pensamientos. Las prácticas religiosas occidentales, como «la oración centrante», tienen efectos similares. Pero la sociedad secular moderna no tiene muchas prácticas para liberarnos deliberadamente del miedo y la vergüenza. La terapia puede funcionar, pero es muy lenta, y la investigación indica que el solo hecho de contar la verdad a un terapeuta es más importante que cualquier tipo concreto de intervención.

La práctica más potente que he encontrado en la cultura estadounidense nos la proporciona la escritora y guía espiritual Byron Katie, a quien presenté en el capítulo 6. Katie sufrió durante decenios una horrible depresión, ansiedad y agorafobia. En un momento dado, era tan desgraciada que ingresó en una residencia para mujeres con trastornos alimentarios, el único lugar cercano a su casa que ofrecía cuidados hospitalarios. Estaba tan furiosa y era tan infeliz que las demás pacientes la obligaban a dormir en un cuarto del desván porque tenían miedo de que pudiera matarlas mientras dormían.

Entonces Katie experimentó un *satori* brusco y absoluto. Se despertó una mañana incapaz de creer sus propios pensamientos. De repente, todo en el mundo (incluida la misma Katie) se le presentaba de un modo asombroso, nuevo, hermoso. Más tarde escribiría:

> «Descubrí que cuando creía mis pensamientos sufría, pero cuando no los creía, no sufría, y esto es válido para todos los seres humanos. La libertad es así de simple. Descubrí que sufrir es opcional. Encontré dentro de mí un gozo que nunca ha desaparecido, ni por un solo instante. Ese gozo está en todos, siempre».

Con este nuevo punto de vista concibió un método para liberarse de pensamientos que causan sufrimiento. Katie lo llama «el Trabajo». Como he dicho, es la herramienta más potente que conozco para dar a la gente un doble chapuzón en el Leteo y el Eunoe. Pero antes de enseñarte este ejercicio, quiero contarte cómo me afectó a mí.

REMONTAR EL PURGATORIO, UNA Y OTRA VEZ

Estoy contando gran parte de mi historia en este libro porque quiero que veas que el camino hacia la integridad es reiterativo: Dante lo recorre solamente una vez en *La Divina Comedia*, pero podemos ir desde la selva oscura hasta el infierno y al purgatorio varias veces mientras despejamos nuestro sufrimiento en diferentes áreas de la vida.

Así que en mi caso, cuando me dieron el diagnóstico de Adam, abandoné mis creencias sobre el intelectualismo. Tras regresar a Utah, reparé el daño causado por mi trauma infantil. Luego reconsideré mi religión, luego mi trayectoria académica, después mi orientación sexual y más tarde mi matrimonio. Mientras iba alineando todos estos asuntos con mi integridad, rompí casi todas las normas de las varias culturas que me habían socializado… y me encontré más feliz que nunca.

No tardó en formarse mi Edén a mi alrededor. John y yo nos fuimos de Utah, más bien huimos, para vivir en Phoenix, donde seguimos criando a nuestros hijos y encontramos trabajo en la American Graduate School of International Management (Thunderbird). Los dos terminamos teniendo relaciones homosexuales serias, así que mis hijos tienen ahora cuatro progenitores en lugar de dos. Mi vida parecía totalmente extraña desde la perspectiva de cualquier cultura humana. Pero los síntomas de mi extravío en la selva oscura desaparecieron. Me sentía tranquila y feliz por primera vez en mi vida. Mi «progresiva e incurable» enfermedad del sistema inmunitario empezó a remitir. Eso me permitió escribir y publicar mi primer libro.

Ese primer libro no fue bien en términos comerciales. (Si eres una de las siete personas que lo compraron, te lo agradezco). Caramba, pensé. Sé escribir libros, pero nadie los lee. Esto me dio libertad para contar más verdades. Empecé a escribir con más transparencia, y publiqué una biografía de mi hijo que al final fue más sincera e íntima de lo que yo había pretendido. Me quedé atónita cuando el libro se convirtió en superventas. La gira de promoción no terminaba nunca: presenté el libro en todo Estados Unidos y en otros países. Suena genial, lo sé, y estaba muy agradecida. Empecé a escribir para revistas, y aterricé como columnista mensual en *O, The Oprah Magazine*. Pero me esforzaba por asimilar los rayos de amor de muchísimas personas.

Entonces fue cuando el camino hacia la integridad volvió a infundirme miedo. Siempre había pensado que, si tenía la suerte de conseguir algo de credibilidad en el mundo, la usaría para escribir sobre mis experiencias con los mormones. Creía que mucha gente, gente con muy poco poder, vivía la misma clase de sufrimiento, abuso y presión social que yo había padecido de niña. En las muchas ocasiones en que alguien me decía: «Sigo siendo mormón gracias al trabajo de tu padre», yo no había respondido que mi padre era un dudoso guía espiritual. Abandonar a todas aquellas personas que sufrían sin hablar por ellas no me parecía muy íntegro.

Primero escribí una novela muy mala sobre la educación mormona. Utilizar la ficción, pensé, me permitiría contar mi historia sin demasiado revuelo. Pero mi editor sugirió que dejara esa estrategia y escribiera el libro como unas memorias. Yo sabía que eso suscitaría algo más que «rayos de amor». De hecho, pensaba sinceramente que podían llegar a matarme. Pero se trataba de la integridad. Así que dupliqué la prima de mi seguro de vida, respiré hondo y escribí un libro titulado *Leaving the saints*.

Esta vez no tuve que avanzar a tientas hacia el infierno.

Claro que no.

El infierno vino directamente hacia mí.

Podría escribir otro libro sobre el alud de ataques culturales para que diera marcha atrás que me cayó encima cuando los mormones se enteraron de lo que había escrito. Estaba convencida de que no iba a sobrevivir. Las amenazas no cesaban. Algunas consistían en descripciones gráficas de cómo me matarían a mí, a mis hijos y a otros seres queridos. Mis parientes me dijeron que estaban planeando demandarme por delito federal para que me encarcelaran.

Durante la gira de promoción, los mormones aparecían en todas partes a las que iba, con intención de bloquear mi aparición en las noticias y programas de televisión. Mi familia y otros miembros de la Iglesia lanzaron su propia campaña publicitaria, denunciándome públicamente como demente y vengativa. Ciertos miembros de la Iglesia iniciaron una campaña de correos electrónicos para que me echaran de mi trabajo en la revista; alguien me envió una copia de las instrucciones que explicaban cómo escribir un correo electrónico a Oprah para atacarme, detallando a Oprah que el remitente no era de Utah, y guardándose de mencionar que el autor era mormón. Alguien modificó mi página de Wikipedia, borrando toda referencia a mi educación y presentándome como enferma mental. Más tarde descubrí que mi hija, adolescente a la sazón, había reescrito varias veces la página, y que al cabo de unos minutos ya habían restaurado la versión negativa.

Esta era mi situación cuando me hice con un ejemplar del libro de Byron Katie, *Amar lo que es*. Lo elegí por dos razones. Primera, porque entré en una librería del aeropuerto para no ser reconocida y *Amar lo que es* estaba expuesto al lado de un excelente escondite. Segunda, me fijé en que el coautor del libro de Katie (su marido, como descubrí pronto) era Stephen Mitchell. ¿Recuerdas el libro sobre filosofía china que me hizo ir corriendo hasta una catarata? El traductor de ese libro era precisamente Stephen Mitchell. Compré *Amar lo que es*, subí al avión, encontré mi asiento y me cercioré de que no había mormones furiosos a bordo (se los reconoce porque sonríen mucho).

Cuando vi que no había ninguno, abrí el libro de Katie. Aprendí que el Trabajo es un conciso y elegante ejercicio para arrinconar pensamientos que causan sufrimiento y encontrar una nueva perspectiva en la vida. Consiste en cuatro preguntas y en algo que ella llama «la inversión». He aquí las breves instrucciones para hacer el Trabajo. Recomiendo con entusiasmo que estudies cómo utiliza Katie el Trabajo en sus libros, en videos *online* y en actos en directo. Y ya de paso, este es tu ejercicio para este capítulo, así que empuña un bolígrafo y sumérgete cuando tengas ganas de hacerlo.

EJERCICIO
El Trabajo de Byron Katie

Paso uno

Ten un pensamiento que te haga sentir mal. Descríbelo:

_____

_____

Paso dos

En relación con este pensamiento doloroso, hazte las cuatro preguntas siguientes. No des respuestas rápidas ni facilonas: si quieres liberarte del sufrimiento, deja que las preguntas entren en tu conciencia y presta atención a lo que surge dentro de ti.

1. ¿Es eso verdad? (Sí o no. Si no lo es, pasa a la pregunta 3).

2. ¿Tengo la absoluta certeza de que eso es verdad? (Sí o no).

3. ¿Cómo reacciono cuando tengo ese pensamiento?

4. ¿Quién sería sin ese pensamiento?

Paso tres

Piensa en «la inversión»; es decir, piensa lo contrario del pensamiento doloroso inicial. Dale la vuelta a ese pensamiento de todas las formas posibles. Trata de orientarlo en sentido opuesto, respecto ti y respecto al otro.

Por ejemplo, si el pensamiento doloroso es «No le gusto a Paul», un pensamiento contrario sería «Le gusto a Paul». Si inviertes el pensamiento respecto a ti mismo, podrías decir: «No me gusto». Si lo inviertes respecto al otro (en este caso Paul), podrías pensar: «A Paul no le gusta Paul». Considera cómo cualquiera de estas inversiones puede ser tan verdadera, o más verdadera, como el pensamiento original.

La primera vez que hice este ejercicio me asaltaron muchos pensamientos angustiosos con los que trabajar. Seleccioné uno que no dejaba de repetirse: «Va a ocurrirme algo terrible por haber escrito ese libro».

La primera de las cuatro preguntas de Katie, «¿Es eso verdad?», me pareció reconfortante; desde los dieciocho años me había estado preguntando si mis juicios eran auténticos. Sin embargo, este pensamiento infernal en concreto, «Va a ocurrirme algo terrible por haber escrito ese libro», parecía sólido. Desde luego, había personas furiosas que no dejaban de hacerme creer que era verdad. Pero en respuesta a la segunda pregunta de Katie, «¿Tengo la absoluta certeza de que eso es verdad?», tuve que admitir que la respuesta era no. No en términos *absolutos*. (Hemos vuelto a Kant).

Entonces pasé a la tercera pregunta de Katie: «¿Cómo reacciono, cuando tengo ese pensamiento?». Me fijé en mi respuesta emocional y física. El pensamiento «Va a ocurrirme algo terrible por haber escrito ese libro» hacía que me sintiera enferma, asustada y atrapada. Hacía mucho que había aprendido que las verdades no sabían a veneno. Resuelto.

Luego llegué a la cuarta pregunta y esta me llevó al río Leteo. Es parecido al ejercicio del capítulo 11 en que te pedí que imaginaras qué harías si fueras totalmente libre. Pero esta libertad no está en todos los hechos, solo en relación con una creencia. Pregunta: «¿Quién sería sin ese pensamiento?»

Tardé mucho en desprenderme del pensamiento «Va a ocurrirme algo terrible por haber escrito ese libro». Pero finalmente lo conseguí. La terrorífica afirmación cayó en el Leteo, en el olvido. Me sentí tranquila y relajada; era una simple pasajera en un avión. Era maravilloso estar en una situación en que no se me iba a acercar nadie amenazante, y sin nada más que hacer. Podía quedarme allí sentada, suspirando de alivio. No iba a ocurrir nada especial y era como estar en el cielo. Me regodeé un rato en esa sensación y entonces abordé el último paso del Trabajo, la inversión.

Esto también me costó un poco, porque no se me ocurrían muchos opuestos convincentes para el pensamiento «Va a ocurrirme algo terrible por haber escrito ese libro». Cuando probé la inversión «No va a ocurrirme nada horrible", me sonó a mentira. Ya habían destrozado todas las plantas de mi patio y aterrorizado a mi familia. Así que probé con otras inversiones hasta que encontré una que parecía absurda. La inversión en cuestión era: «Voy a causar algo terrible por haber escrito ese libro». Lo pensé durante un rato. Al introducirse en mi entendimiento, me sumergí en las aguas del Eunoe.

«Les va a pasar algo terrible».

Recordé a las jóvenes mormonas que habían llorado en mi despacho de la BYU. Pensé en la amiga a la que me confié y que luego se quitó la vida. Pensé en que mi padre había «mentido por el Señor» durante toda una vida.

Les va a pasar algo terrible.

No era una afirmación tranquilizadora. Era extraña y feroz, la clase de frase que diría la Beatriz de Dante. Me hizo recordar quién era yo: libre, consciente y afortunada por haber conseguido un poco de atención por parte del mundo. Me recordó que había esperado a escribir *Leaving the saints* hasta estar segura de que era fruto de la comprensión y no de la ira.

Estaba a kilómetros de distancia de la iluminación. Pero la afirmación «Les va a pasar algo terrible » hizo añicos casi todos mis miedos para siempre. Aún pensaba que podía ser mi ruina, ir a la cárcel o ser asesinada, pero eso no me inquietaba. Me sentía mucho más en paz que si no hubiera desafiado a un sistema que en mi entender hacía daño a las personas. En este aspecto de mi vida me había deshecho del miedo y la vergüenza. Ya no volví a hablar como en sueños.

EMPEZAR A DESPERTAR

El sueño (el sueño de cualquiera) es la versión de la realidad que vemos porque así lo han programado nuestra cultura y nuestros traumas. Si sigues recorriendo el camino hacia la integridad, el sueño debe terminar. Tu Edén se formará a tu alrededor. Empezarás a abrirte, a permitir que se vea tu verdadera naturaleza, a aprender a tolerar el resplandor de tu propia alma y de los rayos de amor que inevitablemente atrae esta última. Cuando llegues a toda tu verdad en todas las áreas, es muy probable que comiences a tener momentos de *satori*, en los que sentirás un repentino brote de una extraña e incontenible energía, y el mundo entero adquirirá de repente unos colores más vivos. Te encontrarás inmerso en una transparencia pura, en la que tu sufrimiento desaparecerá en el olvido y será reemplazado por pensamientos hermosos.

El mérito del Trabajo de Byron Katie es que te muestra cómo proceder más allá de tu aprendizaje cultural, más allá de todas las creencias que te hacen daño. Te muestra que el siguiente paso hacia el despertar es siempre lo contrario de las creencias que más te angustian.

En el caso de Sharee, la mentira «Quiero morir» viró hacia la verdad «Quiero vivir». En el de Derek, «Tengo que encontrar la forma de trabajar con Jim» se convirtió en «Tengo que encontrar la forma de trabajar sin Jim». Lucía cambió el pensamiento «Debería ser más normal» por la de «Debería ser *menos* normal». Puede que esto no tenga nada que ver contigo, pero para cada una de estas personas la inversión las hizo escuchar la voz de la verdad.

Este método revela que las mentiras más dolorosas de la integración en la cultura sirven como portales hacia la iluminación. Aplícalo a las creencias que más te torturan y te darás cuenta de que todo ese atroz sufrimiento solo es la realidad que trata de despertarte por todos los medios. Cuando dejamos que las mentiras dolorosas se disuelvan en el olvido y las miramos desde el lado opuesto, nuestra perspectiva invertida nos dice cómo trascender la cultura. Esto nos hace libres para ser nosotros mismos. Pero no es el final del viaje. Como dice Dante, cuando llegamos a este punto, estamos preparados para subir «a las estrellas».

CUARTA ETAPA

PARAÍSO

13

Dentro del misterio

Dante emerge del Eunoe totalmente despierto. Sin autoengaño, miedo ni vergüenza, está en un estado de integridad total: cuerpo, mente, corazón y alma están en sintonía con la verdad. Y como el avión cuya integridad de la estructura está garantizada, del que hablé en la «Introducción», puede volar.

Dante se eleva sin esfuerzo, con Beatriz a su lado, hasta que entra en el paraíso. En este punto, Dante hace algo inusual en un escritor. Nos dice que dejemos de leer. No con medias palabras, «Puedes dejarlo ahora si quieres», sino con vehemencia, «¡DEJA DE LEER YA!» Se compara con un barco a punto de cruzar aguas muy profundas y le preocupa que tratemos de seguirlo en una «barca muy pequeña». No está seguro de que estemos a la altura de la misión. «Volved a vuestras playas», escribe. «El mar al que me dirijo nunca ha sido cruzado».

Algunos comentaristas dicen que Dante da rienda suelta aquí a su arrogancia y que se jacta de tener tanto talento que ningún lector podrá seguir su brillante lógica y su exquisita maestría. No estoy de acuerdo. Creo que Dante tuvo una experiencia literal que le iluminó la mente hasta tal punto que comprendió que nada de lo que escribiera podría expresarlo por completo: un *satori* a lo grande.

Dante escribe que, cuando ha dejado de pensar («como alguien que sueña»), se encuentra en un lugar tan luminoso que es casi incapaz de describirlo. Su descripción repite términos utilizados por quienes conocen el fenómeno de la integridad absoluta: «despertar» e «iluminación». La imaginería y los conceptos que empleó para hablarnos del paraíso son similares a descripciones del estado de iluminación obra de maestros Zen, yoguis hindúes, místicos gnósticos y sufíes, y chamanes de diversas culturas tribales. Por eso creo que el «Paraíso» de Dante es un relato de su propio despertar. Lo que se lee como una fantasía podría estar más cerca de una descripción literal de lo que imaginamos la mayoría.

Investigaciones actuales muestran que la experiencia de la iluminación es una realidad neurológica coherente que puede ocurrir a diferentes niveles. Si sigues el camino hacia la integridad lo suficiente, también tú podías encontrarte «elevándote» en él... quizás en menor o mayor medida. En este capítulo nos fijaremos en los aspectos pragmáticos de este esotérico concepto, y estudiaremos cómo funciona y qué hacer al respecto.

CÓMO FUNCIONA EL DESPERTAR

Algunas personas experimentan la iluminación como un acontecimiento tremendo e irreversible. Otras lo sienten en momentos de introspección y percepción aumentada que gradualmente va aumentando y prolongándose. Byron Katie y Eckhart Tolle son dos autores modernos que experimentaron un intenso *satori*. Ambos saltaron de repente de la desgracia más profunda a la felicidad absoluta. Ambos quedaron tan desorientados por la experiencia que tardaron años en readaptarse al «normal funcionamiento» de la sociedad. Casi todas las personas que siguen el camino hacia la integridad experimentan momentos de iluminación más discretos, que van sumándose hasta formar una nueva concepción del mundo.

En cualquier caso, la experiencia del *satori* es difícil de describir, en parte porque nuestra cultura no tiene lenguaje para ella y en parte porque, como dice Dante, es imposible describir con palabras algo que trasciende el estado humano. Siglos antes, el filósofo chino Lao Tse había escrito: «Los que saben no hablan: los que hablan no saben». Parece que esta impotencia es habitual entre quienes experimentan la iluminación: el lenguaje no puede describirla. Podrían hablarnos del sabor de la miel durante años, dicen, y no tendríamos más idea de lo que dicen que si probáramos una cucharada.

Aun así, algunos iluminados intentan describir lo que saben, y Dante es uno de ellos. Mientras recorre el paraíso trata de explicar dos percepciones básicas que son ajenas a su experiencia humana anterior. En primer lugar, ya no se siente separado de nadie ni de nada. Es obvio que para él todo el universo es una entidad única. En segundo lugar, su voluntad personal (los budistas podrían decir su «yo») comienza a disolverse y se reduce a paso firme según va adentrándose en el paraíso. Se encuentra orientado por un amor absoluto, que también motiva las acciones de todos los demás moradores del paraíso. La gente que conoce tiene sus propias identidades y objetivos, pero al mismo tiempo todos son uno, movidos por el amor.

Las personas iluminadas han descrito esto mismo a lo largo de la historia. La sensación de unidad y de disolverse en el amor aparece constantemente en personas que han «despertado». En su obra clásica *Las variedades de la experiencia religiosa*, el psicólogo William James resume elementos comunes que aparecen en historias de iluminación de todas las épocas y lugares. Entre ellos:

- Experiencia subjetiva de una «luz interior».
- Intensificación de valores morales o espirituales.
- Creciente sensación de iluminación intelectual.
- Pérdida del miedo a la muerte.
- Pérdida del sentido del pecado o la culpa.
- Transformación duradera de la personalidad.

Las personas educadas en nuestra cultura desestiman esos estados de iluminación, despreciándolos como religiosidad exacerbada, o los ven como una enfermedad mental (a pesar del hecho de que las personas que los han experimentado a menudo abandonan la religión y se vuelven mucho más estables mentalmente, más felices y más cariñosas). «¿Y a quién le importa?», dice nuestra cultura racional y materialista. «¡No son más que tonterías! Es una falsa ilusión percibir una luz interior, no tener miedo a la muerte, perder toda sensación de culpa. *¡Eso es atacar nuestro estilo de vida!*».

En efecto, lo es.

Pero eso no lo hace menos real.

El neurólogo Andrew Newberg, tras pasarse la vida estudiando el cerebro, escribió: «Basándome en nuestras pruebas científicas, ahora creo que las historias que leemos en textos antiguos son reales en el sentido de que están relacionadas con fenómenos neurológicos concretos que pueden cambiar permanentemente la estructura y el funcionamiento del cerebro. El camino hacia la Iluminación no solo es real, sino que estamos biológicamente predispuestos a buscarlo». Los científicos que estudian el cerebro trabajan con ahínco para descubrir cómo y por qué.

LA NEUROLOGÍA DEL DESPERTAR

Si has encontrado la solución de un enigma y sentido esa pequeña oleada de satisfacción que Oprah llama *momento ajá*, entonces has probado una pequeña cucharada de la iluminación. Imagina lo que sería sentir esa repentina revelación, ese relámpago aclarador que resuelve de una vez todos los problemas de tu vida. ¡Bum! *Satori*.

Según ciertos neurocientíficos, el momento ajá está asociado con una repentina disminución de la actividad eléctrica en dos zonas cerebrales. Son las mismas zonas que parecen permanentemente «apagadas» en monjes que han pasado miles de horas buscando la iluminación mediante la meditación. La actividad en estas regiones cerebrales se correlaciona con dos sentimientos subjetivos que palpitan bajo la experiencia cotidiana: la sensación de ser seres separados, distintos del resto de la realidad, y la sensación de que nos gobernamos a nosotros mismos y nuestras situaciones.

¿Recuerdas que Dante considera que toda la realidad es una sola cosa y que toda acción es dirigida por el amor? Eso es lo que piensa la gente cuando estas zonas cerebrales donde se experimentan la «separación» y el «gobierno» permanecen inactivas.

Esta experiencia no es menos real que nuestras percepciones habituales, pero nos hace mucho más felices; incluso una breve experiencia puede transformarnos permanentemente. Ciertas investigaciones están demostrando que algunas sustancias, como la psilocibina de los hongos alucinógenos, pueden apagar determinadas funciones cerebrales habituales y permitir más interacción entre las demás partes del cerebro. ¿El resultado? En muchos sujetos sometidos a supervisión médica constante, una dosis de estas sustancias, una experiencia del estado cerebral asociado con el «despertar», puede acabar permanentemente con conductas compulsivas o liberar a pacientes con enfermedades terminales de su miedo a la muerte.

No necesitas tomar drogas para tener esta experiencia. En todas las culturas es sabido que procesos similares a los métodos de este libro (observar los propios pensamientos y cuestionarlos hasta que desaparecen) tiene el mismo efecto benéfico en el cerebro. Daniel Goleman de Harvard y Richard Davidson de la Universidad de Wisconsin han investigado durante años la neurología de la meditación. Han descubierto que la observación e interrogatorio persistentes de uno mismo transforman un *estado* temporal de unidad y amor en un *rasgo* permanente de la estructura cerebral.

Para esto no se necesitan años de meditación en cuevas o en retiros espirituales. Como escribe Newberg, nuestros cerebros están biológicamente programados para avanzar hacia el despertar. Este proceso se activa cada vez que desechamos una creencia, apagamos las zonas de «separación» y «gobierno» de nuestros cerebros y nos permitimos sintonizar con nuestra auténtica naturaleza. ¿Probamos un poco? Intenta lo siguiente:

EJERCICIO
Dejarse caer en la iluminación

1. **Comienza por sentarte con las manos estiradas y las palmas hacia arriba.** Ponte cómodo. Solo con levantar las manos estás activando ambos hemisferios de tu cerebro, así que no te saltes este paso si quieres que funcione el ejercicio.

2. **Piensa en algo que hagas regularmente aunque creas que no deberías hacerlo:** recordar a tu ex, jugar en el ordenador del trabajo, buscar tu nombre en internet. Llámalo Cosa Prohibida.

3. **Imagina que en la palma de tu mano izquierda tienes una versión diminuta de un animal salvaje.** Esta es la parte de ti que quiere hacer la Cosa Prohibida. Si estás adormilado e irritable, podría ser un tigre que duerme la siesta. Si estás nervioso y frustrado, podría ser un conejito tembloroso. Advierte cómo te mira desde la palma de tu mano, cauteloso y salvaje. Llámalo Criatura.

4. **Imagina en la mano derecha una versión de siete centímetros de tu personalidad más socialmente convencional,** la que cree que la Cosa Prohibida está mal. Esta parte de ti está muy bien socializada. Nunca se comería todas las gambas de la mesa de un bufé, ni diría palabras soeces a su madre, ni se metería el dedo en la nariz. Llama Controlador a esta versión de ti mismo.

5. Fíjate en que el Controlador siempre está tratando de dar órdenes a la Criatura. **Fíjate en cómo la Criatura anhela**

libertad para ser ella misma. Fíjate en cuánto esfuerzo hace el Controlador para reprimir a la Criatura. Recuerda las veces que tu Controlador parecía dirigirlo todo, pero la Criatura se liberaba y hacía toda clase de Cosas Prohibidas.

6. **Mientras observas estas dos versiones de ti, piensa en lo siguiente:** Ambas son buenas. La Criatura está intentando ser libre. **El Controlador está intentando ser socialmente aceptable.** ¿Puedes ver lo harta que está la Criatura de que le grite el Controlador? ¿Puedes ver que el Controlador está igual de agotado?

7. Cuando te hayas percatado de todo esto, **ten pensamientos cariñosos para la Criatura y para el Controlador,** al mismo tiempo. Di en silencio (a ambos): «Que te vaya bien». «Que seas feliz». «Siéntete libre». «Siéntete en paz». «Que se cumplan todos tus deseos».

8. Cuando sientas auténtico afecto y auténtica comprensión por la Criatura y por el Controlador, pregúntate: En este momento, ¿cuál soy yo?

Tú no eres la Criatura ni el Controlador. Estás observando a ambos. Preocupándote por ellos. Deseándoles cosas buenas. En este momento, te has movido a la parte de tu cerebro que calma el conflicto interior y emana paz. Llama a esta función Testigo Compasivo. Siente que esa es tu identidad fundamental.

Bienvenido a casa.

LA MENTALIDAD «NO LO SÉ»

Si enfocamos la iluminación desde un punto de vista mecanicista («¡Todo es actividad cerebral y nada más!»), podemos incorporarla en nuestro paradigma cultural y sentirnos marginalmente cómodos con ella. Pero, de hecho, quienes experimentan la iluminación interior a menudo tienen experiencias aparentemente «milagrosas» que son imposibles de atribuir al voltaje de su materia gris. He tenido muchas experiencias de esas y parece que mis clientes también.

Por ejemplo, en cierta ocasión fui *coach* de una mujer que llamaré Violet, que decía que a veces tenía sueños premonitorios. Yo, por entonces, estaba trabajando (confidencialmente) con una estrella de cine que vivía en Hollywood. Un día Violet me dijo que había soñado conmigo. Y describió, con increíble precisión, una sesión que había tenido unos días antes con mi cliente de Hollywood. Me reunía con esta actriz en su casa, que estaba llena de acuarios exóticos. Al contarme su sueño, Violet nombró a la clienta, describió su casa y los acuarios e incluso me dijo lo que llevábamos puesto las dos.

¿Qué era exactamente esto?

No lo sé.

Otro cliente, Russ, estaba de viaje en Nueva York y se perdió. Aparcó el coche de alquiler para estudiar un plano de papel (aún no había GPS), y entonces se dio cuenta de que el lugar donde había aparcado estaba al lado del cementerio donde estaba enterrado su padre. Los padres de Russ se habían divorciado cuando él tenía cinco años y su padre prácticamente había desaparecido de su vida. Y desde entonces un torbellino de pensamientos infernales, como «Yo no era un buen hijo» y «No soy digno de ser querido», rondaban por la cabeza de Russ.

Su padre había muerto cuando Russ tenía quince años. El día del entierro fue la única vez en su vida que Russ estuvo en aquel cementerio («No lo habría encontrado ni aunque me hubiera ido la vida en ello», me dijo). El día que terminó por casualidad en aquel preciso lugar, bajó del coche, fue hasta la tumba de su padre y se quedó allí durante un buen rato, vaciándose de todos los pensamientos infernales. Finalmente alcanzó un nivel de paz pura que no había sentido antes.

En aquel momento, contó Russ, sintió un tirón en la pernera del pantalón, miró hacia abajo y vio que era un perro, cuya pata se había enganchado en el tejido. Russ se agachó para acariciar al animal, que se puso a correr a su alrededor «como un cachorro juguetón». A los pocos segundos apareció la dueña, ruborizada y disculpándose.

—¡*Axel!* —gritó—. ¡*Axel*, ven aquí! —Se volvió hacia Russ y dijo—: Lo siento mucho. ¡Nunca ha hecho nada parecido! ¡*AXEL*, VEN AQUÍ! Pero el perro no obedecía. Finalmente, la dueña tuvo que cogerlo y llevárselo en brazos.

—Y aquí está lo raro —me contaría Russ después—. Mi padre se llamaba Axel.

¿Qué era todo aquello?

No lo sé.

De hecho, cuanto más avanzo por el camino hacia la integridad, más sé que no sé mucho sobre el funcionamiento de la realidad. Para un estadounidense, admitir semejante ignorancia es un anatema. Queremos saberlo todo. Estamos socializados para pensar que no saber es ridículo y vergonzoso. Pero en tradiciones como el zen, la mentalidad «no lo sé» describe una forma de pensar que está libre de conceptos rígidos, tan transparente y fluida como el aire. «En la mente del principiante hay muchas posibilidades», dice Suzuki Roshi. «En la del experto hay pocas». Desde un lugar de iluminación, la labor de la mente no es acaparar creencias, sino dejarlas escapar.

Cuando ya te has desprendido de muchos pensamientos infernales, puede que comiences casualmente a aplicar la habilidad adquirida con la integridad a hechos incuestionables, como «Llueve». ¿Tienes la absoluta certeza de que eso es verdad? No. Después de todo, podrías estar soñando. Podrías estar soñando que estás leyendo esto. Podrías ser, como escribió el anciano maestro taoísta Chuang

Tzu, «una mariposa que sueña que es una persona». El sabio indio Nisargadatta Maharaj comentó una vez: «La única afirmación fidedigna que la mente puede hacer es "No lo sé"».

«MAGIA» Y «MILAGROS»

Como he dicho, estoy lejos de haber alcanzado la iluminación. A pesar de todo, he tenido muchas experiencias misteriosas. No creo en la «magia» en el sentido de que estos fenómenos desvirtúen la ciencia; pero creo que hay muchas cosas que la ciencia todavía no ha explicado. Y parece que, cuanto más me desprendo de mi sufrimiento interior, más cosas misteriosas ocurren.

Estas experiencias misteriosas aumentaron bruscamente en la época en que se publicaron mis escandalosas memorias. Tuve que quemar muchos pensamientos infernales para enfrentarme a la ansiedad que sentía por lo que podía pasar cuando se publicara el libro. Un par de semanas antes de la fecha de publicación, el *New York Times* publicó un artículo sobre el libro. Me sorprendió que les pareciera digno de un comentario; yo esperaba que levantara ampollas en Utah, pero nunca pensé que fuera a interesar al resto del mundo. Pero allí estaba, entrevistada por un periodista del *Times* tan inexpresivo que habría podido ser un jugador de póker de talla mundial. No tenía ni idea de lo que pensaba. Me preparé para lo que pudiera ocurrir el día que apareciera el artículo en el periódico. O eso pensaba. Nada podía haberme preparado para lo que ocurrió.

A primera hora de la mañana del día en cuestión desperté de golpe de un sueño profundo, como si me hubieran lanzado con una catapulta. Algo extraño estaba ocurriendo. La mejor manera de describirlo que se me ocurre es decir que mi dormitorio estaba lleno de belleza. No era nada visible o audible, sino una especie de exquisita presencia que traspasó mis sentidos y apeló directamente a mis emociones. Aunque nunca había sentido nada igual, sabía qué era. Era mi padre. No la personalidad problemática que había conocido desde que nací, sino su esencia, su verdadera naturaleza.

Imagínate pasar toda la vida tratando de escuchar una sinfonía en una radio estropeada, captando notas de una música preciosa, pero de tal modo distorsionada por la estática que te pone los pelos de punta. Luego imagina que te despiertas en medio de la orquesta. Sin estática. Sin separación. Solo belleza.

Me quedé sentada un buen rato, bañada en amor. Me pregunté a qué se debía aquello. ¿Sería porque el artículo del *New York Times* había llegado a las calles de la Costa Este? Sabía que mi versión estaba ya en circulación, al igual que las versiones contadas por mi padre y su religión. Estábamos empatados y yo era libre de amarlo sin reservas. Me quedé sentada, preguntándome por esto, hasta que salió el sol. Entonces me levanté y me preparé para otra entrevista. Durante esa conversación, me llamaron para decirme que mi padre había muerto poco antes del amanecer.

Me eché a llorar delante del periodista. La muerte de un padre siempre es dramática, aunque te hayas alejado de él. Pero sobre todo lloraba porque sentía otra oleada de aquella misma belleza, de aquella sinfonía silenciosa de amor absolutamente conectado y puro.

La muerte de mi padre acabó con casi todos los ataques legales dirigidos contra mí, pero dio impulso a los *ilegales*. Gente que ya estaba enfadada conmigo se enfadó aún más. Durante la gira de promoción aparecían mormones en librerías, en estudios de televisión y en emisoras de radio, con intención de boicotear mis intervenciones. Cada vez que me vestía para pronunciar una charla o firmar libros, me resultaba inevitable pensar en las amenazas de muerte y me preguntaba si algún miembro de la multitud tendría una pistola, si sería la última ropa que llevaría en este mundo. Y cada vez que me sentía demasiado asustada para seguir adelante, volvía a percibir la dulce energía que me despertó la mañana de la muerte de mi padre.

Bien, no estoy diciendo que mi padre real se me apareciera de modo más o menos metafísico para darme consuelo y apoyo… pero tampoco estoy diciendo que no lo hiciera. Inclinarme dogmáticamente por una de las dos versiones sería como decir que estoy segura de algo que no entiendo y eso no es integridad.

Sencillamente, no lo sé.

VOLVER EN BUSCA DE NUESTRAS PIEZAS PERDIDAS

La mentalidad del «no lo sé» es, por encima de todo, libertad respecto de creencias limitadoras. Saber que no lo sabes todo no te convierte en un ignorante baboso. Al contrario, libera tu inteligentísima naturaleza verdadera para que veas la realidad tal cual es, no como tu cultura te ha enseñado a ver.

Como personaje de su propio poema, Dante llega flotando a la gloria eterna. Pero Dante, el autor de carne y hueso (tras lo que yo creo que fue una experiencia de iluminación real) no desapareció en la luz. Permaneció en nuestro mundo para tener un enorme impacto en la sociedad. Como rompió con la tradición al negarse a escribir en latín, expresándose en su lugar en el toscano de su patria florentina, unificó varios dialectos y se convirtió en «el padre del idioma italiano». Creó imágenes que aún perduran en nuestra imaginación popular. Hizo fuertes declaraciones sobre el abuso de poder de los políticos y la Iglesia católica. Y, por supuesto, trazó en *La Divina Comedia* un mapa de carreteras hacia la iluminación. Dante pasó a ser una versión de carne y hueso de su personaje Virgilio, y volvió a la selva oscura del extravío para ayudar a las personas perdidas a encontrar el camino de la paz. Tras experimentar la libertad, se dedicó a liberar a otros.

Dante, por ello, se parece muchísimo a todos los demás guías iluminados. Puesto que las personas que han «despertado» experimentan todo y a todos como parte de ellos mismos, y como los guía la comprensión y la solidaridad, su meta principal es liberarse completamente mediante la liberación de otras personas. Como dijo la Premio Nobel Toni Morrison, «La función de la libertad es liberar a otros».

Por este motivo los grandes guías espirituales como Buda y Jesucristo pasan todo el tiempo enseñando a los demás el camino por el que se sale del sufrimiento. He conocido al menos a tres personas que creo que han alcanzado la iluminación. Las tres me han contado cómo «despertaron» del intenso sufrimiento, y las tres llevan ahora una vida de continuo servicio.

La primera es Byron Katie, a quien conocí después de leer sus libros y practicar el Trabajo durante mucho tiempo. Después de su experiencia de iluminación total, los habitantes de Barstow, California, ciudad natal de Katie, empezaron a hablar de la «señora iluminada» que podía curar los corazones humanos. Sin siquiera proponérselo, pasó gradualmente de ser una celebridad local a ser una guía espiritual, famosa en el mundo entero. No era ese su objetivo. Su única meta, dice, es «viajar a los confines del planeta por cualquier persona que sufra».

El caso número dos es Anita Moorjani. Anita nació en una cultura surasiática en la que, según me contó, se esperaba de ella que celebrara una boda concertada y pasara toda su vida dedicándose a las faenas domésticas. A los cuarenta años le diagnosticaron un linfoma, que fue avanzando hasta que entró en coma. Cuando los miembros de la familia se estaban reuniendo para despedirse de ella, Anita dice que se encontró en una realidad luminosa llena de amor y belleza. Allí se reunió con su padre fallecido, que le dijo que tenía que volver, que aún le quedaba mucha vida por vivir.

A Anita le pareció poco probable, ya que su cuerpo era prácticamente un esqueleto que pesaba menos de cuarenta y cinco kilos y estaba lleno de tumores del tamaño de un limón. Su padre le dijo que no se preocupara, que ahora que entendía mejor la realidad, su enfermedad no representaría ningún problema. Una serie de informes médicos atestigua lo que ocurrió a continuación. No solo salió del coma, sino que los tumores de Anita comenzaron a disolverse. Al cabo de nueve días, estaba libre del cáncer.

Cuando se extendió la noticia de la recuperación de Anita, un editor estadounidense contactó con ella y le pidió que escribiera sus memorias.

El libro *Morir para ser yo* la lanzó en calidad de guía espiritual que, al igual que Byron Katie, viaja por el mundo tratando de ayudar a los demás a liberarse del sufrimiento y a vivir con alegría.

Otra persona que sanó de raíz, por así decirlo, y que luego comenzó a sanar a otros es un hombre al que llamaré Larry J, que es como se le conoce en tanto que patrocinador de los doce pasos. Creció en las calles de Brooklyn y tuvo multitud de experiencias de abandono y malos tratos. Había querido ser agente de policía, hasta que, como todos los demás negros que conocía, fue víctima de tanto hostigamiento y tanta brutalidad que más tarde me contó: «Deseaba la muerte de todos los policías». Larry empezó a beber pronto (pronto en la vida, pronto en el día a día). Ya de adulto, su alcoholismo llegó a tal extremo que se integró en Alcohólicos Anónimos, cumpliendo el compromiso recomendado de «noventa reuniones en noventa días».

—A los setenta días —me contó— caí en la cuenta. Dios mío, soy un alcohólico, me dije. —Se echó a reír estentóreamente al recordarlo—. ¡Maldita sea, acababa de tener un despertar espiritual!

Pero la historia no había terminado. En cierto momento pensó: «¡Ahora que no bebo y mi cabeza está más despejada, mis apuestas serán mucho mejores!». Años después, arruinado y al borde del suicidio, decidió probar en Jugadores Anónimos. Esta vez, Larry siguió el camino completo hacia la integridad. Se limpió de toda clase de extravíos infernales, lo que AA llama «defectos de carácter». Sus primeros pasos en el purgatorio fueron prácticamente insoportables.

—Mi patrocinador dijo: «Tienes que contarle la verdad a tu mujer». Yo le dije: «Tío, vivo en un quinto piso. Va a tirarme por la *ventana de un quinto piso*».

La mujer de Larry no lo abandonó, siguen juntos después de cuarenta años. Larry fue dedicando cada vez más parte de su vida a ayudar a los demás. «Ahora trabajo para el gran jefe», dice. «Me levanto cada mañana y digo: ¿Quién soy? ¿Dónde estoy? ¿Qué soy? Luego ayudo a la gente. Lo haces casi sin darte cuenta». Pasa la jornada entera, día tras día, recibiendo llamadas de personas de distintos programas de los doce pasos, así como de jóvenes del barrio y otros amigos. La gente acude a Larry dolorida, confusa y destrozada, y se va más ligera gracias a su sabiduría.

Estas tres personas, de procedencia muy diferente, son como la misma canción cantada en registros ligeramente distintos. Creo que ellos han seguido el camino hacia la integridad hasta llegar a su propia inocencia, su propio paraíso. Ahora, como el Virgilio de Dante, como el mismo Dante, pasan su tiempo buscando a personas que están perdidas en la oscuridad para guiarlas hacia la libertad.

AYUDAR A OTROS EN EL CAMINO HACIA LA INTEGRIDAD

No tenemos por qué haber alcanzado totalmente la iluminación para sentirnos impulsados a ayudar a los demás. Tengamos la medida de integridad que tengamos, parece empujarnos hacia el servicio a los demás. A mí empezó a ocurrirme esto más o menos cuando escribí *Leaving the saints*. Mientras enseñaba en la Thunderbird Business School, a menudo aconsejaba a ciertos alumnos que abandonaran su educación cultural cuando chocaba con su auténtica naturaleza. Empezaron a preguntarme si aceptaría dinero por aconsejarlos fuera de clase. Antes de darme cuenta, dirigía seminarios y asesoraba a clientes a tiempo completo.

La situación me creó cierta confusión. Yo nunca había pensado ser consejera y además soy muy introvertida. Decidí escribir todo lo que pensaba que podía ayudar a los demás, para que leyeran un libro en lugar de consultarme cara a cara. Esta estrategia causó el efecto contrario: el libro atrajo a más clientes. Fue entonces cuando leí en un periódico que yo era una «*coach* de vida». Un día que hablé en una convención de *coaches*, alguien me preguntó por mi estrategia de marketing. Contesté con sinceridad: «Ocultación y evasión». Pero la gente seguía buscándome y, cuando me encontraba, comprendía que quería ayudarla. Cada cliente me parecía una pieza perdida de mí misma.

Con el paso de los años, y conforme aumentaba la cantidad de clientes y lectores que dejaban de sufrir, empezaron a pedirme que les enseñara mis métodos de *coaching*. Se sentían conectados con todo aquel que sufría, más empujados por el amor que por el miedo. Querían, deseaban desesperadamente dedicar su vida a rastrear la selva oscura del extravío en busca de personas perdidas para hacer de Virgilios y conducirlos a la felicidad. Así que di clases a una docena de *coaches*. Luego a otra docena. Actualmente deben de ser miles.

A todos ellos les pido que sigan su camino hacia la integridad, no el mío. Cada persona tiene una trayectoria única. He visto a muchas de estas brillantes personas gravitar hacia formas de servicio que yo ni siquiera habría imaginado: ayudan a otros mientras experimentan su propia versión del paraíso. Me han hablado de incontables «milagros», unos grandes, otros pequeños, que les ayudaron a lo largo del camino. Sus versiones del paraíso se les presentan espontáneamente.

Tras años de ejercer de *coach* y de formadora de *coaches*, una mujer me preguntó qué hacía para ganarme la vida. Cuando se lo dije, exclamó: «Oh, Dios mío, ¿y cómo consiguió usted ese trabajo?». De este modo: empecé en la selva oscura del extravío, crucé el infierno varias veces y subí por el purgatorio hasta que llegué a un nivel básico de integridad que funcionaba. Luego di muchos giros de un grado hacia mi auténtica naturaleza.

Puedes seguir el mismo proceso hasta que alcances tu propio paraíso, pero las vicisitudes de cada andadura hacia la integridad son personales y no tienen por qué ser iguales a las mías. Estas vicisitudes forman un retrato tridimensional de tu mejor forma de vida, tu propia iluminación. Pero una vez que dejes atrás el sufrimiento, sospecho que pasarás al menos una parte de tu tiempo volviendo a la selva oscura del extravío en busca de personas que sufren: tus piezas perdidas.

En ese punto es posible que encajemos fácilmente en la cultura de nuestro entorno, aunque también cabe la posibilidad de que seamos un poco diferentes. Podríamos ser tan diferentes que pongamos en duda nuestra cultura. Como Dante, puede que incluso la transformemos. O si resulta que hemos vivido en una cultura que destruye la verdad, puede que hayamos hecho añicos las creencias falsas en que se basa, iluminándola al hablar de una verdad más profunda y contribuyendo a hacerla totalmente íntegra. No hay aquí ninguna violencia, solo una consecuencia natural y creativa de vivir la propia verdad personal.

En este momento concreto de la historia, hacer añicos una cultura puede ser no solo la clave de la propia felicidad, sino también fundamental para el futuro de la humanidad. Mientras el cambio se acelera, todo lo que no es íntegro en nuestra cultura empieza a desmoronarse. Los superpoblados hábitats naturales transmiten virus desconocidos de los animales a los humanos. Modelos económicos basados en su origen en la explotación empiezan a resquebrajarse por los cimientos. Incluso el clima se está convirtiendo en un «misterio global» por culpa de la conducta humana. Son tiempos difíciles y temibles. Cuesta entender cómo puede ayudar el esfuerzo de una sola persona. Pero tú puedes. Tus próximos pasos en el camino hacia la integridad (*nuestros* próximos pasos) podrían cambiarlo todo.

14

La humanidad a las puertas

Si alguna vez has observado un bosque desde un avión, puede que hayas notado que, vistos desde arriba, los árboles se parecen mucho al brócoli, y también a esas nubes que se llaman *cúmulos*. O puede que hayas visto los brazos de un delta cuando serpentean hacia el mar y te hayas dado cuenta de que se parecen mucho a las raíces de una planta... y también a los nervios y venas que se entrecruzan en tu propio cuerpo.

Esto no es una coincidencia. Los agrupamientos y ramificaciones suelen producirse cuando los patrones naturales parecidos se repiten una y otra vez con diferentes tamaños. Estos patrones se llaman *fractales* y la naturaleza está llena de ellos.

Los fractales se forman debido a la interacción entre formas y fuerzas básicas que componen el mundo material. Por ejemplo, una molécula de agua (dos átomos de hidrógeno y uno de oxígeno) tiene forma de triángulo. Cuando las moléculas de agua interaccionan entre sí a baja temperatura, los átomos de hidrógeno se agrupan formando estructuras hexagonales. Ese es el motivo de que los copos de nieve, aunque presenten infinidad de formas, siempre sean variantes del hexágono básico.

Cuando las formas básicas del fractal se suman, constituyen versiones similares de ellas mismas con diferentes tamaños. Este principio es un rasgo subyacente de la realidad física. Ocurre cuando las formas se *repiten*, cuando un patrón aparece una y otra vez porque las formas y fuerzas que lo crean se producen una y otra vez. La forma básica del tronco de un árbol se repite a una escala menor en cada rama, es un patrón que vuelve a aparecer en cada ramita. Repito que no hay dos formas idénticas, pero son muy parecidas.

Puedes ver hermosas versiones de fractales mirando en internet lo que ocurre cuando los matemáticos se limitan a repetir ciertas ecuaciones (introduce en Google «fractales» o «conjuntos de Mandelbrot»).

Se produce algo parecido a los «fractales» cuando la gente cambia de conducta, como harás tú en tu camino hacia la integridad. La «forma» de tu vida (tus palabras y acciones) cambiará de tal manera que afectará a la gente que te rodea. Cundo esas personas cambien, el giro de su vida afectará a la gente que las rodea a *ellas*. El patrón de la integridad se reproduce con la misma forma, pero a una escala mayor. Lo que la ramita es a la rama y esta, al tronco del árbol, la integridad de un ser humano es a una pareja, a una familia, a una nación. Así es como los individuos y los grupos pequeños pueden acabar influyendo en un gran número de personas.

Por ejemplo, mientras realizas los ejercicios que este libro te propone, puede que te vuelvas más sincero contigo mismo sobre lo que realmente necesitas para ser feliz. Esto puede que te haga más franco a la hora de contar tus necesidades a tu mejor amistad o a tu pareja. Si la cosa funciona bien, puede crear una base de experiencia y apoyo emocional que podría ayudarte a obrar con más seguridad en tu trabajo. Esto, a su vez, podría influir en todos los integrantes de tu equipo de trabajo, creando más franqueza y claridad en el grupo, tal como pasó en tus relaciones íntimas y en tu vida interior. El «fractal» de tu integridad podría reproducirse con diferentes tamaños.

Al alcanzar niveles mayores de integridad, la sensación de conexión y amor que vimos en el último capítulo podría hacer que ayudes a otros de alguna manera. Recuerda que esto es un resultado inevitable de la unidad y solidaridad que surge cuando nos acercamos a la verdad pura. En este punto, tu efecto sobre las personas que te rodean adquiere velocidad y poder. Se formarán «fractales» de tu integridad cada vez mayores, todos ligeramente diferentes entre sí, pero igualmente hermosos.

Por supuesto, la oscuridad tiene sus propios fractales. Vemos todo un sistema de valores construido sobre la avaricia, la ambición y la opresión en líderes sin principios, en grupos corruptos y en culturas nacionales. Estas noticias llenan a menudo los titulares de la prensa y nos parecen sobrecogedoras. Pero las cualidades positivas se extienden y reproducen tan rápido como las negativas, o quizá más. Byron Katie, Anita Moorjani y Larry J no hicieron ningún esfuerzo para ganar «adeptos», pero las personas se sentían atraídas por ellos por docenas, luego por centenares y luego por miles. Personas como Lao Tse, Buda y Jesucristo han influido en miles de millones de humanos.

Lo que yo digo es que mientras buscas tu integridad, aunque solo sea para acabar con tu sufrimiento, acabarás ayudando al mundo entero.

¿Y sabes?, eso es algo que este mundo siempre necesitará.

EL MUNDO EN LA SELVA OSCURA DEL EXTRAVÍO

En la actualidad, la humanidad en conjunto sufre un gigantesco síndrome de selva oscura del extravío. Las sociedades más dominantes de la Tierra están plagadas de creencias falsas y divisivas. Tenemos una profunda tendencia cultural a segregar a «los otros» en diferentes categorías de clase y raza. Apartamos de la naturaleza a los seres humanos con falsedades. Llevamos haciéndolo varios siglos y las fracturas de la integridad nos afectan colectivamente de la misma forma que a nivel individual. No sé qué estará pasando en el mundo cuando leas este libro. Pero mientras lo escribo, a mediados de 2020, las cosas tienen muy mal aspecto.

A pesar de haber alcanzado muchos objetivos del Monte Deleitoso (tecnologías más perfectas, más multimillonarios), la humanidad en su conjunto no se siente mejor. Fijémonos en los síntomas de la selva oscura del extravío. ¿Cómo está el ánimo de la humanidad en los últimos tiempos? Los estudios muestran que, según indicó una encuesta Gallup, «El mundo, colectivamente, está hoy más estresado, más preocupado y con más sufrimientos que nunca». ¿Y qué hay de las enfermedades físicas? Dos palabras: pandemia global. ¿Problemas de relaciones? Según un experto, los conflictos ideológicos «están desgarrando las costuras de las democracias de todo el mundo». ¿Y los empleos? Económicamente, estamos ante una situación parecida a la de la Gran Depresión, pero peor. La adicción a todo tipo de actividades y sustancias es el pan nuestro de cada día. Y no olvidemos lo que los científicos no dejan de decirnos: el daño que estamos causando a los sistemas biológicos que nos mantienen vivos podría ser ya irreversible.

En resumen, la humanidad no posee integridad estructural; si fuera un avión, se precipitaría al suelo en picado. La población humana es mayor que nunca, crece más rápido que nunca y destruye todo lo que nos rodea. Los remaches saltan. Los motores se incendian. Perdemos altitud y capacidad para gobernar el avión. Desde los orígenes de la historia ha habido catastrofistas que predecían que la humanidad irá de cabeza al infierno. Ahora, lo miremos como lo miremos, está ocurriendo.

A pesar de todo, el típico «fractal» humano, desde los individuos hasta poblaciones enteras, pasando por los gobiernos, sigue centrado en escalar el Monte Deleitoso en busca de más dinero, más poder y mejor condición social. Estas metas no son la solución; son la raíz del problema. Lo único que impedirá que nos destruyamos a nivel colectivo es exactamente lo que nos impide destruirnos a nivel individual.

Sabes cómo funciona este proceso porque es el mismo en todos los grupos humanos, a todos los niveles. Primero, hemos de identificar colectivamente los puntos en los que nos hemos desviado de la verdad como cultura; por ejemplo, al creer que no estamos conectados entre nosotros ni con la naturaleza. A continuación hemos de quemar los falsos supuestos, reconocer los siguientes pasos que hemos de dar hacia la verdad y cambiar nuestro comportamiento. Toda la especie humana necesita desesperadamente encontrar el camino hacia la integridad.

SER EL CAMBIO QUE QUIERES VER EN EL MUNDO

Al contemplar la escala y la intensidad de los problemas de la humanidad, es fácil que te entre el pánico o que te desesperes. ¿Qué puedes hacer tú, personalmente, para ayudar, una diminuta persona entre más de siete mil millones? Puede parecer que seguir tu camino hacia la integridad solo te dará un camarote más cómodo en el *Titanic*. Pero recuerda que la naturaleza trabaja con fractales, y la integridad total a menudo hace que sistemas enteros corrijan el rumbo. Mientras sigues tu camino hacia la integridad, el efecto en todos y en todo lo que te rodea puede ser mayor de lo que imaginas.

Lo malo es que si tú no encuentras tu propia integridad, hasta tus mejores acciones se limitarán a reproducir las disfunciones de tu cultura. No puedes construir un buen avión con piezas defectuosas. Lo bueno es que una vez que hayas alineado toda tu vida con la verdad, empezarás a trabajar automáticamente para reparar el daño allí donde lo encuentres. No serás capaz de ver sufrimiento sin reaccionar de alguna manera (que será tu manera exclusiva y particular). Mientras das giros de un grado hacia tu propia felicidad, dejarás de ser parte de los problemas de la humanidad para convertirte en parte de la solución.

Algo que puede ocurrir en este momento es tener la sensación de que aumenta la presión social. Lo he visto en muchos clientes y en *coaches* cuando llegan a encarnar «el cambio que desean ver en el mundo». Los niveles altos de integridad llaman la atención, y mucha atención puede dar miedo. Es como conducir un utilitario por un aparcamiento a siete kilómetros por hora y encontrarte de repente al volante de un camión de dieciocho ruedas que va por la autopista a cien por hora.

Mientras la velocidad y el empuje aumentan, tu habilidad para conducir debe ser cada vez más impecable.

Si empiezas a encontrarte agobiado por la atención de otras personas, o arrastrado por la energía social de grupos cada vez mayores, te será útil revisar tus habilidades básicas relacionadas con la integridad para ayudarte a mantener el rumbo. He aquí una lista para recordarlo:

- Fíjate en tus propios síntomas de la selva oscura del extravío incluso aunque sean muy leves (una ligera irritación aquí, una sensación de fatiga allá). Planta cara inmediatamente a cualquier nivel de sufrimiento interior. Incluso una ligera desviación del camino puede tener serias consecuencias, ya que tu fractal crece.

- Conecta frecuentemente con guías del alma que puedan consolidar tu integridad. Lee sus libros, búscalos en internet, conecta con ellos en la vida real.

- Conecta todos los días con tu sentido de la verdad, con tu guía interior. Fíjate en la diferencia que hay entre los pensamientos que te hacen sentir en sintonía con tu verdad y los que te hacen sentir fragmentado o descentrado.

- Aunque fuertes «voces» culturales te empujen en distintas direcciones, a menudo contradictorias, recuerda que has de prescindir de todas y fijarte en tu sentido de la verdad siempre que te sientas confuso.

- Reconoce las equivocaciones en cuanto te des cuenta de que las has cometido. Abandona toda cobardía: cuando rompas tus mecanismos de defensa, reconoce tus extravíos y avanza valientemente hacia posiciones más sinceras.

- Si te enteras de algo que contradice lo que ya crees, no te aferres a tus opiniones. Sigue abierto a la idea de que hasta tus pensamientos más básicos pueden ser erróneos. Ten la humildad de dejarlos ir cuando tu guía interior se dé cuenta de que estás equivocado.

- Contente siempre que empieces a marginar a otros. Dada la tendencia dominante a etiquetar a las personas y habida cuenta de que internet es una caja de resonancia que multiplica las formas de agresión, es tentador generalizar y unirse a los ataques destructivos. Asegúrate de que tu ira contra la injusticia encuentra modos de expresión creativos (¡incluso poniendo límites!) y no se dedica a destruirlo todo al azar.
- Niégate a traicionarte a ti mismo creyendo todo lo que te causa sufrimiento. Por ejemplo, si alguien dice que eres inferior a otros, no te lo creas. Si alguien dice que eres superior, tampoco te lo creas. Como dice Byron Katie, «No creas nada sobre ti mismo».
- Una vez que has encontrado la claridad interior, niégate a mentir... y recuerda que hay veces en que el silencio es una forma de embuste. Di lo que quieres decir cuando creas que está bien, aunque los demás no lo aprueben.
- Procura pasar el tiempo haciendo lo que realmente quieres o dirigiéndote hacia lo que realmente deseas con una serie de giros de un grado.
- Sé transparente: esconde cada vez menos de ti. Como dijo Mark Twain a propósito de hacer el bien, «complacerá a unos y dejará boquiabiertos a los demás». Los boquiabiertos se apartarán de ti. Los complacidos estrecharán los lazos que tienes con ellos. Formarás una comunidad de espíritus afines.
- Cuando te reúnas y te interrelaciones con estas personas, escúchalas con atención. Míralas a los ojos, escucha la amabilidad de sus voces, siente su sentido de la aceptación. Permite que los «rayos del amor» iluminen tu vida interior.
- Perdónate por infringir tu integridad cuando no sepas hacerlo mejor. Despréndete de tus equivocaciones. Recuerda y valora todo lo que has hecho de acuerdo con tu sentido de la verdad.

¿Te parece esto un estilo de vida triste y puritano? De hecho, es lo contrario. Tu camino hacia la integridad puede hacer que seas útil al mundo por medios que aumenten tu felicidad. Como dice Larry, en el camino hacia la felicidad, nuestro destino final es servir.

CÓMO SE EXPANDE LA INTEGRIDAD

He visto a muchas personas seguir el camino hacia la integridad y prácticamente todas acabaron contribuyendo al bien común por medios acordes con su auténtica naturaleza. Lo más habitual que he oído a este respecto entre clientes y *coaches* es: «¡No puedo creer que esté haciendo esto!». Ya sea que se hayan comprometido a prestar servicios a jornada completa, o lo hagan en ratos libres mientras se cuidan de sus familias y desempeñan otros trabajos, estas personas sienten que contribuyen al mejoramiento de los demás y que son milagrosamente apoyadas, como Dante en el «Paraíso». Recuerda lo que aprendió el poeta en el purgatorio: el amor no divide las reservas de bondad disponibles para toda la humanidad, sino que las multiplica para todos.

Hagas lo que hagas para sanar el mundo, reemplazará los síntomas de la selva oscura del extravío por un propósito en la vida, felicidad, vitalidad, amor, abundancia y fascinación, en armonía y concordancia con tu verdadera naturaleza. Quizá simplemente pases todo tu tiempo haciendo de Virgilio: conectando con personas que se sienten perdidas y desgraciadas, ayudándolas a desprenderse de su sufrimiento interior y cambiando después su conducta para recuperar la integridad. O quizá ayudes a la causa de la verdad mediante alguna forma de ciencia, de servicio, de acción política o de expresión artística. Recuerda lo mucho que Dante consiguió cambiar su cultura. (Sí, era un genio, pero también era un hombre solitario que trataba de iluminar la Edad Oscura).

En mi vida personal, seguir el camino hacia la integridad me ha llevado a situaciones que han satisfecho viejos deseos del corazón, aunque no tienen por qué ser los mismos para el resto de las personas. No estoy muy segura de cómo ocurrió, pero sé que, si no me hubiera centrado tanto en seguir el camino hacia la integridad, no habría tropezado con tantas oportunidades maravillosas.

Por ejemplo, desde muy temprana edad manifesté una obsesión por los animales. Repito, *obsesión*. A los dos años sabía repetir el nombre de las setecientas especies de mamíferos que figuraban en el libro que tenía mi familia. Como no teníamos televisor en nuestra casa, los domingos íbamos a la de mi abuela para ver *Reino animal*, un documental de la aseguradora *Mutual of Omaha* sobre animales y ecosistemas. No dejaba de fantasear con irme a la selva y relacionarme con animales. Planeaba ser zoóloga o ecologista.

En algún momento de mi juventud abandoné esta idea y empecé a escalar el Monte Deleitoso para ser profesora en una prestigiosa y acreditada bla, bla, bla... Pero entonces tuve los «accidentes vitales» que he mencionado en este libro: el diagnóstico de mi hijo, el recuerdo del trauma de mi infancia, el libro en que lo contaba todo, la reacción que suscitó, y mi salida del armario. Estos sucesos desnudaron casi todas las partes de mi psique que no estaban dedicadas a encontrar la paz.

Más tarde, en una gira de promoción del libro por Sudáfrica, conocí a una familia que dedicaba todo su tiempo a algo que ellos llamaban «restaurar el Edén». Tras empezar con una granja de ganado en un inmenso páramo cerca de Kruger National Park, la familia Varty cambió cursos de agua, arrancó plantas invasivas y propició el regreso de la fauna indígena. Ahora dirige una reserva de caza llamada Londolozi (que procede de un término zulú que significa «protector de todos los seres vivos») y también ayuda a miles de campesinos sudafricanos a alcanzar mayores niveles de ingresos y educación.

Hablar con estas personas despertó una parte de mí que se había separado de mi consciencia en algún punto del Monte Deleitoso. Me pregunté cómo podía utilizar mis habilidades para contribuir a restaurar el Edén. Durante los años siguientes, los Varty y yo organizamos seminarios/safaris para cambiar la vida personal. Ahora los celebramos una vez al año en Londolozi. Nuestros invitados del primer mundo vienen a Sudáfrica, conectan con la naturaleza (interior y exteriormente), y vuelven a sus casas sintiéndose restaurados. Dono todas las ganancias de los seminarios y un mes de mi tiempo a la causa de restaurar el Edén. ¿Qué recibo a cambio? Bueno, solo la oportunidad de realizar mis más alocados y preciosos sueños de infancia.

Así es como yo lo siento al rebuscar en mis recuerdos: soy una niña sentada ante la tele de mi abuela, que anhela intensamente estar en la naturaleza con animales salvajes. De repente, soy una mujer madura que está sentada en un prado sudafricano mientras los monos y *nyalas* comen a mi alrededor. Me río en un Land Rover descapotable mientras una hiena bebé lame mi zapato. Alargo la mano para que un amistoso avestruz salvaje la toque con el pico. Estoy en la oscuridad, con un elefante que barrita a unos metros de distancia. Su enorme cabeza me tapa un puñado de estrellas. Y en medio de estos increíbles regalos, hago un «trabajo» que beneficia al lugar, las plantas, los animales y algunas de las personas más vulnerables del mundo.

¿Cómo he conseguido este trabajo? Cruzando las puertas de mi propio infierno, quemando mis falsas creencias, y alineando toda mi vida dando giros de un grado, uno tras otro.

Por supuesto, mi intención no es acabar aquí mi contribución; no tengo ni idea de adónde me llevará la vida, porque todo depende de los nuevos puntos ciegos que descubra y de las nuevas verdades que integre. Yo he seguido mi camino hacia la integridad y he llegado hasta aquí. El tuyo te llevará a tu propia naturaleza, donde encontrarás tus anheladas recompensas, tu mayor alegría. He visto ocurrir esto cientos de veces. A continuación explico lo que algunos de mis clientes y amigos están haciendo mientras los fractales de su integridad se expanden a su alrededor:

- Seth ayuda a terratenientes adinerados a fundar granjas que
  provean de alimentos orgánicos a los menesterosos locales,

reduzcan el sufrimiento animal y siembren plantas útiles para eliminar el dióxido de carbono del aire y reemplazarlo por oxígeno.

- Amira aprendió técnicas para relajar su propio trauma y luego empezó a enseñarlas a personas y grupos de su Siria natal.
- Liam pasa una parte del día informándose sobre distintas modalidades de injusticia social y subiéndolas a internet. Su divertida, perspicaz, a veces dolorosa retórica, ha conseguido donaciones de más de una docena de agencias de ayuda.
- Jasmine va a tener un hijo y planea criarlo con amor y tolerancia y con intención de hacer el bien en el mundo.
- Zoe viaja de un lado a otro para estudiar el océano y sus criaturas, escribe libros y artículos sobre cómo detener la destrucción de los ecosistemas marinos.
- Grace ayuda a animales protegidos a encontrar hogares felices.
- Khalan hace pódcasts desde lugares remotos y salvajes, y habla sobre la confluencia del crecimiento personal, el despertar espiritual y la conexión con la naturaleza.
- Alex es una persona de género no binario que escribe novelas fantásticas *online* sobre mundos de género fluido, y crea con sus personajes nuevas formas de imaginar identidades de género.

Ninguna de estas personas, que yo sepa, tenía planes de hacer lo que ahora está haciendo. Cada una creció en una cultura que la alejaba de su auténtica naturaleza. Todas sufrieron síntomas de la selva oscura del extravío y todas atravesaron un infierno personal para eliminar las creencias en supuestos culturales que a ellas no les funcionaban. Todas se fueron alejando sin prisas pero sin pausa de su Monte Deleitoso para hacer cosas que las hacían felices. Todas se enfrentaron a opositores y «ataques contra el cambio» procedentes de otros, pero se negaron a abandonar. Ahora sirven al mundo no por ser virtuosas, sino porque hacer lo que hacen satisface su anhelo más profundo.

FRACTALES DE ILUMINACIÓN

Creo que al final la gente que sigue el camino hacia la integridad puede iluminar incluso la época más oscura. Por eso, tras miles de años de historia, la civilización humana ha avanzado con lentitud, sin rumbo fijo y con vacilaciones hacia ideales como la igualdad y la libertad. Es la razón por la que individuos fuera de lo común que abandonaron su cultura para encontrar su propia verdad (Buda huyó de su palacio para internarse en el bosque, Jesucristo se retiró al desierto) han cambiado a miles de millones de vidas. Es la razón por la que *La Divina Comedia* de Dante, esa sucesión de extrañas historias e imágenes, se considera una de las mayores obras maestras de la literatura humana.

Estas personas nos llaman la atención porque una parte de nosotros se ve inexorablemente atraída hacia la integridad. En cierto nivel, sabemos que las mentiras nos dañan, nos empobrecen, nos atan... aunque no sepamos que estamos mintiendo. Podemos sentir en lo más hondo que la verdad nos hará libres. En cierto momento, todo el que quiere escapar del sufrimiento empieza a vagar en la oscuridad hacia el despertar. Como especie, no solo como individuos, estamos biológicamente programados para buscar la iluminación.

He aquí un ejercicio que no solo te ayudará a poner rumbo a tu integridad pura, sino que además ayudará a todo el mundo y a todo lo demás. Hasta ahora hemos hablado de tu integridad individual, que genera fractales hacia el mundo. Ahora vamos a invertir el proceso (ya que los esquemas fractales pueden ir en cualquier dirección, de lo pequeño a lo grande y de lo grande a lo pequeño). Este ejercicio te ayudará a ver conexiones entre las cosas que haces para mejorar tu vida, y las cosas que podrías hacer y que afectarían al resto del mundo.

EJERCICIO
Tú eres el mundo

1. Siéntate con los ojos cerrados e imagina la Tierra desde el espacio, una esfera perfecta, azul, verde, marrón y blanca, suspendida en un vacío negro como el carbón.

2. Mientras miras el planeta, piensa en los problemas, en las fuentes de sufrimiento que más parecen amenazarlo.

3. Concéntrate en algo que encuentres especialmente problemático. Puede ser el racismo, la corrupción política, la pobreza, el cambio climático, la crueldad con los animales, la guerra o la delincuencia común. Sean cuales sean las infamias que más te sulfuran, admítelas. No busques la reacción más eficaz, no selecciones la respuesta más virtuosa o «políticamente correcta». Siente lo que realmente sientes.

4. Concéntrate en el problema en que te has fijado. Piensa intensamente en lo que va mal, por doloroso que te resulte. Recuerda todo lo que has sabido acerca de ese problema. Lo importante es que sepas realmente lo que sabes ya.

5. Mientras te permites sentir indignación o desesperación por este problema, escribe todo lo que crees que está mal al respecto. Di lo que realmente quieres decir. Haz una lista. Si fuera necesario, continúa la lista en una hoja suplementaria.

El problema global que más me inquieta está generando estos problemas:

_____

_____

_____

_____

_____

_____

_____

6. Escribe ahora qué tendría que hacerse para solucionar este problema. En este punto no necesitas dar respuestas complejas ni especializadas, ni siquiera lógicas. Solo di (o escribe) lo que realmente sientes. Ejemplos: «¡Que las personas dejen de discriminarse entre sí!». «¡Basta de echar basura en los mares!». «Tratemos a los animales como a seres dignos de aprecio y respeto, no como a objetos!». Haz tu propia lista:

Esto es lo que debería hacerse (o deberíamos hacer) para solucionar estos problemas:

_____

_____

_____

_____

_____

_____

_____

7. Vuelve a tu imagen de la Tierra. Ahora reemplaza esa imagen por tu propio cuerpo. Si reaccionas negativamente, has de saber que tu contribución al planeta está afectada por esa negatividad.

8. Mira el problema en que te concentraste. Pregúntate: ¿Hay algún parecido entre mis problemas personales y este problema? Aquí van algunos ejemplos:

- Puede que te preocupe contaminar la tierra y el mar, pero a pesar de todo sigues consumiendo muchas sustancias tóxicas.

- Puede que te enfurezca que algunos seres humanos consideren inferiores a otros, a la vez que también tú te consideres inferior en ciertos aspectos.

- Puede que detestes la crueldad con los animales, pero es posible que obligues a tu cuerpo (otro animal) a trabajar demasiado, a encerrarse cuando anhela salir o a desempeñar un trabajo que detesta.

- Puede que te inquiete la pobreza mientras te «empobreces» al negarte a ti mismo cosas como la relajación, la amabilidad, jugar o el tiempo libre.

Cuando se te ocurra algo con que te estás perjudicando y tenga algo que ver con el problema que viste en el mundo, escríbelo aquí:

Así es como mi «problema global» aparece en mi propia vida:

_____

_____

_____

_____

_____

9. Vuelve a la lista de cosas que habría que hacer para solucionar el problema. ¿Puedes aplicar alguna de estas «soluciones»

para restaurar tu felicidad en el aspecto que acabas de señalar?

Cosas con que podría ayudarme a sentirme mejor en relación con este problema:

_____

_____

_____

_____

_____

10. Dedica hoy al menos veinte minutos a poner en práctica lo que acabas de escribir. Dedica al menos diez minutos a subsanar tu defecto y al menos otros diez a tratar de subsanarlo en el mundo. Haz lo que realmente quieras. Recuerda que los grandes cambios se producen con pequeños pasos.

EL PUNTO DE INFLEXIÓN DEL DESPERTAR

Cuando empezamos a recorrer el camino hacia la integridad, es como cuando limpiamos una ventana sucia en la que las falsas creencias han empañado la claridad de nuestra mente. Al principio nos limitamos a frotar la suciedad, no vemos el alcance de lo que estamos haciendo. Al cabo de un rato empiezan a entrar rayos de luz aquí y allá. A partir de cierto momento el proceso se acelera. Cuanto mayor es la zona limpia, más motivados estamos y más capaces somos de ver cómo funciona el proceso. Y al final dejamos de ver el cristal y solo percibimos la luz que entra sin obstrucciones.

Creo que este proceso podría aplicarse no solo a individuos, sino también a grupos de personas y a la humanidad en su conjunto. A lo largo de la historia ha habido individuos que «despertaron» y fueron superficies claras por las que la luz alcanzó a otros. Y como dijo Margaret Mead, «Nunca dudes que un pequeño grupo de pensadores comprometidos pueda cambiar el mundo. En realidad es lo único que lo cambia». Los grupos comprometidos con la verdad y la compasión se convierten en espacios translúcidos, incluso transparentes. Si el proceso continúa, es concebible que la humanidad en su conjunto pueda algún día alcanzar el punto de inflexión de la iluminación.

Si esto ocurriera alguna vez, podrían suceder rápidamente cosas inesperadas. En 2020, después de desoír durante decenios las advertencias de que debíamos reducir el consumo de combustibles fósiles, un virus microscópico consiguió alterar espectacularmente la conducta de toda la especie humana en unas pocas semanas. Casi inmediatamente, el aire y el agua se volvieron más limpios de lo que habían estado en un siglo. Aparecieron venados en las calles de ciudades japonesas. Osos y jabalíes en partes de Europa donde no se habían visto en toda nuestra época. Los canguros saltaban por las calles de Adelaida. Cuando las cosas vuelven a su verdadera naturaleza, pueden sanar más rápidamente de lo que cabría esperar.

Así pues, sigue el camino hacia la integridad por tu propio bien, para superar el sufrimiento y experimentar la máxima felicidad posible. Pero no te sorprendas si, de ese modo, tu propia vida se convierte en un espacio limpio a través del cual brillará para los demás una cantidad creciente de luz. Toda nuestra especie parece estar destinada a la destrucción apocalíptica… pero ¿estamos seguros de que será así? ¿Podemos estar totalmente seguros? ¿Quiénes seríamos, qué haríamos sin esa versión?

Quizá podamos llevar a cabo lo contrario de lo que más tememos. Quizá podamos alcanzar el punto en que todo se invierta, en el que bajar sea subir. Que todo individuo que desarrolle una mente clara se convierta en parte de un fractal que nos lleve a alinearnos con los demás y con la misma naturaleza. Al expandirse este patrón, puede que los humanos empiecen a vivir de una forma totalmente nueva. Esta especie nuestra, luchadora, inventiva, increíblemente destructiva, podría trascender el infierno y acabar recorriendo el camino que conduce al paraíso. Podríamos salvarnos por el camino hacia la integridad.

15

La gran demolición

Muchas personas encuentran el «Paraíso» de Dante extraño y difícil de entender. La trama épica casi desaparece. Dante empieza a utilizar un lenguaje extraño, por ejemplo, convirtiendo pronombres en verbos. Dice que no está seguro de si es un cuerpo físico o solo pura conciencia. Parece moverse a la velocidad de la luz a través de niveles cada vez más espectaculares de brillo y belleza, pero Beatriz le dice que en realidad no se está moviendo: en el paraíso, como todo está unido, todos están en todas partes.

Estas ideas, por extrañas que suenen, no son como las fantasías incoherentes de un lunático ni de un escritor de ficción barata. Coinciden con las percepciones de la realidad que han explicado personas que han tenido experiencias de iluminación. También se correlacionan con la forma en que la ciencia describe ahora la realidad, aunque estas verdades no hayan llegado todavía al acervo popular. Por ejemplo, sabemos que el tiempo se detiene a la velocidad de la luz. Por lo tanto, viajando a la velocidad de la luz se puede estar en todas partes al mismo tiempo. También sabemos que lo que llamamos *materia* puede existir solo como energía hasta que la medimos. De hecho, la versión más austera de la física cuántica nos dice casi exactamente lo que Beatriz le dice a Dante: que todo el universo es una única cosa (campo de energía), y que solo lo vemos como fragmentos de materia porque nuestra forma de percibir (epistemología) no puede asimilar la realidad tal como es (ontología).

Es muy poco probable que Dante plasmara por casualidad ideas increíblemente contraintuitivas que se asemejan a otras experiencias de iluminación, además de a la física cuántica. Creo que es más probable que, cuando las personas buscan durante mucho tiempo la verdad, como hizo Dante, comiencen a ver cosas con medios que van más allá de la típica concepción del mundo de su cultura y se presentan como algo más preciso.

El materialismo occidental adopta la misma realidad que la física de Newton: todo está hecho de fragmentos de materia que chocan entre sí. Pero durante al menos un siglo hemos sabido que esto no es así. Las partículas existen básicamente (y quizá solo de este modo) como nubes de energía. Lo que Einstein llamaba «fantasmal acción a distancia» les afecta realmente. El universo es más parecido al paraíso de Dante que su descripción del infierno o el purgatorio, que son fáciles de entender.

Si sigues el camino hacia la integridad el tiempo suficiente, tu vida podrá ir más allá de la definición de lo que es «normal» en *nuestra* cultura, no porque te hayas alejado de la realidad, sino porque habrás conectado con ella. Mientras la ventana de tu mente se vuelve más clara, más libre de extravíos, puede que te sientas no tan separado del mundo, sino coexistiendo en un continuo con todo lo que te rodea. Esta continuidad puede aparecer en coincidencias tan improbables que es casi imposible que sean accidentales, o en circunstancias que armonizan entre sí como para reflejar lo que tú imaginas. Puede que empieces a experimentar un mundo similar al paraíso de Dante. En ese punto no es predecible qué harás.

REALIDAD Y MAGIA

Cuanto más he avanzado por mi propio camino hacia la integridad, más experiencias extrañas he tenido. Cuando escribo sobre estas

experiencias, los lectores con inclinaciones *new age* a menudo parecen creer que he adquirido superpoderes milagrosos, o que he aprendido a controlar la realidad con el pensamiento. Personalmente, no
creo en los milagros (solo que hay cosas que la ciencia todavía no ha
explicado) y nunca he sido capaz de controlar nada con la mente, ni
siquiera mis pensamientos. Los maniáticos de la *new age* me moles-
tan tanto que estos días evito activamente hablar e incluso pensar en
cosas «mágicas», al igual que en otro tiempo evité activamente a personas que querían que las orientara.

Pero correr no funciona. La experiencia me ha convencido de que
cuanto más nos acercamos a la integridad, más «mágicas» se vuelven
nuestras vidas.

Por ejemplo, un decenio antes de escribir este libro, empecé a despertar muchas mañanas sabiendo (no solo pensando, sino *sabiendo*)
que vivía cerca de un parque nacional de California. Esto no tenía
sentido. Yo nunca he vivido en California, y mucho menos al lado de
un parque nacional. Pero acostada en la cama, en Phoenix, *sabía* lo que
vería cuando abriera los ojos: un robledal, un caballo negro en un prado verde, cadenas montañosas en el horizonte. Cada vez me sorpren-
día más descubrir que seguía estando en Arizona.

Finalmente, estas visiones matutinas se hicieron tan claras y convincentes que empecé a buscar «mi» casa de California por internet.
No fue difícil, porque podía seguir en la cama con los ojos cerrados y
pasear mentalmente por todo el lugar, viendo exactamente lo que había allí. Durante unas semanas no vi nada parecido a la finca que había
estado viendo en las excursiones de mi fantasía. Y entonces, por Júpi-
ter, lo encontré.

Así que el día que cumplí cincuenta años me mudé con mi familia
a una casita situada muy cerca del Bosque Nacional Los Padres, en la
California central. No había una buena razón para hacerlo, solo un
deseo irresistible de estar en ese lugar en especial. Desde el principio
me sentí intensamente conectada con aquella tierra, con las plantas y
los animales. Luego desarrollé una nueva obsesión incongruente: la

meditación. Durante años había practicado la meditación por temporadas, por la misma razón por la que tomaba vitaminas y hacía ejercicio: porque había leído que era bueno para mí. Esto era diferente. La necesidad de meditar era sobrecogedora, irresistible.

Esto parecía aún más extraño porque, al principio, meditar era lo opuesto a la diversión. Durante un año más o menos pasé la mayor parte de la meditación diaria totalmente aterrorizada. Mi mente se llenaba de mensajes apremiantes, como «¡Esto no puede estar bien! ¡Tendría que hacer algo productivo! ¡Tengo que encontrar trabajo!». Pero llevaba mucho tiempo poniendo en práctica los procesos que he descrito en este libro. Estaba claro que mis pensamientos me hacían sufrir. Así que no les hice caso. Por el contrario, los observé y cuestioné hasta que se disolvieron. Al cabo de dos años mi ventana mental estuvo mucho más limpia. El pánico desapareció. Mi cuerpo vibraba, a menudo, con la sensación de que por él fluía la corriente eléctrica tan fuerte que me había llevado a meterme debajo de una catarata veinte años antes. Aprendí a tolerarla y luego la experimenté como pura felicidad física.

Un día se me ocurrió que podía rociarme con alpiste antes de sentarme a meditar en el exterior de mi casa. La primera vez que un pájaro cantor aterrizó en mi rodilla y me miró inquisitivamente a los ojos, creí que el amor iba a aniquilarme, de la misma forma que el amor de Beatriz en el paraíso casi anonadó a Dante. Pronto me acostumbré a ver pajarillos sobrevolar encima de mí y descender lentamente batiendo las alas y estirando las patas antes de tocarme. Un día vi dos ardillas listadas enzarzadas en una disputa territorial por mis manos abiertas; y se empujaban y golpeaban como diminutos luchadores de sumo. Siempre recordaré aquel momento como uno de los más fascinantes de mi vida.

A veces oía una nota pura, un sonido que parecía salir de la misma tierra. A menudo mi visión cambiaba y todo el bosque se descomponía en rayos de luz. El tiempo parecía detenerse, o invertirse, o desplomarse. Un día pensé: «Qué extraño que este cuerpo mío haya tenido tres criaturas» e inmediatamente caí en la cuenta de que no era verdad. Cada átomo de nuestros cuerpos se reemplaza cada siete años, así que ni un solo átomo del cuerpo que tenía en aquel instante había estado presente cuando nacieron mis hijos. En realidad, mi cuerpo no es una cosa sólida, sino una variedad de moléculas en constante mudanza que se arremolinan alrededor de una brizna de conciencia.

Tras pasar años viviendo lejos de casi toda influencia cultural humana, empecé a comprender que de esta forma todo adquiría importancia. Era (es) como si todo el universo se proyectara en una pantalla infinita llamada «ahora», y que ese «ahora» es de hecho la única cosa material que parece existir. El futuro no está aquí y el mundo que se desliza hacia el pasado (en este momento, y en este, y este otro) se va irremediablemente. Nada real podría desvanecerse tan completamente.

En resumen, tras mudarme al bosque, me volví francamente rara. Casi todas mis creencias culturales sencillamente desaparecieron. En su lugar quedó la percepción de una realidad interconectada y benévola en la que la conciencia humana y los demás aspectos del universo están en interacción continua.

A GUSTO EN EL MAR DE LA PAZ

Una amiga jamaicana me confesó una vez que había tenido un buen número de experiencias «paranormales». Cuando le dije que a mí me habían pasado cosas parecidas, dejó escapar un largo suspiro y dijo: «¡Ah, qué bien! ¡No enloquecer yo sola!». Esta hermosa y breve frase significaba: «No soy aquí la única que se está volviendo loca». Y aunque nuestra cultura es machaconamente mecanicista y materialista, hay muchos indicios de que mis extrañas experiencias están lejos de ser excepcionales. ¡No enloquecer yo sola! Millones de personas normales y corrientes, no solo yo, experimentan la realidad como una red interconectada.

En 2018 un grupo de psicólogos dirigido por J.D.W. Clifton publicó los resultados de cinco años de estudio, durante los que habían analizado ingentes cantidades de datos de internet, en busca de las principales tendencias de las actitudes humanas. Llegaron a la conclusión de que nuestra cultura está dividida en dos clases de personas: las que ven el universo como algo peligroso, temible y sin sentido y las que lo ven como «seguro, atractivo y vivo». Los investigadores llamaron a estas dos perspectivas «creencias básicas sobre el mundo». Y añadían que, como la percepción está filtrada e interpretada selectivamente según los sistemas de creencias, las personas de ambos bandos pueden encontrar abundantes pruebas que apoyen sus puntos de vista.

Cuando me mudé a California, yo tenía la creencia básica sobre el mundo que es «normal» en nuestra cultura. Me sentía como un ser físico, una persona asustada y condenada junto con el resto de seres humanos. Pero aquellos primeros años en el bosque, andando por el camino hacia la integridad, me llevaron al otro bando de creencias básicas. Cuando ahora miro a mi alrededor, todo parece «seguro, atractivo y vivo». Esto en inglés se dice *safe, enticing, alive*, cuyas iniciales forman la palabra *sea*, que significa «mar». Desde este punto de vista, todos somos gotas mezcladas en lo que Dante llama «lo gran mar de l'essere», «el gran mar del ser». Absolutamente unidos, totalmente únicos y constantemente comunicados.

Gracias a esta mudanza interior, la vida parecía ofrecerme cada vez más cosas que había anhelado desde siempre. Empecé a imaginar que el universo funcionaba de este modo: cada vez que los humanos anhelamos algo, los poderes establecidos lo conceden inmediatamente. Pero todo lo que pedimos se envía siempre a la dirección de nuestra verdadera casa: la paz. Recuerda aquella declaración que decía: «Realmente quiero vivir en paz». ¿No notas cómo te relajas cuando toda tu personalidad se coordina con esta idea? Ese es el motivo de que, cuando luchamos por algo en un estado de desesperación, no recibamos nada… porque nada funciona cuando está descoordinado.

Pero cuando volvemos al estado de paz, las cosas que hemos «pedido» pueden llegar finalmente.

Todo se reduce a esto: tu casa es la paz. La integridad es el camino que conduce a ella. Y todo lo que anhelas te esperará ahí.

Mientras estaba viviendo en el bosque, sin hacer ningún intento por contactar con nadie, varios guías del alma que había conocido por sus libros conectaron conmigo en la vida real. Me reuní con Byron Katie y Stephen Mitchell para filmar un video y después Katie dijo que «sabía que» debía cancelar su agenda para llevarme de vuelta al bosque, lo cual le ocupó un día entero. Somos amigas desde entonces (algo que todavía me sorprende, pues pasé muchos años aprendiendo de sus libros cuando todavía era una desconocida). No mucho después me invitaron para entrevistar en Arizona a otra de mis guías del alma, Anita Moorjani.

Por milagroso que me pareciera todo esto, también me di cuenta de que las conexiones sociales entre personas que comparten intereses comunes no es nada mágico. Pero había otros seres a los que amaba y con los que fantaseaba (concretamente animales salvajes) que seguían reaccionando a mi presencia de forma cada vez más sorprendente. Solían venir cuando los «llamaba», no de viva voz ni con un silbato, sino con la imaginación.

Esto ocurre continuamente en Londolozi, aunque allí hay mucha fauna y mucha flora silvestre. No se puede decir lo mismo del centro turístico de Sedona donde me reuní con Anita Moorjani. Al llegar allí, la noche anterior a la entrevista, recordé que una vez había visto huellas de pecarí en el cercano desierto. Los pecaríes parecen melindrosos cerdos peludos. Mientras escrutaba la oscuridad, deseé ver alguno mientras estaba en Arizona. Pero la entrevista empezaba pronto y desde allí tenía que ir directamente al aeropuerto. En fin, otra vez sería.

Al día siguiente por la mañana, después de reunirme con Anita (un ser humano radiante, al que daban ganas de abrazar), se oyó un golpe en la puerta de la habitación de hotel donde estábamos grabando. Un ayudante fue a abrir. No vio a nadie en la puerta...

bueno, al menos no a nadie humano. Allí delante había un precioso pecarí macho con cara de decir: *¿Me han llamado?*

El ayudante gritó: «¡Es un cerdo!». Todos corrimos a la ventana, con la esperanza de echar un vistazo a aquel tímido animal salvaje que seguramente corría ya hacia la maleza. Pero el pecarí no había huido. Abrimos la puerta. No se movió. Salimos con cautela. No solo vimos que el macho permanecía inmóvil a unos metros de nosotros, sino que detrás de él había otros veinte pecaríes. Mientras se movían a nuestro alrededor, comiendo cactos y cuidando a sus bonitas crías, apareció un empleado del centro agitando las manos y exclamando: «¡Son agresivos! ¡Son muy agresivos!». Quizá en su realidad. En la mía eran seres iluminados con mucho pelo, compañeros del paraíso.

Puede que el centro se haya convertido en una reserva de pecaríes domesticables desde la última vez que lo visité. Aquellos animales habrían podido ir a cualquier parte del complejo, que era muy grande. Pero ocurrió como en *Casablanca*: había muchos edificios y muchas habitaciones, pero los pecaríes solo se acercaron a la nuestra. Nunca llegamos a saber exactamente cómo se las arregló aquel abultado macho para llamar a la puerta.

En otra ocasión tuve que ir en coche por un largo tramo de bosque en Wyoming. Al empezar el viaje pensé: «Nunca he visto un berrendo. Me gustaría ver uno hoy». Noté una punzada lejana y extraña, como si hubiera movido la mano y la mano estuviera a varios kilómetros de distancia.

Horas más tarde, mientras iba por una interminable pradera «de cielo abierto», apareció una mancha blanca en el horizonte. Me puse en el arcén y aparqué para verla mejor. La mancha creció rápidamente hasta que vi lo que era: una manada de berrendos que corría levantando una nube de polvo. Se acercaron a mi coche (la única cosa humana en aquella inmensa pradera) y se detuvieron. Rompí a llorar sin poder contenerme mientras me rodeaban, con el hocico dilatado por el asombro y mirándome con calma con ojos de ángel.

¿Nos has llamado?

Un día que salí con mi familia a dar una vuelta en un coche descubierto por Londolozi, nos detuvimos al lado de una manada de leones. Adam llevaba una escopeta. Nos quedamos en el coche en silencio. Un gigantesco león macho se levantó, se acercó y se detuvo delante de Adam, casi tocándolo. Mientras miraba a mi hijo cara a cara con sus dorados ojos de asesino en serie, confieso que sentí cierta inquietud. Pero más tarde, cuando pregunté a Adam si el león lo había puesto nervioso, dijo: «No, porque sentía al león. Y él me sentía a mí».

—¿Sí? —dije—. ¿Y qué sentía él?

—Lo que sienten siempre los leones —respondió Adam.

—Y... ¿qué sienten siempre los leones?

—Paz.

Creo que Adam tiene razón. Él y el león se podían «sentir» porque ambos tenían integridad pura, un estado de paz completa. En este mar del ser, ambos estaban conectados y eran individuos. Dante dice que, en el paraíso, las personas se funden literalmente entre sí, y no necesitan un lenguaje para comunicarse porque comparten un estado de paz. Allí se entienden porque son ellos mismos y el otro. Cuanto más te acercas a la integridad pura, cuanto más transparente es el cristal de tu ventana mental, más lo amas todo y más evidente te será que todo te ama a ti.

EL PUNTO FIJO DEL MUNDO QUE GIRA

Un día que estaba sentada en el bosque, concebí un pensamiento que era como una voz inaudible. Decía con gran claridad: «Tu nombre es quietud». De repente sentí como si una mano invisible empujara mi mente hacia abajo, hacia lo más profundo, hasta un punto infinitamente pequeño del centro de mi corazón. Allí sentí una quietud absoluta; nunca había experimentado nada parecido. El mejor adjetivo que se me ocurre para describir esa quietud es «saciada». Me saciaba como un trago de agua dulce y pura tras una larga sequía.

Después de aquello, la frase «tu nombre es quietud» fue para mí como una especie de contraseña mágica. Lo único que tenía que hacer era repetirla en mi mente, y allí me iba, como un pescador de perlas, a la misma frescura inmutable, siempre renovable. Te diré una cosa: si hubiera una droga que pudiera hacernos sentir esa dicha, me volvería adicta ahora mismo. Y querría que tú también lo fueras.

Un día, una escritora australiana llamada Rowan Mangan vino a visitarnos a nuestra casa del bosque. Yo estaba encantada: la había conocido en Londolozi, y congeniamos en seguida. Compartíamos el interés por la literatura, así como un título en Ciencias Sociales y la obsesión por «restaurar el Edén» antes de que los humanos destruyeran el mundo. A los pocos días de estar en mi casa me enseñó un poema que había escrito. Se titulaba «El viraje». Habla de una fuerza divina del lejano futuro que recuerda la época en que los humanos «casi destruyeron el mundo».

«Desgarrabais este mundo y yo observaba», dice el narrador omnisciente, refiriéndose a la época actual. «Sentía que el aire se condensaba, que las aguas se elevaban». Pero entonces, en el momento exacto en que el daño parece irreversible, los seres humanos cambian el curso de las cosas.

¿Qué inspiración crucial os decidió al final?
Nunca sabré qué brotó en vuestro interior,
ni con qué calamidad, clamor o gracia
[...]

Pero cuando os arrodillasteis todos a la vez fue una imagen [potente.

Pusisteis vuestra ansia en el suelo
y la abandonasteis entre el utillaje de viejas lógicas,
al lado de los cadáveres de la crueldad y la avaricia.
[...]

Y entonces llegó el tiempo de la gran demolición,
donde el nombre de todos es quietud.

El poema sigue, pero cuando Ro leyó ese verso la interrumpí, sintiendo dentro de mí el ya familiar zumbido. Nunca le había hablado a nadie de la extraña contraseña mágica que llevaba meses repitiendo cada día: «Tu nombre es quietud».

—¿De dónde has sacado esa expresión? —pregunté—. ¿El verso que dice que el nombre de todos es quietud?

—No lo sé —contestó Ro—. De mi imaginación.

El campo de la imaginación, del ser físico sin límites físicos, podría ser lo que me conectó con animales salvajes como los pecaríes y los berrendos... y también con otros seres humanos. Ciertamente, mi imaginación y la de Ro habían aterrizado en la misma frase cuando estábamos viviendo, literalmente, en lugares opuestos del planeta. Quizá sea en nuestra imaginación donde los fractales del despertar empiezan a expandirse antes, despejando la mente y luego transfiriendo la luz a otros.

Es posible que imaginar sea la clave para encontrar el paraíso, en nuestras vidas individuales y luego en la vida de todos, en la conciencia de todos. Dante parece creerlo así. En cierto pasaje del «Paraíso» nos dice que utilicemos la imaginación para ver la belleza que «está más allá de nuestra normalidad». Tres veces en rápida sucesión emplea el verbo «imaginar» y luego describe deslumbrantes formaciones de estrellas y partículas brillantes. Nos pide que guardemos esa imagen «cual si fuera esculpida en firme roca». Al hacerlo, dice el poeta, percibimos algo como una sombra de lo que él vio en el paraíso.

Repito que las imágenes de Dante reflejan descripciones del universo de personas que han tenido experiencias de iluminación. Los antiguos maestros budistas describían la estructura de la realidad con una metáfora llamada «red de Indra». Imagina una tela de araña multidimensional estirándose infinitamente en todas direcciones. En cada intersección de los hilos cuelga un diamante de muchas caras.

Cada diamante irradia brillo y además refleja a todos los demás diamantes. Y en cada diamante reflejado está el reflejo de todos los demás diamantes. El esquema continúa hasta el infinito, repitiendo en diferentes escalas desde lo diminuto más inconcebible hasta la inmensidad más inabarcable.

LA IMAGINACIÓN COMO SALVACIÓN

Puede que estas imágenes sean bonitas, pero ¿qué tienen que ver con tu vida real? Dante y los despiertos podrían decir que la imaginación *es* nuestra vida real. La forma en que miramos determina lo que vemos, tanto si la creencia básica sobre el mundo nos ofrece un universo peligroso, temible y sin sentido, como si nos lo presenta seguro, atractivo y vivo.

Por eso los humanos hemos sido capaces de crear una realidad que supera la de las generaciones anteriores. Imaginar algo insólito y luego retener esa imagen cual si fuera esculpida en firme roca es una «magia» que los humanos vienen usando desde el comienzo de la historia. Así surgió el invento del primer alfabeto cuneiforme en la antigua Mesopotamia. Es lo que permitió que apareciera, esta vez en China mucho antes que en Europa, la idea de los tipos móviles, la base de la imprenta moderna. Es lo que hizo que Steve Jobs volviera medio locos a sus colaboradores, gritándoles y riñéndoles hasta que consiguieron fabricar los ordenadores «demencialmente geniales» que solo él podía ver en su mente.

Ahora mismo estoy utilizando estas cosas antaño imaginarias (alfabeto, imprenta y una aplicación de mi móvil) para poner a tu alcance mis pensamientos. No es magia, pero está muy cerca de serlo.

Si algo puede salvarnos en estos momentos, es la magia con que trabajamos, despejando nuestra mente tan completamente que podamos ver más allá de cualquier cosa que nuestras culturas hayan creado, y luego retener esa imagen con tenacidad hasta que el mundo gire a su alrededor. El proceso que nos libera del sufrimiento individual y la autodestrucción es el mismo que podría difundirse entre una cantidad creciente de población, hasta que toda la especie alcance formas más iluminadas del ser.

He aquí un ejercicio que pone la imaginación en juego. Quizá (no lo creo, pero tampoco dejo de creerlo) te conecte, gracias a la imaginación, con todo lo que existe.

EJERCICIO
Imaginemos

En el último capítulo te pedí que imaginaras tu mente como una ventana, y la búsqueda de la integridad como una forma de limpiar el cristal. En este ejercicio visualizarás algo similar, pero más complejo y detallado. Tómate el tiempo que necesites en un lugar tranquilo y emprende los pasos siguientes:

Paso uno

Imagina que puedes ver la red de Indra. Imagina la red multidimensional, que se extiende hasta el infinito en todas direcciones. En cada intersección de los hilos hay un diamante claro y brillante. Cada uno contiene infinita información y brilla con su propia luz. Y cada uno refleja la luz de todos los demás.

Paso dos

Imagina que eres una de las joyas de la red, un diamante con miles de caras. Tu naturaleza esencial es absolutamente pura y clara, pero algunas caras están cubiertas de barro (extravío o ilusión). El barro impide que irradie parte de tu brillo y también impide que reflejes algunas imágenes que proyectan los diamantes que te rodean.

Paso tres

Imagina que cada vez que rectificas un extravío y comienzas a vivir según tu integridad, limpias el barro de una de tus caras. Irradia así más luz tuya hacia el conjunto de la red de Indra, del universo entero. Y también recibes más luz de todas las demás joyas. Cuanto más te acerques a la integridad, más brillo saldrá de ti y más belleza absorberás.

Paso cuatro

Imagina que tu personalidad diamantina ha alcanzado un estado de claridad total. En este punto, cualquier pensamiento que tengas brillará en la red de Indra, enriqueciendo e iluminando todo el universo.

Paso cinco

Imagina que todo lo que guardas firmemente en ti crea nuevas cosas, ideas que no existían hasta entonces. Una vez que hayas alcanzado la claridad total, tu vida no tendrá más remedio que emitir cualquier imagen que se te ocurra. La red de Indra inmediatamente recogerá y dará forma a cualquier imagen que se te ocurra.

Paso seis

Imagina lo mejor que podría pasarte a ti, a tus seres queridos, al mundo entero.

Paso siete

Imagina algo aún mejor.

Paso ocho

Imagina algo mejor todavía.

Paso nueve

Retén con fuerza esa imagen, como si la grabaras en piedra. Descríbela. Dibújala.

Paso diez

Observa qué pasa.

MÁS ALLÁ DE LA IMAGINACIÓN

Una cantidad creciente de pensadores y docentes viene planteando en los últimos decenios que la humanidad está al borde de una «transformación de la conciencia». Eckhart Tolle describe este acontecimiento como la expansión de un virus: primero hay unos pocos casos aquí y allá, luego aparecen grupos relativamente cercanos, luego algo parecido a un crecimiento explosivo que podría afectar finalmente a casi todos los habitantes del planeta. Para ver el aspecto de este «crecimiento exponencial» basta con que observemos la expansión de la pandemia global que comenzó a principios de 2020. Hemos visto en internet imágenes e ideas que se vuelven «virales» de una forma parecida. Si hay suficientes personas que crucen el umbral crítico de la integridad, puede que veamos una explosión de despertares.

Me gusta imaginar esto, pues es lo contrario de esa posibilidad, mucho más probable, que dice que nuestra especie se extinguirá pronto en un infierno creado por ella misma. Si la transformación de la conciencia es real, lo que vendrá a continuación no será un tiempo de construir sino de demoler, de no pensar más intensamente, sino de pensar menos. (Como Lao Tse dijo en el *Tao te King*, «En la búsqueda del conocimiento, cada día se añade algo. En la práctica del Camino, cada día se pierde algo». Cuando la integridad limpia la mente, transcendemos la torpeza del lenguaje y la cultura y nos unimos a la inteligencia ilimitada de nuestra verdadera naturaleza... de toda la naturaleza. Esto podría permitirnos crear soluciones que, mientras lees esto, no existen ni siquiera como pensamientos.

Llega así un momento en que, como Dante, hemos de seguir el camino hacia la integridad hacia lugares que nuestra imaginación ni siquiera puede alcanzar. ¿Recuerdas que el poeta advierte a los lectores que den media vuelta antes de leer el «Paraíso»? Dice claramente que se dirige a aguas que nadie ha navegado antes, y a las que nosotros no podemos ir. Al final de *La Divina Comedia* ha viajado más allá de nuestra concepción cotidiana de la realidad, a un lugar más allá del espacio y el tiempo.

En los últimos versos de su poema utiliza una herramienta literaria que también aparece en el poema de Rowan Mangan: pasa del pretérito al presente («Entonces *llegó* el tiempo de la gran demolición, donde el nombre de todos *es* quietud»). Sucede en la cúspide del paraíso, cuando Dante se acerca al origen del universo. Describe este origen como una rosa que se abre eternamente, una imagen que no es cristiana sino muy parecida al concepto asiático del universo que emerge de un loto de muchos pétalos.

Cuando las percepciones de Dante conectan con esta luz que se despliega, inefablemente brillante, su lenguaje cambia del pretérito al presente. Ya no está contando su historia como algo que le ocurrió, sino como algo que le *ocurre*. Ahora.

No creo que se refiera al «ahora» de 1320, año en que terminó de escribir el poema. Imagino que mientras escribe los últimos versos, levanta los ojos del papel y se vuelve a mirar a los lectores... a ti, que lees esto en este momento. Se ha trasladado al presente eterno. «Eterno» no significa que dura mucho tiempo, sino que está *fuera del tiempo*. Recuerda que Dante se está identificando con la luz y, a la velocidad de la luz, el tiempo ya no existe. Un fotón puede estar en cualquier parte, en todas partes, en todos los momentos de la historia.

El momento que llamamos «ahora» es como la línea en que el plano de la eternidad se cruza con el plano del tiempo. Desde este preciso momento podemos ver el tiempo alargándose infinitamente en un plano y la eternidad en el otro. Dante está presente aquí, en el «ahora» eterno, porque todos estamos presentes aquí. Hemos perdido nuestras diferencias para fundirnos en algo infinitamente variado y a la vez absolutamente unido, una integración definitiva con todo lo que existe, existirá o ha existido.

Así, aunque cada cual siga activo en la línea del tiempo, limpiando facetas de nuestra mente y nuestra vida, saliendo de la confusión y la angustia para entrar en la claridad y la alegría, parte de nosotros ya está en el plano de la eternidad en que está Dante, en este preciso momento, escribiendo *La Divina Comedia* para nosotros. Podemos percibir sus ojos comprensivos mirando a través de los siglos, viéndonos en *este momento*, entendiéndonos en *este momento*, animándonos en *este momento*. Podemos vernos los unos a los otros más allá de los altibajos de un millón de existencias, más allá de cruzadas, epidemias, guerras mundiales y aterrizajes en la luna. Porque todos somos uno, un ser, y la experiencia de uno es la experiencia de todos.

Este es el lugar donde Dante dice que incluso «la imaginación falla». A estas alturas no queda nada por hacer salvo rectificar un último extravío: la creencia de que alguna vez ha habido alguna diferencia entre los fragmentos de materia que imaginamos ser y la verdad omnímoda que se extiende más allá de lo concebible. Cuando disolvemos por completo la mentira de que estamos aislados dentro de nosotros mismos, nos hacemos uno con Dante y todos los demás, con todas las cosas. Nos olvidamos de que somos seres pequeños y condenados en un planeta amenazado y recordamos que somos *l'amor che move il sole e l'altre stelle*, «el amor que mueve el sol y las demás estrellas».

Agradecimientos

Creo que nunca he estado agradecida a tanta gente por ayudarme a escribir un libro. En primer lugar, gracias con el corazón a todos los clientes que han compartido sus experiencias conmigo y a todos los colegas de *coaching* que han estudiado mis métodos. Es una gran alegría buscar el camino hacia la integridad rodeada de corazones y mentes afines. Puede que muchos veáis rasgos vuestros en estas páginas.

Mi brillante equipo de trabajo consiguió tiempo y me dio un apoyo interminable mientras escribía este libro, precisamente cuando la pandemia de 2020 trastornó la vida de todos. Gracias infinitas a Jennifer Voss, Carmen Shreffler, Christina Brandt, Lara Endorf y a nuestra propia «reveladora de milagros», Jennifer Falci. Hemos vivido doce aventuras juntas y no podría pedir unos compañeros más incondicionales.

He tenido la suerte de aprender de muchos maestros de talla mundial. En especial, Byron Katie, Anita Moorjani, Larry J. y Alexandra Barbo han sido la fuente de conceptos clave que entraron en el centro de mi vida y en las páginas de este libro.

Soy lo bastante afortunada para tener amigos que también forman parte del núcleo de mi familia. Mi gratitud especial a Paula Keogh, Rennio Maifredi, Susan Casey, Jennifer Johnsen, Katja Elk, la familia Varty y Maria Shriver: espíritus brillantes, mentes brillantes, almas generosas.

También estoy agradecida por tener un equipo literario espectacular. Mi agente, la maravillosa Linda Loewenthal, no solo aceptó la propuesta de este libro sino que revisó varios borradores, mejorando la redacción y contribuyendo con ideas inspiradas. Pamela Dorman y Jeramie Orton creyeron en el proyecto y trabajaron en el proceso de edición durante el confinamiento por COVID-19 de 2020, demostrando su tenacidad y entrega incluso en los peores momentos. Karen Wise vio y corrigió muchas de mis faltas con la misma calidad que su apellido (*wise* = sabia) indica. Muchas gracias a todos.

Vivo en una red de bondad tejida en gran parte por mi querida familia de la siguiente generación: Adam Beck, Elizabeth Beck, Sam Beck, Kat Forster y Scott Forster. Sam, escritor de talento, leyó y comentó generosamente un borrador inicial. La aguda mente editorial de Kat corrigió no solo mi redacción sino también mi pensamiento a lo largo de varios borradores. Sois un ramillete encantador. Os adoro a todos, al lote completo.

Stephen Mitchell ha sido un extraordinario guía para mí desde que leí su obra, hace decenios. Sin nuestra amistad y su ánimo, este libro no existiría. Después de varias conversaciones, Stephen me incitó amablemente a desarrollar mi idea original, clarificando mis ideas y aportando detalles a todo lo que pensaba y escribía. Nunca imaginé que recibiría tanto tiempo y atención de uno de los autores espirituales más famosos del mundo. Yo lo llamaría un milagro, pero Stephen no estaría de acuerdo. Tendré que conformarme con expresarle mi más sincero amor y agradecimiento.

Mi querida amiga Elizabeth Gilbert ha tenido un gran protagonismo en la creación de este libro. Ella me oyó leer todo el manuscrito por teléfono durante el confinamiento y convirtió algunas de mis palabras en arte. Liz está más comprometida con el camino hacia la integridad que ninguna otra persona que conozco, y su espíritu ilumina el mundo. Gracias por todo, Lizzy. ¡Siempre estarás en mi primera línea!

Finalmente, estoy agradecida sobre todo a mis queridas compañeras Karen Gerdes y Rowan Mangan. Karen ha sido mi salvavidas durante muchos años, tan vital para mí como la sangre que circula por mis venas. La mente, el corazón, el talento y la devoción excepcionales de Rowan han hecho este libro (y mi vida) mejor de lo que nunca habría imaginado. Karen y Rowan, al estar con vosotras estoy verdaderamente sumergida en el gran mar del ser, donde todo el universo se siente seguro, atractivo y vivo.

Si hubiera sabido que iba a conocer a todas estas personas en algún momento de mi vida, mi camino hacia la integridad habría sido mucho menos difícil. Ojalá todo el que lea este libro tenga la misma suerte que yo.